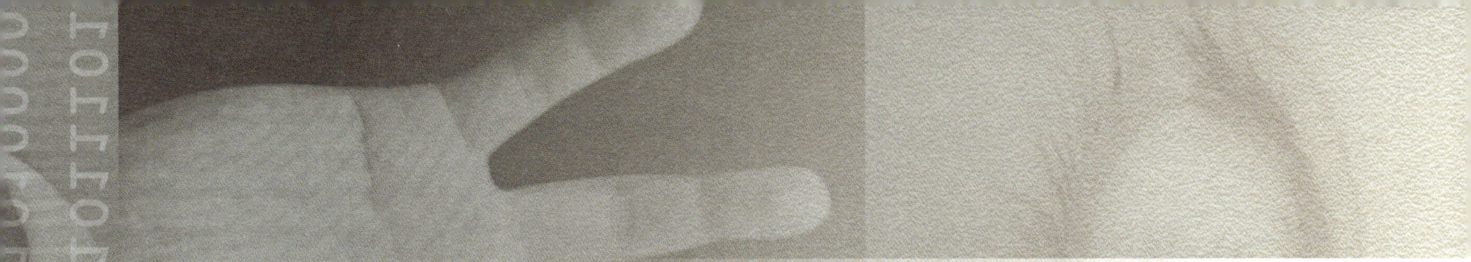

刑 事 侦 查 实 用 百 科 丛 书

XINGSHI ZHENCHA SHIYONG BAIKE CONGSHU

刑事侦查与纺织品

XINGSHI ZHENCHA YU FANGZHIPIN

总 主 编　杨玉章

本册主编　吴　聪　胡洛燕

群 众 出 版 社

河南科学技术出版社

图书在版编目（CIP）数据

刑事侦查与纺织品／吴聪，胡洛燕主编．—郑州：河南科学技术出版社，2019.6

（刑事侦查实用百科丛书／杨玉章总主编）

ISBN 978-7-5349-8207-1

Ⅰ．①刑…　Ⅱ．①胡…　Ⅲ．①纺织品-刑事侦查-分析　Ⅳ．①D918②TS1

中国版本图书馆 CIP 数据核字（2016）第 149686 号

出版发行：群众出版社　　地址：北京市丰台区方庄芳星园三区 15 号楼

邮编：100078　　电话：（010）83903254

河南科学技术出版社　　地址：郑州市郑东新区祥盛街 27 号

邮编：450016　　电话：（0371）65737028

策划编辑：李肖胜　曲　先

责任编辑：王　丹

责任校对：李振方

封面设计：张　伟

版式设计：栾亚平

责任印制：张艳芳

印　　刷：河南日报报业集团有限公司彩印厂

经　　销：政法系统内部发行

开　　本：889 mm×1194 mm　1/16　　印张：14　　字数：360 千字

版　　次：2019 年 6 月第 1 版　　2019 年 6 月第 1 次印刷

定　　价：118.00 元

《刑事侦查与纺织品》编写人员

主　编　吴　聪　胡洛燕
编　者　霍雅蕊　刘银浩　黄　明

总序言

目前，全国政法系统正在深入学习贯彻习近平新时代中国特色社会主义思想，扎实推进新时代平安中国建设、法治中国建设、政法队伍建设，为决胜全面建成小康社会、夺取新时代中国特色社会主义伟大胜利创造安全稳定的社会环境、公正规范的法治环境、优质高效的服务环境。新时代需要新担当、新作为，培养一支“信念过硬、政治过硬、责任过硬、能力过硬和作风过硬”的政法队伍，造就一支“对党忠诚、服务人民、执法公正、纪律严明”的公安队伍成为当务之急。

近些年来，以审判为中心的诉讼制度改革不断深入，错案终身追究制度及与之相关的配套制度逐步确立，特别是《中华人民共和国刑事诉讼法》（2012年修正）确立的一系列诉讼原则和证据制度，进一步强化了对犯罪嫌疑人人权的保障，扩大了律师在侦查阶段的诉讼职能，规范和约束了侦查权的行使，提高了审判证明的标准，尤其是明确规定了证据确实、充分必须符合的具体条件。这一切都体现出我国法治的进步，同时也对侦查办案质量提出了新的、更高的要求，侦查过程中侦查人员必须坚持以证据为中心，全面取证，规范取证，以确实、充分和具有排他性的证据体系有效支持诉讼的顺利推进。

在实际案件侦破工作中，随着信息技术的不断发展及其在侦查工作中的全面运用，一些侦查员过分依赖视频侦查、技术侦查、网安侦查这三种新的侦查手段，此所谓新“三板斧”。这种现象导致侦查员对现场物证的全面发现提取和对犯罪行为人主观行为动机的系统分析趋于弱化，对微量物证的提取和检验的重视程度弱化，对运用多学科、多专业专门知识综合分析、研究、鉴定现场物证的意识弱化，一些行之有效的传统侦查方式方法被日益边缘化。

毋庸置疑，在信息化社会、大数据时代，信息技术日益成为侦查的主导技术，电子证据成为侦查的重要证据类型，但犯罪证据多样化的现实情况以及侦查取证需要各个门类科学技术支撑的总体状况并未发生根本性的改变。侦查取证的过程中，面对各种各样的证据，侦查员必须具备各方面的专业知识或者有查询这些知识的能力，而这些知识内容庞杂，可参考的书籍和资料也相当分散。在一些案件的侦查过程中，侦查员经常会因为对一些微量物证的利用价值分析不到位或检验鉴定不到位而丧失很多破案机会。为了有效打击犯罪、保护人民生命及财产安全，为一线刑侦人员办案提供充分的智力支持，2012年，我国知名刑侦专家、河南省公安厅副巡视员杨玉章先生发起并组织了这套“刑事侦查实用百科丛书”（以下简称“丛书”）的编撰工作。

“丛书”共26卷，首批出版的12卷基本涵盖了刑事侦查工作日常涉及的专业领域，包括《刑事侦查与行为证据》《刑事侦查与痕迹》《刑事侦查与有毒物品》《刑事侦查与植物》《刑事侦查与动物》《刑事侦查与昆虫》《刑事侦查与地理》《刑事侦查与土壤》《刑事侦查与水文》《刑事侦查与塑料制品》《刑事侦查与岩石矿物》《刑事侦查与纺织品》。为了高质量地完成该丛书的编撰工作，本书成立了编委会，杨玉章同志任丛书总主编，各卷设立了主编。自 2012 年编撰伊始至成书，编委会多次召开不同形式的论证会和研讨会，对编撰工作进行了有效的组织领导和质量审核。“丛书”在编撰过程中得到了中国科学院、北京自然博物馆、河南省公安厅、郑州市公安局、河南大学、郑州大学等 20 多家合作单位近 300 名专家和学者的鼎力支持，“丛书”是相关专业领域专家学者集体智慧的结晶，更是我国当代刑事侦查交叉学科研究水平的集中展示。

在“丛书”编撰过程中，各卷作者始终围绕三条主线进行编撰：一是注重侦查导向，即各卷所述知识始终围绕服务刑侦破案这一核心，注重对认定案件性质、划定案件范围、刻画犯罪行为人脸谱等工作提供专业知识支撑；二是注重与人关联，即各卷所写知识内容必须与人相关，经常出现、运用在五行八作、三教九流的正常人类生产活动之中；三是注重时空维度，即各卷内容注重揭示、阐明相关事实、现象与特定时间节点、空间分布（经纬度）之间本质的、必然的、普遍的、稳定的固有联系。这三条主线贯穿各卷始终。“丛书”涉及 20 余门学科，共计 600 余万字、2000 余张图片，图文并茂，理论联系实战，是对与刑事侦查工作关联紧密的多种学科资源的系统整合，学科门类齐全，知识架构完整。“丛书”的编撰是一项具有鲜明侦查专业特色的重大跨学科工程，在一定程度上填补了国内侦查应用研究的空白，具有独特的学术价值和实用价值。“丛书”既可作为广大刑事侦查人员的业务工具书，也可作为公安院校广大师生的教学参考用书。

“丛书”在编写过程中引用了很多经典的实战案例，作为相关学科和专业知识在实战中应用的范例，力图使读者在使用该丛书时能获得鲜明、生动、直观的阅读体验。

该“丛书”内容浩繁，编写队伍庞大，因编者水平有限，其中知识、文字、图片的疏漏和不足之处在所难免，期望读者不吝指正，待再版时予以完善。

郝宏奎

2018 年 8 月

前　言

服装是人体的第二层皮肤，不但起着保暖、遮羞、装饰等作用，还是穿着者个人审美、经济条件、人体体型等综合体现。服装还承载着很多社会因素，是宗教、文化、习俗等集合体。因而，通过一个人的着装状态，就能够大致判断出来其职业、爱好、收入等多方面特征，如果是合体类服装，还能够判断出穿着者体型。

对于我们研究服装的人来说，一般是通过对活生生的人的观察、接触等来判断其着装的合适程度，或者为其设计服装，即思维是由人到衣的过程；而对于刑侦公安干警来说，很多时候就需要对这冰冷的尸身或者服装残片进行分析，来判断穿着者的身份、职业特征等，这时候的思维是由衣到人的过程。仅仅就是这样的思维方向的转换，就使我们面对很大的困难。本书试图从人体、服装类型、服装工艺、服装市场、品牌以及服饰用品等角度，帮助刑侦干警更好地理解从服装到人的判断过程。

本书第一章由刘银浩编写，第二章由常胜男编写，第三章由岳静编写，第四、五章由霍雅蕊编写，第六章由王倩倩编写，第七章由胡洛燕编写，第八章由朱瑞博编写，第九章由吴聪编写，全部图由曹端立绘制整理。本书由吴聪、胡洛燕统稿。

本书作为《刑事侦查实用百科丛书》中的一本，为公安干警进行专业方面的解读。有些不够全面或不够深入到位的地方，请读者谅解。

编　者

2018 年 6 月

目 录

第一章 服装规格与人体关系

本章探讨服装规格与人体的关系。服装规格与人体结构是密不可分的，服装服务于人体，被称为“人的第二层皮肤”。服装是建构在对人体及其特性了解的基础上设计制作的，因此，可通过解析服装推理人体的高度和围度及特征，亦可通过服装的外观形态判断一个人的年龄、性别、职业范围、经济状况。

第一节 号型规格与人体

一、号型与规格

号型与规格：号型指人体的净尺寸，而规格是指服装的尺寸，如衣长和成品的胸围。

1. 号型

(1) 号型定义

号：人体的身高，是设计和选购服装长短的依据，单位为厘米。

型：人体的净胸围（上衣）或净腰围（下装），是设计和选购服装肥瘦的依据，单位为厘米。

体型：依据人体的胸围与腰围的差数，将体型分为Y、A、B、C四类。Y体型宽肩细腰，属扁圆形体态。A体型是正常体，属扁圆形体态；B体型偏胖，属圆柱形体态。C体型是胖，属圆柱形体态。有关体型分类的代号和范围见表1-1和表1-2。

表1-1 男子体型分类代号及范围　　单位：cm

体型分类代号	Y	A	B	C
胸围、腰围之差	22~17cm	16~12cm	11~7cm	6~2cm

表1-2 女子体型分类代号及范围　　单位：cm

体型分类代号	Y	A	B	C
胸围、腰围之差	24~19cm	18~14cm	13~9cm	8~4cm

(2) 号型表示方法

号型标注法：在号与型的数值之间采用斜线分开，后接体型分类代号，即号/型+体型组合。例如：女性服装号型为160/84A，其中160表示身高为160cm，84表示净胸围为84cm，号标表明该件服装适合身高范围在158~162cm之间，胸围在82~85cm之间，胸腰差在14~18cm之间的女性穿着；男性服装号型为170/88A，表明其净体胸围为88cm，A型表明该男子胸、腰差在16~12cm之间，号标表明该件服装适合身高在168~172cm，胸围在86~90cm的男性穿着。

（3）号型与人体尺寸

尺码唛：尺码唛在成衣中的位置比较固定，上装多固定在领子后中，侧缝偏下部位；下装多固定在裤腰、裙腰后中，侧缝偏上部位。在办案过程中，如发现可作物证的衣服，可直接找出尺码唛确定着装者号型，进而推算着装者身高、胸围、腰围等关键部位尺寸。根据服装成衣尺码唛上标注的信息推算人体尺寸，如图 1-1 所示，领后中的尺码唛上显示该 POLO 衫的号型是 165/88A，可推测出穿该上衣的人属于正常体，身高在 163~167cm 之间，胸围在 86~89cm 之间。

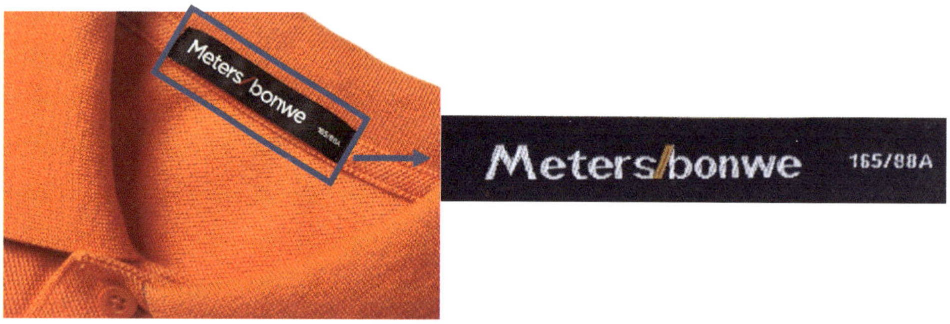

图 1-1　尺码唛

（4）号型系列

1）成人上下装号型系列：国家标准规定成人上装采用 5·4 系列，身高以 5cm 分档，胸围以 4cm 分档；成人下装采用 5·4 或 5·2 系列，即身高以 5cm 分档，腰围以 4cm 或 2cm 分档，详见表 1-3、表 1-4。

表 1-3　女子 5·4 和 5·2A 号型系列　　单位：cm

A																								
胸围	身高																							
	145			150			155			160			165			170			175			180		
	腰围																							
72				54	56	58	54	56	58	54	56	58												
76	58	60	62	58	60	62	58	60	62	58	60	62	58	60	62									
80	62	64	66	62	64	66	62	64	66	62	64	66	62	64	66	62	64	66						
84	66	68	70	66	68	70	66	68	70	66	68	70	66	68	70	66	68	70	66	68	70			
88	70	72	74	70	72	74	70	72	74	70	72	74	70	72	74	70	72	74	70	72	74	70	72	74
92				74	76	78	74	76	78	74	76	78	74	76	78	74	76	78	74	76	78	74	76	78
96							78	80	82	78	80	82	78	80	82	78	80	82	78	80	82	78	80	82
100										82	84	86	82	84	86	82	84	86	82	84	86	82	84	86

表 1-4　男子 5・4 和 5・2A 号型系列　　单位：cm

A																					
胸围	身高																				
	155			160			165			170			175			180			185		
	腰围																				
72				56	58	60	56	58	60												
76	60	62	64	60	62	64	60	62	64	60	62	64									
80	64	66	68	64	66	68	64	66	68	64	66	68	64	66	68						
84	68	70	72	68	70	72	68	70	72	68	70	72	68	70	72	68	70	72			
88	72	74	76	72	74	76	72	74	76	72	74	76	72	74	76	72	74	76	72	74	76
92				76	78	80	76	78	80	76	78	80	76	78	80	76	78	80	76	78	80
96							80	82	84	80	82	84	80	82	84	80	82	84	80	82	84
100										84	86	88	84	86	88	84	86	88	84	86	88

2）儿童号型系列

婴儿号型系列：身高为 52～80cm 的婴儿，以身高作为号，通常按照 7cm 分档递增，胸围则以 4cm、腰围以 3cm 分档递增，分别组成 7・4（表 1-5）和 7・3 系列（表 1-6）。

表 1-5　婴儿上装号型系列表　　单位：cm

号	型		
52	40		
59	40	44	
66	40	44	48
73		44	48
80			48

表 1-6　婴儿下装号型系列表　　单位：cm

号	型		
52	41		
59	41	44	
66	41	44	47
77		44	47
80			47

幼童号型系列：身高为 80～130cm 的儿童，以身高作为号，通常按照 10cm 分档递增，胸围则以 4cm、腰围以 3cm 分档递增，分别组成 10・4（表 1-7）和 10・3（表 1-8）系列。

表 1-7　幼童上装号型系列表　单位：cm

号	型				
52	41		80	48	
90	48	52	56		
100	48	52	56		
110		52	56		
120		52	56	60	
130			56	60	64

表 1-8　幼童下装号型系列表　单位：cm

号	型				
80	47				
90	47	50			
100	47	50	53		
110		50	53		
120		50	53	56	
130			53	56	59

男童号型系列：身高为 135~160cm 的男童，以身高作为号，通常按照 5cm 分档递增，胸围则以 4cm、腰围以 3cm 分档递增，分别组成 5・4（表 1-9）和 5・3（表 1-10）系列。

表 1-9　男童上装号型系列表　单位：cm

号	型					
135	60	64	68			
140	60	64	68			
145		64	68	72		
150		64	68	72		
155			68	72	76	
160				72	76	80

表 1-10　男童下装号型系列表　单位：cm

号	型					
135	54	57	60			
140	54	57	60			
145		57	60	63		
150		57	60	63		
155			60	63	66	
160				63	66	69

女童号型系列：身高为 135~155cm 的女童，以身高作为号，通常按照 5cm 分档递增，胸围以

4cm，腰围以 3cm 分档递增，分别组成 5 · 4（表 1-11）和 5 · 3（表 1-12）系列。

表 1-11　女童上装号型系列表　　单位：cm

号	型					
135	56	60	64			
140		60	64			
145			64	68		
150			64	68	72	
155				68	72	76

表 1-12　女童下装号型系列表　　单位：cm

号	型					
135	49	52	55			
140		52	55			
145			55	58		
150			55	58	61	
155				58	61	64

3）文胸号型系列：办案过程中，可以根据号型标识推测其胸部尺寸。文胸通常以罩杯代码表示型，以下胸围尺寸表示号。如表 1-13 所示，下胸围以 75cm 为基准数，以 5cm 分档向大或小依次递增或递减划分不同的号，如 65cm、70cm、80cm、85cm 等。罩杯反映出女性胸部丰满程度，通常以上胸围与下胸围之间的围度差作为代码分类标准，采用大写英文字母标注，分为 A、B、C、D、E、F、G，详见表 1-14，A 指上下胸围差值为 10cm，通常以 2.5cm 分档递增或递减。

表 1-13　文胸规格表　　单位：mm

胸下围	胸围	胸衣规格
70	78~81	70A
	81~83	70B
	83~85	70C
	85~87	70D
75	84~86	75A
	86~88	75B
	88~91	75C
	91~93	75D
80	88~91	80A
	91~93	80B
	93~96	80C
	96~98	80D

续表

胸下围	胸围	胸衣规格
85	91~93	85A
	93~96	85B
	96~98	85C
	98~100	85D

表 1-14　罩杯代码　单位：mm

罩杯代码	AA	A	B	C	D	E	F	G
上下胸围差	7.5	10.0	12.5	15.0	17.5	20.0	22.5	25.0

4）底裤号型系列：底裤号型以腰围为主要依据进行分类。女式底裤通常以 58cm、64cm、70cm、76cm、82cm 等腰围尺寸来标注号型，如表 1-15 所示；男式底裤则多以 S、M、L 等字母标注号型，如表 1-16 所示。

表 1-15　女式底裤号型　身高：cm

腰围	臀围	号型	号型
55~61	78~89	S	58
61~67	83~89	M	64
67~73	89~96	L	70
73~79	89~99	XL	76
79~86	91~103	XXL	82
86~94	94~106		90
94~102	97~109		98
102~110	100~112		106

表 1-16　男式底裤号型　身高：cm

腰围	臀围	身高	号型
64~72	80~88	160~170	S
68~76	84~92	165~175	M
72~80	88~96	170~180	L
76~82	92~100	175~185	XL
80~88	96~108	180~190	XXL

2. 规格

所谓服装规格是指各类服装号型尺寸的表达形式。

（1）规格种类

1）领围法：采用服装领围尺寸表示服装规格，以字母 N 代指，常用于男式衬衫。

2）胸围法：采用服装胸围尺寸表示服装规格，以字母 B 代指，常用于针织、编织服装，如羊毛衫、棉毛衫。

3）代码法：采用阿拉伯数字或英文字母表示服装规格。

阿拉伯数字表示：0、2、4、6…，12、14、16…，34、36、38…其中0、2、4、6、8…为美国标准服装规格，6、8、10、12、14…为英国标准服装规格，34、36、38、40、42、44…为欧洲标准服装规格。童装国内多以身高数值作为号型标准，国外多以年龄数值作为号型标准，其数字表示适用年龄，如6M（M=month）表示6个月婴儿服装，6Y（Y=year）表示6岁儿童服装。

英文字母表示：XS、S、M、L、XL、XXL，其中M表示中档规格，向左表示趋小规格，向右表示趋大规格。

4）号型法：用人体基本部位尺寸与体型组合表示的服装规格，是中国常用服装号型标注法。人体基本部位是人体最基本且最具代表性的部位，包括人体身高、人体净胸围、净腰围等；人体体型分类采用Y、A、B、C代指，采用这些部位的尺寸来推算服装其他部位的尺寸，误差相对较小。

（2）美英日规格标识

1）美国规格：美国成衣规格中，女装分为四种规格系列，女青年规格分别为12、14、16、18、20；成熟女青年规格分别为14.5、16.5、18.5、20.5、22.5；妇女规格分别为36、38、40、42、44，少女规格分别为9、11、13、15、17。男装以身高和胸围的对应形式表示，身高从163cm开始，每增加5cm为一档，共分六档，每档胸围分12级，相邻的胸围差数约在2.5cm。

2）英国规格：英国成衣规格中，女装划分了身高等级，不超过160cm的妇女，在规格号后标“S”。身高超过170cm的妇女，在规格号后加“T”，除此以外身高不标记。传统女装规格分为12号、14号、16号三种，服装厂生产的中等规格表示，胸围97cm，臀围102cm，身高165cm，如果在规格16号后加“S”，表示身高降为160cm以下，根据中等规格尺寸，分别推出等级系列。男装分青年型和一般型两类，胸围以4cm分档，身高在170~178cm之间，过矮或过高的男士可做长度调整。

3）日本规格：日本成衣规格中，女装规格以S、M、ML、L、LL表示小、中、中大、大、特大的系列号型。男装围度表示以胸围净尺寸作为代码，体型类别以胸腰差划分为Y、YA、A、AB、B、BE、E七种体型，身高分八个等级，1表示身高150cm，每升一档增加5cm，由此构成系统规格，例如92A5分别表示胸围是92cm，胸腰差是12cm，身高为170cm的标准体型。

3. 服装基本尺寸

（1）上装：衣长基本尺寸，着装者的身高可根据其着装推断。h表示身高。a为常数，如表1-17所示。

表1-17 衣长基本尺寸

衣长	短上衣	中长上衣	长上衣
尺寸设计	$0.4h+a$	$0.5h+a$	$0.6h+a$

（2）裤装

1）裤长基本尺寸：a、b与款式有关，如表1-18所示。

表1-18 裤长放松量

款式	短裤	中长裤	长裤
裤长/cm	$0.3h-a$	$(0.3h+a) \sim (0.6h-b)$	$0.6h+(0\sim2)$

2）裤口尺寸：长裤裤口围度尺寸如表1-19所示。

表 1-19　裤口围度尺寸

款式	直筒裤	瘦脚裤	宽脚裤
裤口围度/cm	(0.2h-3) ~ (0.2h+5)	<0.2h-3	尺寸>0.2h+5

二、服装成品规格与人体

在服装设计与制作过程中，因人体的活动范围、面料、款式及穿着舒适性等要求需要针对人体净体尺寸增加一定的加放量，又称放松量。

1. 领围、颈围与领围放松量

（1）领围与颈围：衣领环绕颈部，颈部的动、静态特征影响着领部结构。颈部运动范围小，领部设计时更注重它的静态结构，根据颈部的生理需求和运动量，一般在结构设计时，给予衣领在该部位的宽松量为 2~3.5cm。由此推出，合体型服装的领围减去 2~3.5cm，即为人体的颈围。

（2）领围放松量：如表 1-20 所示。B* 代表人体净领围尺寸。

表 1-20　领围放松量

类别	男装	女装
领围/cm	0.2（B* +内衣厚度）+（15~20）	0.2（B* +内衣厚度）+（19~25）

2. 服装肩宽与人体肩宽

合体男装后片的冲肩量控制在 2~2.5cm 范围之内，合体女装后片的冲肩量控制在 1.5~2cm 范围之内，这样能使服装肩端部的造型合理美观。由此推出，合体型服装的肩宽，男装减去 2~2.5cm，女装减去 1.5~2cm，即为人体的肩宽。

3. 服装胸围与人体胸围

胸围生理松量为 3.2cm，运动松量为 4~4.5cm，既能满足生理需求又能满足运动需求的胸围基本放松量应不小于 8cm 为宜。由此推出，人体胸围至少要在服装胸围的数值上减去 8cm。

4. 服装腰围与人体腰围

根据医学研究，腰部有 2cm 左右的压迫量不会对人体产生不良的影响，因此对下装而言，腰围的基本放松量可设置在 0~2cm 区间，从着装习惯和审美角度上看，青年人的服装腰围可不加任何放松量，中、老年人的腰围放松量可控制在 2cm 左右。由此推出，测量出的合体服装腰围约等于人体腰围。

5. 服装臀围与人体臀围

臀部不同于腰部，其肌肉组织发达有力，臀围最低要加约 4cm 的必要放松量。由此推出，人体臀围至少要在成衣臀围的数值上减去 4cm。

三、被害人研究

1. 三定侦查法

三定侦查法是研究、分析案件，制定侦查思路的一种规范性方法，是“定性质、定范围、定脸谱”的简称。其实质是对犯罪心理画像理论的实证性研究，是对侦查员到犯罪现场后开展一系列侦查工作的程序性研究，也是对刑事侦查工作的标准化、规范化研究，其根本目的是规范侦查行为，为侦查实战服务。侦查过程中十分重要、却容易被忽视的是被害人研究。

2. 被害人研究意义

（1）可推断案件的起因和背景，发现犯罪行为人与被害人之间的相互联系。

（2）可推断犯罪行为人的犯罪动机和惯技行为，为案件串并提供依据。

（3）在系列案件中，可以更好地预测犯罪行为人下一个最可能的侵害目标。

3. 已知名被害人研究方法

（1）收集被害人信息：被害人的自身属性、生活情况、健康状况、经济状况、受教育背景、居住状况、家庭成员情况、通信和计算机、工作情况、网络信息、社会交往情况和其他有关信息。

（2）调查被害前后事件：按照时间顺序建立一个事件人物与地点关系的图表，走一遍被害人最后经过的路，分别用被害人和犯罪行为人的视角去观察事物，研究问题。

（3）对被害人风险评估：包括调查被害人生活方式的风险度、被害人心理状态、案发时间、案发的地点、被害人的人数。

4. 未知名被害人研究步骤

（1）收集明态信息：立足现场，观察、收集与未知名被害人有关的明态信息，如表 1-21 所示。要认真观察被害人衣服、鞋袜的穿着情况，注意发现是否有明显的穿着异常，如：外衣穿着完整，但缺少内裤或胸罩，或是鞋袜穿着异常等；衣物、鞋袜的磨损情况、清洁程度等。同时还要认真研究衣服、鞋袜、皮包的品牌、款式、产地、质地、新旧程度、销售范围、价位等。

表 1-21　被害人明态信息

序号	被害人明态信息
1	被害人数
2	被害人的性别、身高、年龄范围
3	被害人的衣着情况
4	被害人的卫生状况
5	被害人的体表标记
6	损伤及尸体被肢解情况
7	胃肠道内食物情况
8	尸体附着物及微量物证情况
9	包装物及其他抛出的物品情况
10	作案工具情况
11	当地的失踪人员信息

（2）分析潜态信息：根据明态信息中分析与被害人及犯罪行为人有关的潜态信息，如表 1-22 所示。

表 1-22　被害人潜态信息

序号	被害人明态信息
1	现场特征
2	被害人死亡原因、致死手段、被害前状况
3	被害人的社会层次和职业特征
4	被害人的生活习惯、活动规律以及特殊生活方式
5	被害人生前的居住情况以及被害时的环境
6	被害人的财物损失情况
7	被害人遇害时的对抗情况
8	使用工具情况

续表

序号	被害人明态信息
9	犯罪动机
10	犯罪行为人与被害人的关系
11	犯罪行为人的社会层次和职业特征

（3）脸谱刻画：对未知名被害人进行脸谱刻画，即对被害人进行“五大属性”刻画，如表 1-23 所示。

表 1-23　被害人五大属性

序号	五大属性	内容
1	生理属性	性别、年龄、身高、体重、体态、相貌特征、体表标记、动作特点、有无肢体残疾
2	地域属性	现住什么地方、可能是哪里人、与中心现场的关联度
3	社会属性	职业特征、婚姻与性经历、经济能力社会层次、人际交往范围
4	心理属性	犯罪现场遗留的行为痕迹、行为结果
5	既往犯罪属性	有无违法、犯罪前科，有无劣迹

第二节　合体型服装与人体

一、文胸与胸部

文胸又称乳罩或胸衣，其功能用以遮蔽及支撑乳房。

1. 杯型与胸型

由文胸的杯型可大约推出胸部是否丰满，文胸杯型分为 1/2 罩杯、3/4 罩杯和全罩杯，胸部娇小者多穿着 1/2 罩杯和 3/4 罩杯，胸部丰满者多穿着 3/4 罩杯和全罩杯。

2. 号型与胸型

由文胸的号型可推出人体胸部的丰满程度，以“75B”为例：表示胸下围是 75cm，文胸号型为 B 型，胸围和胸下围之差为 12.5cm。

二、底裤与人体

底裤的腰围较小，但应保证，腰围拉开后要大于或等于臀围的尺寸，只有这样底裤才具有可穿性。若底裤面料无弹力，腰围尺寸应大于或等于臀围尺寸。若面料具有弹性，底裤成品的腰围尺寸一般为人体实际腰围尺寸的 75%~80%。

三、男衬衫与人体

男性颈部与女性最大不同是喉结突出明显，为了满足喉结的运动和人体吞咽，一般领围 = 颈围+（3~4）cm，一般男性的颈围为 33~40cm，男式衬衫的领围示明规格为 37~43cm。根据人体测量的统计结果，男衬衫领座在成年男子颈部位所对应的上领围和颈根围差值为 2.6cm 左右。

第三节　服装部位与人体

人体与服装有密切关联的部位是颈、肩、胸、腰、臂、膝、踝、足等，在服装造型上有领、肩、袖、裙子、裤子等相对应。

一、肩部

1. 肩斜度

女性肩部较窄，肩斜度较大，锁骨不明显，弯曲度较小，男性肩宽而平。成年男子正常肩倾斜角平均值为20°，值域为19°~22°。成年女子正常肩倾斜角平均值为22°，值域为20°~23°。

2. 肩宽与身高

通过净肩宽推出人体身高，肩宽=人体总高度×0.2+7cm。

二、胸围与人体

1. 胸部

青年女性胸部丰满结实且挺立，随着年龄、生育等因素影响，其乳房脂肪量增多，并逐渐松弛下垂。男性胸部厚实宽大，胸大肌为方形，胸乳峰不显著且相对稳定平缓。

2. 胸围放松量

B^*代表人体净胸围尺寸，如表1-24所示。

表1-24　胸围放松量　　单位：mm

类别	贴体	较贴体	较宽松	宽松
男	B^*+内衣厚度 +0~12cm	B^*+内衣厚度 +12~18cm	B^*+内衣厚度 +18~25cm	B^*+内衣厚度 + ≥25cm
女	B^*+内衣厚度 +0~10cm	B^*+内衣厚度 +10~15cm	B^*+内衣厚度 +15~20cm	B^*+内衣厚度 + ≥20cm

3. 胸部空隙量

办案过程中可通过胸部放松量来推出人体胸围尺寸，胸围的放松量是根据服装离开人体的距离而确定的，相距1~1.2cm的空隙量为较紧身的服装，相距1.2~1.5cm的空隙量为较合身的服装，相距1.5~2cm的空隙为较佳的空隙量，相距2cm以上的空隙量为宽松服装的空隙量，根据这些空间距离，可以制定出各类服装的放松量。紧身服胸围的放松量女为4~6cm，男8~10cm，高弹面料可不加放；日常服、职业服，胸围的放松量，女青年为8~10cm，中年女性为12~14cm，男16~22cm；工作服、运动服，胸围的放松量，女16~22cm，男22cm以上；休闲服、宽松服，胸围的放松量，女20~30cm，男25cm以上。

4. 胸围与身高

办案过程中可通过净胸围推出人体身高，具体公式是胸围=人体总高度×0.55-6cm。

三、腰围与人体

1. 腰部

女性腰部较窄，臀腹部浑圆，背部凹凸不明显，脊椎骨弯曲度较大，站立时腰后部弯曲度较明显，男性腰部围度较大且偏低。

2. 腰围放松量

腰围属于相对不变部位，一般有 0~2cm 的松量。上装腰围放松量如表 1-25 所示。通常情况下下装腰围可以不加放松量，若是秋冬季裤子，则可放 1~2cm 松量。惯例上女裤，普通体不加放或加放 1cm；男裤，普通体加放 1cm，胖体加放 2cm。

表 1-25　腰围放松量

类别	直腰	稍收腰	卡腰	极卡腰
腰围	B-（0~6）cm	B-（6~12）cm	B-（12~18）cm	B-≥18cm

3. 腰围与身高

办案过程中可通过净腰围推出人体身高，具体公式是腰围=人体总高度×0.42-4cm。

四、臀围与人体

1. 臀围放松量

不同的款式的衣服臀围有不同的放松量，紧身型的臀围的放松量，女为 2~4cm，男为 4~6cm；适体型的臀围的放松量，女为 6~8cm，男为 8~10cm；宽松型的臀围的放松量，女为 10cm 以上，男为 14cm 以上。上装臀围放松量如表 1-26 所示，下装臀围放松量至少需要 4cm，参考数据见表 1-27。

表 1-26　臀围放松量

廓形	T 型	H 型	A 型
臀围	B-2cm	B+（0~2）cm	B+≥3cm

表 1-27　裤子臀围参考放松量

裤子款式	贴体类	较贴体类	较宽松类	宽松类
放松量	0~6cm	6~12cm	12~18cm	18cm 以上

2. 臀围与身高

办案过程中可通过净臀围推出人体身高，公式为臀围=人体总高度×0.55±1.5cm。

3. 臀围与上裆宽

表明人体臀腹部之间的厚度，一般为 0.16H~0.2H，H 表示臀围的大小。

五、袖长位置

不同袖长在胳膊上的位置，如图 1-2 所示。

1. 盖袖

盖袖指袖长至上臂 1/4 处的袖子，常用于女装设计。

2. 短袖

短袖指袖长至上臂 1/2 处的袖型，常用于夏季衬衫、T 恤等设计。

3. 五分袖

五分袖指袖长至胳膊肘部的袖型。

4. 七分袖

七分袖指袖长至手臂 7/10 处的袖型，袖口大约在小臂的中部。

5. 九分袖

九分袖指袖长至手腕处的袖型。

6. 长袖

长袖指袖长至手掌虎口处的袖型，常用于各类服装中。

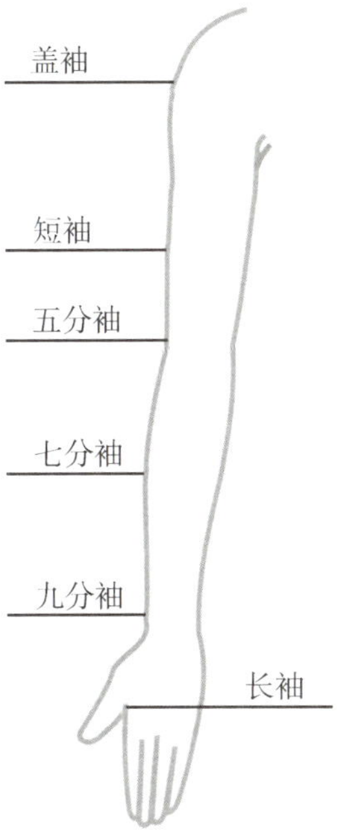

图 1-2　不同的袖长位置

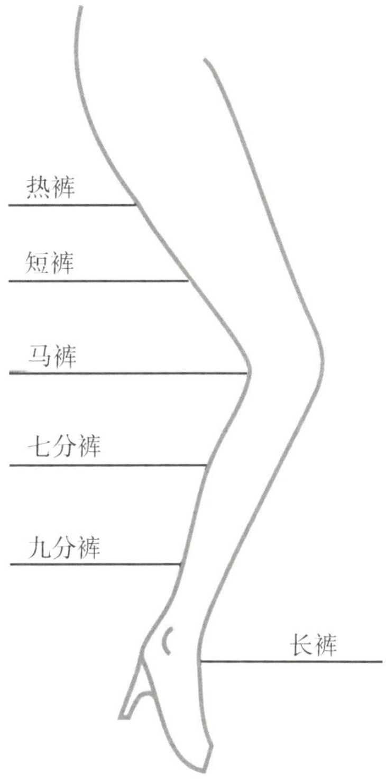

图 1-3　不同裤长位置

六、裤长位置

不同裤长在腿上的位置，如图 1-3 所示。

1. 热裤

此类裤型源于美国，是一种紧身、短裆的超短裤。

2. 短裤

此类裤型裤长在 35cm 左右，也叫三分裤。

3. 马裤

此类裤型起源于马术运动，其特点为膝部以下瘦小、膝部以上宽肥。

4. 七分裤

此类裤型的长度为正常裤长的 7/10 或裤长至膝下，裤子底边落在小腿最圆润的部位。

5. 九分裤

此类裤型的长度为正常裤长的 9/10 或着装时裤长至脚踝位置。

6. 长裤

此类裤型的裤长由腰及脚踝，包覆全腿。

七、裙长位置

1. 迷你裙

迷你裙又称“超短裙”，一般到长度为 20~25cm，站立时，食指和无名指可触及裙子的底边。如图 1-4 所示。

图 1-4　迷你裙

2. 半长裙

半长裙又称齐膝裙，指裙子下摆长度至膝盖部位上下 5cm 的裙子样式。如图 1-5 所示。

3. 长裙

此类裙装的长度等同于裤子的长度，但会略比裤子长，保证女性有穿高跟鞋的余地。如图 1-6 所示。

图 1-5　半长裙

图 1-6　长裙

案例："2010. 4. 26"杀人案

一、案件展示

2010 年 4 月 26 日晚上 11 时许，广东省白云区嘉禾员村中街某出租屋发生一起火灾，现场靠近门口的位置有两具烧焦的尸体，已看不清模样，衣物几乎烧光，只有烧焦的牛仔裤碎片，如图 1-7 所示。

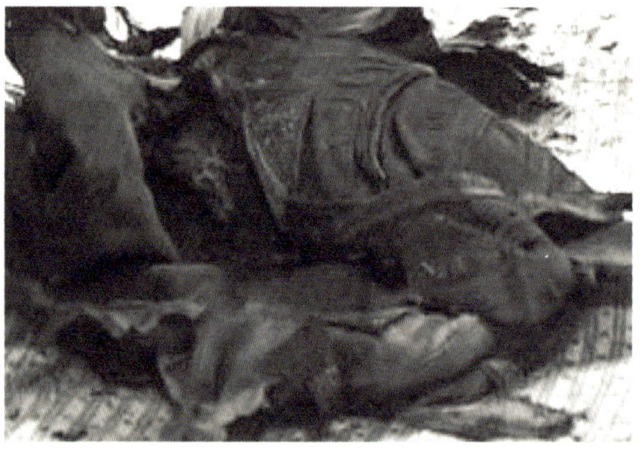

图 1-7　烧焦的牛仔裤

二、案件分析

1. 裤襻距离侧缝的距离

测量烧焦裤片左后侧裤襻距离左侧缝的距离为 3. 5cm，如图 1-8 所示。

2. 推测被害人人体数据

（1）根据烧焦裤片上能够测量的裤襻距侧缝的数据为 3. 5cm，可推测出受害人的号型为 160/66A、160/68A 或者 165/72A，在号与型的数值之间采用斜线分开，后接体型分类代号，即号/型+体型组合。

（2）根据号型，如表 1-28 所示，可推测出被害人属于正常体型，身高范围是"号"的数据上下浮动 2cm，为 158~167cm，腰围在 64~73cm 之间，胸腰差在 14~18cm 之间，根据推测出的人体尺寸，结合三定侦查法，便于定位被害人。

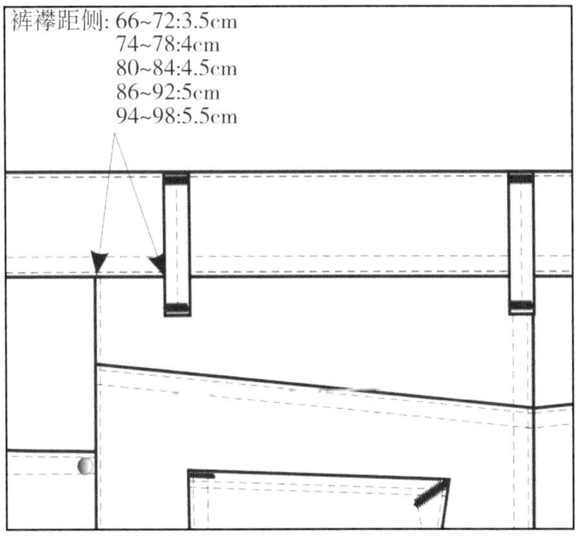

图 1-8　研究无名女尸方法

表 1-28　牛仔裤各部位尺寸对应的人体号型

部位	160/66A	160/68A	165/72A	170/74A	170/76A	170/78A	175/80A	175/82A	175/84A	180/86A	180/88A	185/92B	185/94B	185/96B	190/98B
裤襻距侧	3.5			4			4.5			5		5.5			
裤长	102			104			106			108		110			111
腰围	73	75.5	78	80.5	83	85.5	88	90.5	93	95.5	98	101	103	106	108
臀围	89	91.5	94	96.5	99	102	104	107	109	112	114	116	118	120	122
横裆	27	27.7	28.4	29.1	29.8	30.5	31.2	31.9	32.6	33.3	34	34.6	35.2	35.8	36.4
膝半围	18.4	18.8	19.2	19.6	20	20.5	21	21.5	22	22.5	23	23.4	23.8	24.2	24.6
脚口宽	15.8	16.1	16.4	16.7	17	17.4	17.8	18.2	18.6	19	19.4	19.7	20	20.3	20.6
门襟长	13.5			14			14.5			15		15.5			16
机头长	5.4		5.7		6		6.3		6.6		6.9		7.2		7.5
机头侧 2.9	3.2		3.5		3.8		4.1		4.4		4.7		5		
后袋上宽	15		15.5		16		16.5		17		17.5		18		18.5

第四节　人体体型

一、人体体型决定因素

人体的外形是人体与服装产生直接关系的决定因素，又称体型。人的基本体型由躯干、上肢、下肢和头部四部分构成，其中躯干包括颈、胸、腹、背等部位；上肢包括肩、上臂、下臂、腕、手等部位；下肢包括胯、大腿、膝、小腿、踝、脚等部位，而决定人体体型变化的最基本因素包括骨骼、肌肉、脂肪等方面。

人体基本体型如图 1-9 所示。

1. 骨骼

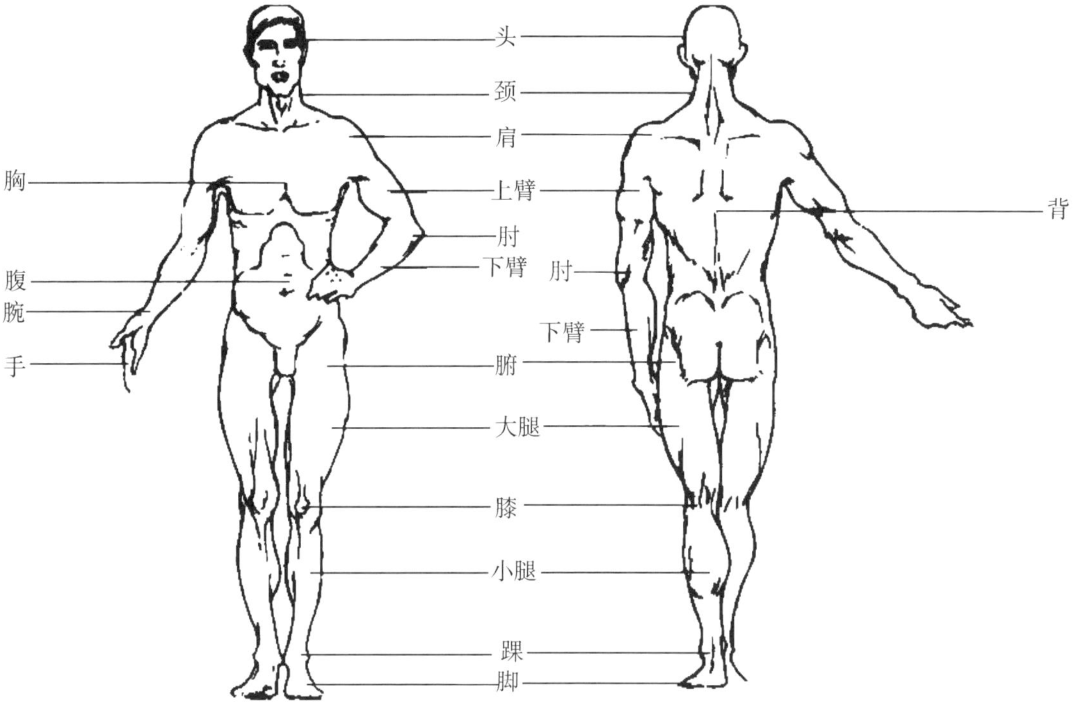

图 1-9　人体基本体型

骨骼是人体的支架，它决定人体体型的大小、各部位的长短、宽窄比例、肢体的生长方向及基本形状。人体骨骼有 200 多块骨头，包括躯干骨、上肢骨、下肢骨三大部分，进而构成人体各部位的骨骼系统。骨骼如图 1-10 所示。

2. 肌肉

人体包括 600 多块肌肉，分为躯干肌、上肢肌和下肢肌三部分，它们附着于骨骼与关节上，形成

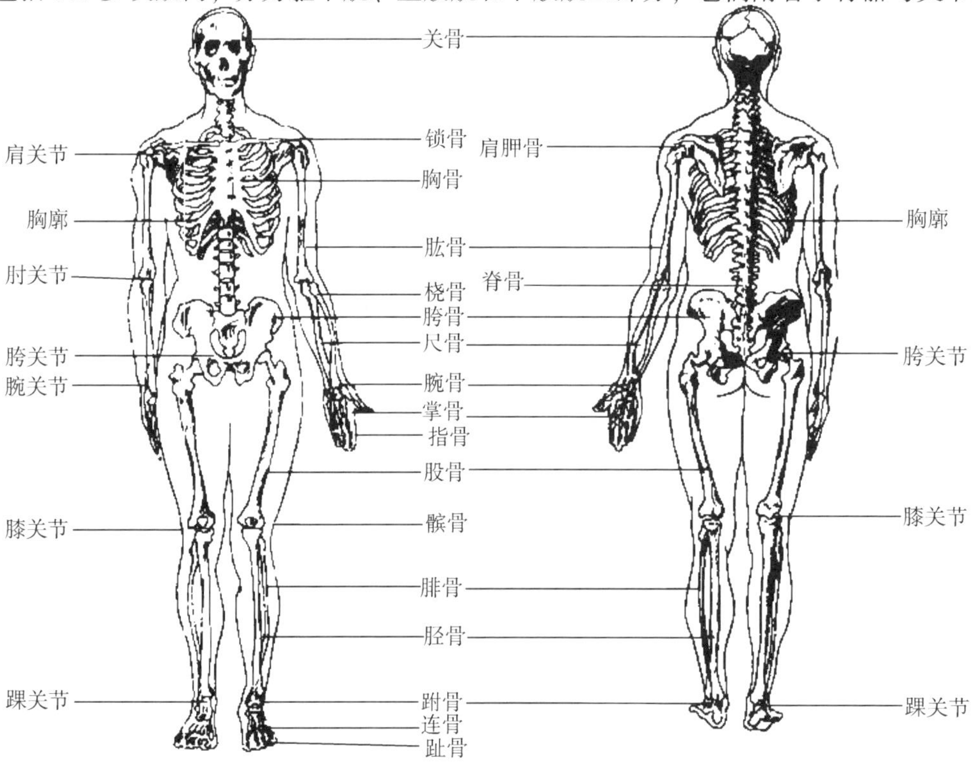

图 1-10　人体骨骼图

人体外观形态。肌肉的伸缩牵动骨骼产生动作。

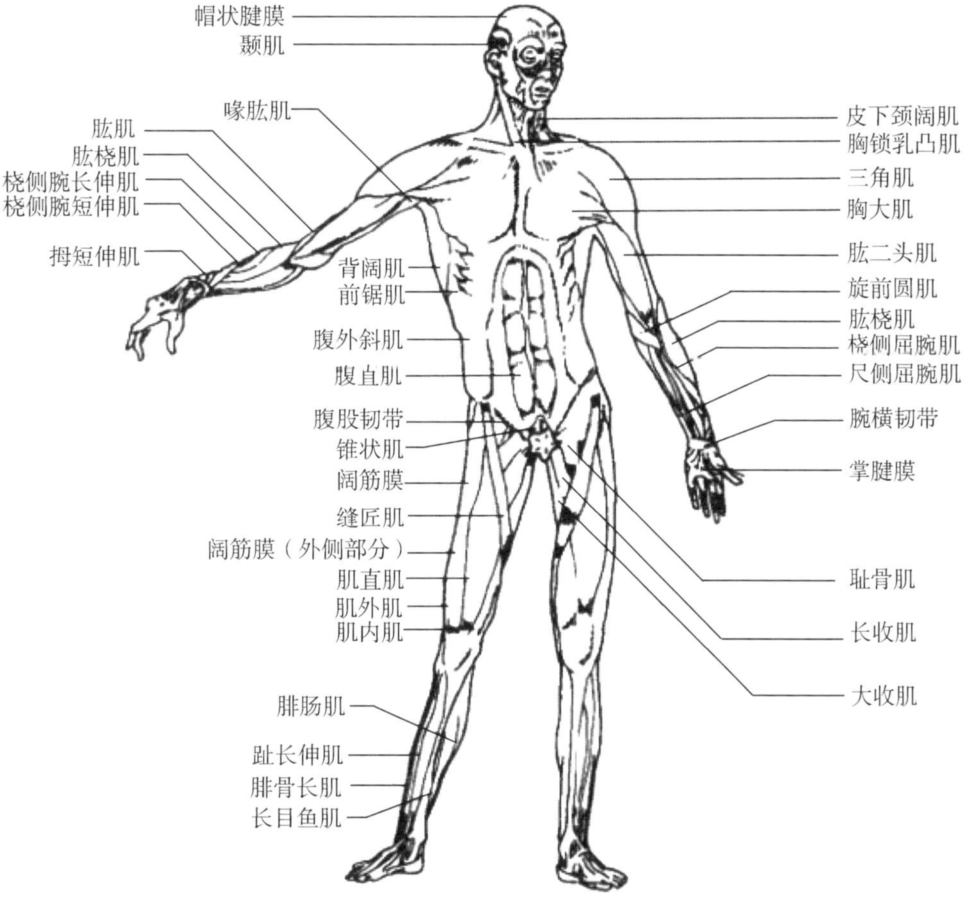

图 1-10A　人体肌肉图

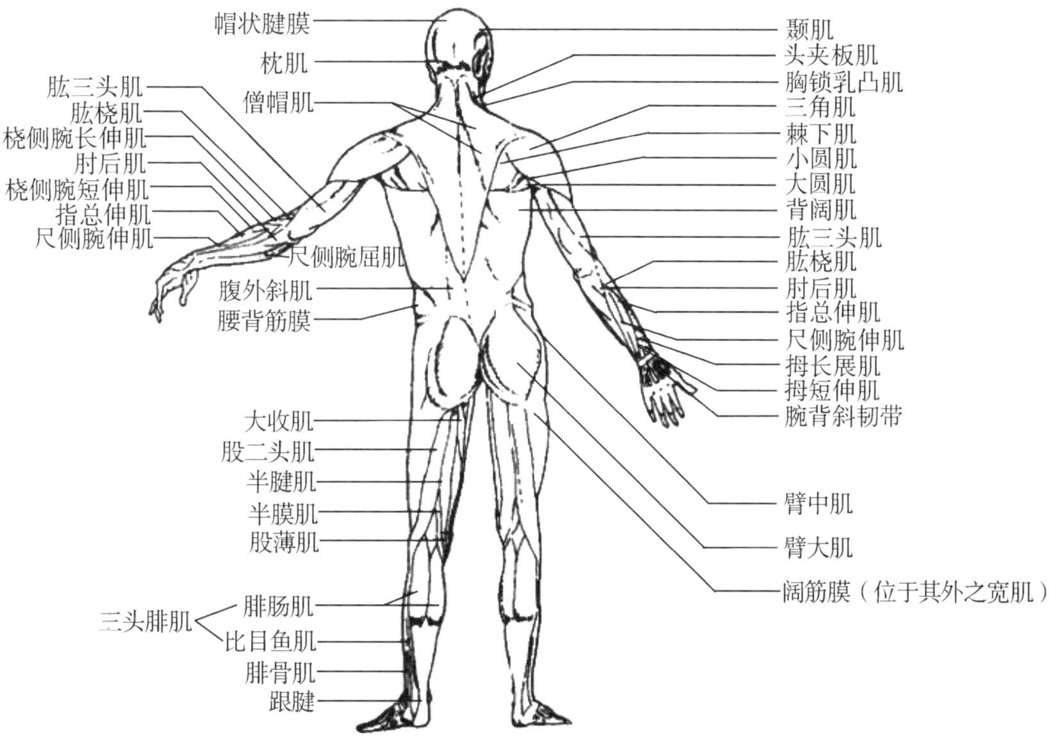

图 1-10B　与服装相关的人体表层肌肉背面

3. 脂肪

脂肪量的多少决定人体体型外观变化，脂肪量丰富的部位其体表形态较为丰满。脂肪受季节和生理的影响，不同部位囤积量有所不同，臀部、腹部、大腿部等部位脂肪量较多，而关节、头皮下、鼠径沟、肋骨附近脂肪量较少。此外，性别、年龄、职业等因素对于人体脂肪量的变化也会有一定影响，因而观察一个人的体型时，应综合考虑各种因素。

二、人体体型分类

作为服装设计的重要依据，人因年龄、性别、职业等因素影响外形体征不尽相同。体型的分类有多种，通常根据脂肪含量、肌肉发育、身体比例、脊柱形状、胸廓和腹部的形状等特征综合考虑进行分类。

1. 依据整体体型划分

标准体：这类体型身体的高度与围度比例协调，且没有明显缺陷。

肥胖体：这类体型身体围度相对高度比例偏大，脂肪量较多，骨骼粗壮，肌肉较发达，颈部较短，肩部宽大，胸部宽厚，胸围大。

瘦体：这类体型身体围度相对高度比例偏小，脂肪量较少，骨骼细长，肌肉不发达，颈部细长，肩窄且圆，胸部狭长扁平。

2. 依据身体不同部位特殊形态划分（即特殊体型）

挺胸体：胸部挺起，背部较平，胸宽尺寸大于背宽尺寸，而标准体的胸宽尺寸一般小于背宽尺寸。

驼背体：背部圆而宽，胸宽较窄，由于身体屈伸，因而在着装时易引起服装前长后短的着装效果。

鸡胸体：胸部中间部位隆起，通常体态伴以肩平、体瘦等特征。

凸肚体：这类体型多因腰、腹部脂肪量过多引起肥满凸出。

凸臀体：这类体型多因臀部脂肪量过多引起肥大隆起，多见于肥胖体。

平臀体：这类体型的臀部多呈扁平状，多见于瘦体。

耸肩：这类体型的肩部较标准体型挺且高耸。

垂肩：又称溜肩，与耸肩相反，其肩部缓和下垂。

高低肩：这类体型的左、右肩呈高低不均衡状态。

X 形腿：这类体型的小腿部位呈向外弯曲状态。

O 形腿：这类体型的小腿部位呈向内弯曲状态。

3. 依据人体围度划分

中国专业人体分类主要依据人体净胸围与净腰围的差值，即裸体胸围减去裸体腰围的差数，由此可分为 Y、A、B、C 四种体型，如某男子胸、腰围差在 22~17cm 之间，则该男子属于 Y 体型；某女子胸、腰差在 8~4cm 之间，则该女子的体型为 C 体型。我国人体四种体型分类如表 1-29 所示。

表 1-29　我国人体四种体型分类

体型	Y	A	B	C
男	17~22	12~16	7~11	2~6
女	19~24	14~18	9~13	4~8

中国体型通常以标准体型为依据进行分类，但在实际操作中存在一定差异，如与标准体型相比差异过大，超出一定数值则属于特殊体型。此外，儿童因其生理因素，体型随年龄增长变化较大。

三、人体特征

1. 男子

（1）男性肩宽而平，上肢长且粗壮，呈上宽下窄的倒梯形，因而男装在轮廓设计方面多采用 T 型、Y 型和 H 型，以表现男性阳刚之美。

（2）男性胸部厚实宽大，胸大肌为方形，胸乳峰不显著且相对稳定平缓。

（3）男性腰部围度较大且偏低，胸腰差、腰臀差相比女性而言比例较小，后腰节比前腰节长，后背至后腰部位曲度较大，因而腰线以上后衣片长度通常比前衣片长。

（4）男性裤子立裆相比女性而言比例较短。

（5）男性颈粗且短，喉结凸显，颈围通常大于女性。

2. 女子

（1）女性肩部较窄，肩斜度较大，锁骨不明显，弯曲度较小。

（2）青年女性胸部丰满结实且挺立，随着年龄、生育等因素影响，其乳房脂肪量增多，并逐渐松弛下垂。

（3）女性腰部较窄，臀腹部浑圆，背部凹凸不明显，脊椎骨弯曲度较大，站立时腰后部弯曲度较明显。

（4）女性前腰节通常比后腰节长 1～1.5cm。

3. 儿童

（1）幼儿：胸部较短而阔，通常小于腹部，腹部突出，背部较平坦，腰部不明显，整体呈浑圆体型，男女幼儿无明显体表差别。

（2）学龄儿童：男、女学龄儿童体型和性格逐渐出现差别，这个时期腰围增长缓慢，胸围和臀围增长相对较快，躯干曲线日益显现。

（3）青少年：女性胸部和臀部逐渐呈丰满体态，脂肪量增多，躯干曲线日趋完美。男性身高和胸围增长幅度较大，肩宽和胸部增宽，骨骼和肌肉发育较快。

四、人体测量

人体体型相当复杂，但成年人一些体态部位基本固定，且不因时间、生理变化而改变。根据这些部位，业界人士人为地将人体站立时的一些点和线作为尺寸测量和服装结构设计的依据。

上装主要包括衣长、胸围、胸宽、背宽、肩宽、领宽、袖长、袖口八个测量尺寸，女式上装另需测量腰围、前腰节、后腰节等尺寸。裤装主要包括裤长、臀围、腰围、裤口四个测量尺寸，其他款式如牛仔裤另需测量上裆、横裆、中裆尺寸。裙装主要包括裙长、臀围、腰围三个测量尺寸。具体测量方法如下：

1. 围度方向（以人体站立状态为准）

（1）胸围：以胸部最丰满的乳突点为基准点，将软尺水平围绕胸部一周测量所得的尺寸即为胸围尺寸。

（2）全肩宽：自肩部一端到另一端的距离即为全肩宽。

（3）背宽：由背部右侧腋点沿后背表面水平测量至左侧腋点的宽度尺寸即为背宽，又称后腋点间距。后腋点指人体自然直立时，后背与上臂会合所形成的夹缝止点。

（4）胸宽：由前胸右侧腋点水平测量至左侧腋点的宽度尺寸即为背宽，又称前腋点间距。前腋点指胸与上臂会合所形成的夹缝止点。

（5）腰围：在腰部最细处将软尺水平围绕腰部一周测量所得的尺寸即为腰围，腰节的位置可根据上肢自然下垂时肘关节所处的水平位置而定。

（6）臀围：在臀部最丰满处将软尺水平围绕臀部一周测量所得的尺寸即为臀围。

（7）颈围：以喉结下为基准点，围绕颈部一周测量所得的尺寸即为颈围。

（8）腕围：以腕部关节点为基准点，围绕腕部一周测量所得的尺寸即为腕围，该尺寸多作为袖头设计参数。

2. 长度方向（以人体站立状态为准）

（1）身高：由头部顶点垂直向下测量至地面的尺寸。

（2）背长：沿后颈点（第七颈椎）随背形测量至腰围线的尺寸，又称后腰节长。

（3）前腰节长：由颈窝处通过胸高点测量至腰围线的尺寸。

（4）全臂长：上肢自然下垂，由肩点经肘关节点测量至尺骨下的尺寸为全臂长。

（5）上裆长：自腰围处测量至横裆处的尺寸，又称直裆或立裆。

按照上述方法测量所得数据均为人体在站立状态穿着基础打底内衣情况下的净体尺寸，在进行服装设计制作时，根据款式需要增加一定放松量，以满足人体活动以及着装造型需求。

第五节　服装廓形

服装廓形即服装外部造型的大致轮廓，它进入大众视觉的速度和强度高于服装面料与局部细节，仅次于色彩。廓形作为服装设计的根本，在一定程度上具有修饰人体体型的作用。

影响服装廓形变化的人体关键部位在于肩、腰、臀及底边围度，通过对这些部位的强调或掩盖的程度不同，进而形成各种不同的廓型。概括而言，当下服装界最具代表性的服装廓形可分 A 形、H 形、X 形、T 形、O 形 5 种，这种以字母命名服装廓形的方法是法国时装设计大师迪奥首推的。

一、A 形

这类廓形多呈窄肩，由腋下逐步变宽，通过收缩肩部，夸大底摆而形成上小下大的梯形造型，使服装整体轮廓形似英文大写字母 A 字，从而给人以可爱、活泼、浪漫的心理感觉。如图 1-10 所示。A 形服装通常肩、胸部较合体，腰、臀部多被遮盖。

图 1-11　A 形

二、H 形

这类廓形多为平肩，腰部不收紧，下摆呈筒形，它通过弱化肩、腰、臀之间的宽度差异而呈现矩形状，从而使服装整体轮廓形似英文大写字母 H 字。H 形服装放松腰围尺寸，因而具有掩饰腰部臃肿的视觉效果。如图 1-11 所示。

三、X 形

这类廓形肩部线条自然、放松，通过增加胸围与腰围尺寸差异促使服装呈现出肩部与下摆部位宽松，腰部紧身，臀部合体的状态，服装整体轮廓形似英文大写字母 X 字。X 形多用于女装设计，能够体现女性优雅、性感的气质。此外，因受中性化潮流影响，一些男款服装亦采用小 X 造型。

图 1–12　H 形

图 1–13　X 形

四、T 形

这类廓形肩部夸张，下摆内收形成上宽下窄的具男性体态特征的造型，整体呈现倒三角形，似英文大写字母 T 字。T 形多用于男装、职业装等类别服装设计，而女装设计则通常表现为连体袖或插肩袖设计。如图 1–14 所示。

五、O 形

这类廓形肩部、腰部及下摆处无明显棱角或大幅度变化，腰部线条宽松，形成椭圆形造型，似英文大写字母 O 字。O 形服装造型丰满、圆润，具有掩饰身体体型缺陷的视觉效果，充满幽默而时髦的气息。如图 1–15 所示。

图 1–14　T 形

图 1–15　O 形

第二章　服装分类

第一节　从性别分

一、男装

男装，顾名思义就是男性穿着的服饰。男装款式变化较少，受流行影响变化的因素也相对较小，更多地表现在面料、细节、色彩等方面。如图 2-1 所示。

图 2-1　男装

图 2-2　女装

二、女装

女装，即女性穿着的服装。如图 2-2 所示。女装款式变化多样，受季节、流行趋势的影响较大。从年龄及商业角度来看，女装可分为少女装和淑女装，少女装的年龄定位在 18~25 岁，设计时尚，价位较低，款式新颖。淑女装的年龄定位在 25~45 岁，价位偏高，品质更为讲究。而中老年女装在市场上的划分目前相对空白，中老年女性的身材差别较大，时尚敏感度较低，大多处于退休赋闲的状态，对于商家来说，获利微薄，关注度欠缺，不过随着人们生活水平的提高，该群体应越来越受到厂商及零售商的重视。

第二节 从加工方式分

一、成衣

成衣是按一定规格尺寸、号型标准批量生产出的服装。如图 2-3 所示。作为工业化生产线大批量生产的产物，其平均生产成本较低，相对于量身定制的服装而言，零售价格亦低，适合大部分消费者的消费水平，市场份额较大。目前我国成衣率达到 90% 以上。如图 2-3 所示。

图 2-3 成衣

图 2-4 高级成衣

二、高级成衣

高级成衣是以服务中产阶级为目的，按标准型号进行工业化、多品种、小批量生产的服装。如图 2-4 所示。高级成衣与一般成衣的区别，不仅在于其批量小、品质高，设计的个性和品位是其主要卖点。高级成衣多为设计师品牌，一般有明确的客户群体，为了避免撞衫有时也会推出限量版产品，相应提高了生产成本，因而价格相对较高。

三、高级定制

高级定制，也称高级时装，是设计师服务于消费者所提供的独一无二的量身定制服装，价格相当昂贵。高级定制服装的精髓灵魂来自于专属的定制设计、精湛的立体裁剪和细致的制作工艺，大部分制作工艺采用手工形式，一件衣服往往耗时 30 d 左右。高级时装经过两到三次的顾客坯布试身制版，设计师使用专有面料和高技能的手工技术，创新性和独特性是其不可缺少的部分，受商业限制较少。其时装秀每年 1 月和 7 月发布两次，为其潜在的客户展示服装。如图 2-5 所示。

图 2-5　高级定制

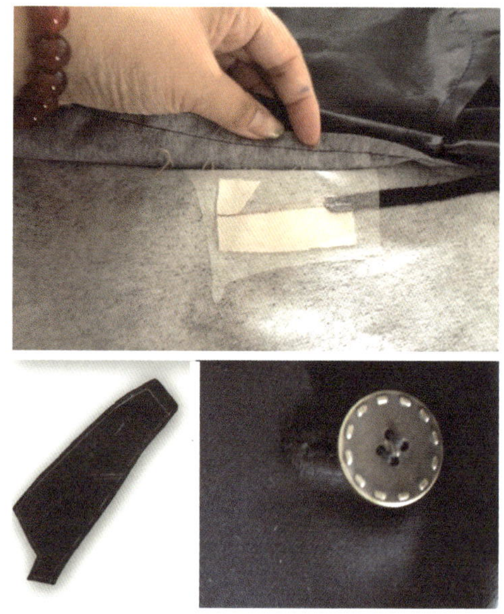

图 2-6　自做服装

四、手工制作或自制服装

自制服装是指消费者购买服装面、辅料，自己设计，并动手剪裁、缝制或由裁缝店代工而成的服装。由于设备等因素与工业化生产有很大不同，其外观及质量与成衣也有差异。手工制作衣服能有效地节约开支，款式可以根据个人喜好自由发挥，无需担心与他人撞衫，面料选择搭配自由，着装效果相对于成衣而言更为合身。此外在制作过程中，丰富的生活乐趣与成品服装穿在身上时的成就感也是制衣者与众不同的生活体验。如图 2-6 所示。

第三节　从用途分

一、按民族分

各民族本身独有的特色服饰，可以称为地方服饰或民俗服饰。民族服装在特定的社会背景及自然环境中形成，符合本民族的生活习惯和审美意识，是民族政治、经济、文化的反映。时下，各民族人民在日常生活中多以现代西式服装为主，但在节日、宗教仪式、国家典礼和其他正式场合中，则多用本民族的盛装服饰。通常，通过服饰上的装饰品可以推断出穿戴者的婚姻状态、社会地位或宗教信仰等生活状态。

汉族：汉族是中国的主体民族，是上古时期黄帝和炎帝部落的后裔，称为炎黄子孙。

汉服形式独特，其基本特征是交领、右衽、系带、宽袖、隐扣，又以盘领、直领等为补充。汉服的基本款式大约有九类，在基本款式下又因其领口、袖型、束腰、裁剪方式等的不同变化演绎出不同款式。汉服根据其用途，主要分两种：礼服与常服。礼服华美繁重，其主要目的在于在隆重或喜庆节日的公共仪式中强调着装者的身份、地位等，具有一定的象征意义。而常服则满足着装者方便日常生活起居的目的，强调朴素、方便、舒适、简单的着装效果。图 2-7 是传统汉服。

图 2-7 传统汉服

图 2-8 壮族男性服饰

壮族：作为中国 55 个少数民族中人口最多的民族，是古代百越族的一支后裔，主要分布在广西、云南、广东和贵州等地区。

壮族男性服饰差别不大，老人多穿织染青色、蓝色有领对襟上衣，下着青、蓝色吊裆宽边长裤，头戴八瓣圆帽或打黑色包头，脚穿布鞋或草鞋。青年装多为青、蓝色高领小袖紧身对襟上衣，10cm（三寸）长的布纽扣排列在门襟处，下着黑或蓝色吊裆长裤，腰扎布带，赤脚或穿圆口布鞋。如图 2-8 所示。

女性服饰作为区别各支系的外在标识，差别较大。如图 2-9 所示。布依壮族女性多穿细褶及足筒裙，头上打发髻，以布帕包头，上衣短而窄，腰身甚紧，右开襟，脚穿绣花鞋，喜戴银饰、手镯和项圈。土僚壮族女性服饰分搭头、平头两种。搭头土僚头顶前端编一小髻，以 26cm 宽、4m 长（8 寸宽、1 丈 2 尺长）的布帕缠成半圆形，末端 33cm（约 1 尺）搭于头顶。除此，搭头、平头服饰大同小异，上衣为青色、无领、右开襟，仅有一枚纽扣。除老年女性外，上衣胸口处嵌有少许长方形的有色布条，袖口镶有蓝布或绿缎子，腰部围以花腰带，下身穿青色细褶布裙。脚穿绣花鞋，鞋尖高翘，朝后弯曲，喜戴银手镯、戒指。沙人壮族女性头上包青色或黑色头巾，上衣无领，宽而长，及大腿，右开襟，衣袖宽，袖管镶嵌有色布条，下着黑色宽长裤，脚穿绣花鞋，戴银链、耳环。仲家壮族妇女头戴一条由 10cm（3 寸）宽的四层布料做成的勒子，上着深蓝或浅蓝长袖、高领、斜襟上衣，沿领口、斜襟、门襟下摆均用 13cm（4 寸）宽青布及花瓣镶边，下着青布百褶裙，腰扎布带，系白色、花瓣镶边的围腰，胸挂精致挑花手帕，腰挂毛巾，脚踝处包 10cm 宽、67cm 长（3 寸宽、2 尺长）的白布。

图 2-9 壮族女装

回族：回族是中国分布最广的少数民族，其居住较集中的地方建有清真寺，又称礼拜寺。

回族服饰的主要标志在头部，男子戴礼拜帽，女子戴盖头。礼拜帽又称回回帽，是一种无沿小圆帽，颜色以白、黑为主，也有灰、蓝、绿色，常见白色绣花款。回族妇女用盖头来遮面护发，老年女性戴白色的，盖头较长，披到背心处；中年女性戴黑色的，未婚女性戴绿色的，中年女性和未婚女性的盖头较短，只披到肩上，且喜欢镶边、绣花。着装方面，男子喜穿坎肩，一种没有袖子的上衣，春秋配白衬衫，冬天多为棉、皮坎肩。如图 2-10 所示。

满族：满族人口数量在中国少数民族中排名第三位，仅次于壮族和回族。目前主要分布于中国东北地区，以辽宁、河北、吉林、黑龙江四省的人口居多，占满族总人口的 80%以上。此外，北京、吉林、内蒙古、黑龙江也有分布。

满族服饰特点为长袍马褂，束腰窄袖。女性长袍又称旗袍，按季节分为单、夹、棉、皮四种，通常是左衽、无领、四面开襟、束腰、窄袖，袖口为马蹄袖。马褂是套在长袍外面的服饰，高领对襟，四面开衩，长及腰部，袖子较短。如图 2-11 所示。

图 2-10　回族男士回回帽

图 2-11　满族

苗族：作为一个发源于中国的全球性民族，有 170 多个分支，在中国主要分布在贵州、湖南、云南、重庆、广西等地区。

苗族服饰特色较明显，男女习惯出门穿着麻料衣服。男子上着自织的麻料衣物，袖子为黑色，用白线挑布边，袖口镶接蓝布，领口镶边，腰带多为黑色，两端各接以红、蓝布料，绣有彩色图案的披肩为盛装。女装以交领上衣和百褶裙为基本款。百褶裙采用蜡染或野生植物板蓝叶扎染而成的蓝、白花裙，未婚女性的裙子有五道，颜色较为鲜艳，已婚女性则为三道，且下面有蓝边，裙腰由粗麻面料制成。头饰上，未婚女性用羊毛围头，已婚女性在发上插上木梳盘成髻，用红白毛线扎紧。图 2-12 为苗族节日盛装。

维吾尔族：作为一个多源民族，维吾尔族主要聚居在新疆维吾尔自治区天山以南的喀什、和田一带和阿克苏、库尔勒地区，其余散居在天山以北的乌鲁木齐、伊犁等地，少量居住在湖南桃源、常德以及河南开封、郑州等地。

维吾尔族服饰的特点为宽松、洒脱、色彩对比强烈。男子穿对襟、右衽斜领、无纽扣的过膝长袍，袖长过手指，用长方襟束腰。女子着宽袖轻盈的连衣裙，颜色多为红、绿、金黄色，外套为黑色对襟背心，下着灯笼裤或长袜，喜戴耳环、手镯、项链等装饰物。维吾尔族人不论男女老幼喜戴绣有各种花纹的花帽，男女均穿皮靴。如图 2-13 为维吾尔族舞蹈盛装。

图 2-12　盛装的苗族少女

图 2-13　维吾尔族舞蹈

蒙古族：中国的蒙古族主要分布在内蒙古、吉林、辽宁、黑龙江、新疆、河北、青海一带，其余散布于河南、四川、贵州、北京和云南等地。

蒙古族服饰：女性多用红、蓝色头帕缠头，冬季和男性一样戴圆锥形帽。未婚女性的头发从前方中间分开，扎上两个发辫，发辫饰有两个大圆珠，发稍下垂，并用玛瑙、珊瑚、碧玉等装饰。蒙古族服饰以袍服为主，斜襟、高领、长袖，下摆基本不开衩，男袍较为肥大，女袍则以紧身为特点，袍边、袖口、领口绣“盘肠”“云卷”纹样为饰，同时镶嵌绸缎花边，并钉缀虎豹、水獭、貂鼠等皮毛，蒙古袍服颜色多以白、大红、粉红、绿、天蓝、浅蓝为主。腰带是蒙古族服饰重要的组成部分，采用长 3~4m 的绸缎或棉布制成。男子腰带多挂刀子、火镰、鼻烟盒等饰物。蒙古族穿软筒牛皮靴，长到膝盖，做工精细，靴帮等处有精美的图案，如图 2-14 所示。

图 2-14　蒙古族服饰

二、按特殊用途分

1. 舞台服装

舞台服装是演出中穿用的服装，一般分人物服装（戏剧人物服装，包括话剧、歌剧、舞剧，戏曲、戏剧小品、拉场戏、独角戏中的人物服装）和演艺服装（音乐、舞蹈、杂技、魔术、曲艺等演员服装）两大类。舞台服装作为角色服装，使其成为舞台人物形象的装饰符号，着重体现实用、再现、组织、审美与象征几大方面，如图 2-15 所示。

2. 宗教服装

在宗教信仰中，宗教人员或信徒穿着代表本宗教的服装称为宗教服装，是在宗教发展过程中，依附教义信条、神学理论、清规戒律和祭仪制度，陆续形成的。宗教服装具有较强的宗教或教派识别性，不同的宗教教派在服装款式、色彩等方面表现出差异性，如图 2-16 所示。

图 2-15　舞台服装

图 2-16　宗教服装

第四节　家居服对应人群特征

家居服是人们在居家休闲时穿着的服装，是与家有关的、能体现家文化的一切服饰产品。以宽大舒适、穿脱方便为特点，强调舒适性，家居服常用棉、丝、麻、涤纶、珊瑚绒、夹棉、莫代尔等材质。分为日间家居服和晚间家居服两大类，日间家居服又分为晨间装、厨艺服、园艺服、亲子服等，晚间家居服包括睡裙、睡衣、睡袍、浴衣等，如图 2-17 所示。

家居服对应人群特征：穿着者通常只在家庭内部穿着，隐私性较强。家居服价格悬殊，从几十元到上千元不等。男士家居服常以灰色调为主，体现了男主人庄重、理性的一面。女士家居服色彩丰富，轻薄家居服往往体现女性柔美的身体曲线。[1]

图 2-17　家居服

一、材料分类

1. 棉类家居服

棉类家居服是以纯棉、涤棉等材质为面料的家居服，具有穿着舒适、吸汗透气、柔软、保暖、防敏感、容易清洗、不易起毛球的优点，常为夏季家居服的选择。

2. 丝绸类家居服

丝绸类家居服具有光泽柔和、手感柔软、细腻的优点，丝绸可以抗静电，且吸湿、细柔、冬暖夏凉，缺点是不易打理、易皱、缩水，丝绸类家居服价位远高于棉类家居服，故穿着者一般具有较高的消费水平和生活品质。

二、款式分类

1. 套头式

套头式也称贯头式，指服装前片闭合由头部穿入的家居服。

2. 系结式

系结式指服装前片分开，闭合方式采用纽扣或系带方式的家居服。

3. 分体式

分体式指由上下两部分组成的家居服，包括上衣下裤、上衣下裙。

4. 连体式

连体式指家居服上衣、下装连为一体的形式。

第五节 运动装对应人群特征

运动服，该词诞生于20世纪，通常在非正式场合或运动时穿用。广义的运动服包括运动员参加各种体育比赛时穿着的专业性运动服装，以及日常锻炼身体、休闲时穿着的时装。职业运动服是针对不同运动项目的要求进行设计的服装。休闲运动服即运动便服，与时装潮流贴合比较紧密，专业的功能性要求相对较低，穿着者追求舒适性。

一、职业运动装

1、篮球服

篮球服是专为篮球运动员设计的、用于进行篮球运动时穿着的服装。一般包括上身的背心和下身的短裤，还有运动外套。篮球服具有较强的吸汗功能，材料一般为透气良好的疏水性布料，不易产生静电，重量轻，不会影响运动员的身体活动，篮球服如图2-18所示。

图2-18 篮球服

篮球服对应人群特征：穿着者主要是篮球运动员或篮球爱好者，主要品牌有李宁、阿迪达斯、耐克、美津浓、匹克等，普通篮球服价位偏低，李宁、匹克价位通常在百元以上，阿迪达斯、耐克等国际运动品牌价位较高，通常为400元，甚至1000元以上。

2. 足球服

足球服是专为足球运动员设计的、用于进行足球运动时穿着的服装。通常由宽松套头球衣和松紧带短裤组成，配长袜和护膝，脚蹬足球钉鞋，内穿护身，既与足球运动动作相适应，又能防护运动时可能产生的伤害。足球服常饰以参赛机构的标志图案和个人编号，色彩多以原色系搭配为主，鲜艳夺目，体现出热情、活跃。足球服如图2-19所示。

足球服对应人群特征：穿着者主要是足球运动员或足球爱好者，比赛双方运动员的衣、裤、袜、鞋的色彩一般具有明显差异性，以易于辨认，价位和篮球服相似，球星版球衣价位较高。

3. 网球服

网球服多在进行网球运动时穿着，常见的服装组合多由短褶裙或短裤与短袖套头衫或半开口套头衫搭配穿着。网球服常用结实、耐洗涤、吸湿性强、肤感好的面料，多为棉、聚酯纤维混纺的劳动布、华达呢、泡泡纱、凹凸织物等材质，如图2-20所示。

图2-19 足球服

图2-20 网球服

网球服对应人群特征：穿着者主要是网球运动员或网球爱好者，女子网球服包括一条有32条褶的短裙和缝有三粒纽扣的翻领短袖针织衫，男子网球服多为T恤衫与网球短裤相配。

4. 高尔夫球服

高尔夫球服通常采用上衣、下裤组合形式，上衣一般为长袖或短袖的运动T恤造型，裤子分长裤或短裤，多采用纯棉或纯毛的西裤或便装，要求宽松以方便身体充分舒展，不妨碍挥杆和推杆动作，面料应质地柔软，吸汗能力强，如图2-21所示。

高尔夫球服对应人群特征：穿着者主要是高尔夫球运动员或高尔夫球爱好者，男士在打球时穿“V”领毛线背心，里衬短袖有领“T”恤，下配合体便装裤，裤形宽松不紧绷；女士的上衣装扮与男士相近，裤子则可改穿短裤，雨天可穿特制的雨衣。

图2-21　高尔夫球服

5. 骑马服

骑马服多在进行骑术运动时穿着，具有防护性。正式的骑马服由衬衫、套装上衣和马裤组成，配以帽子、手套、长筒靴。为了方便骑马者在骑马过程中膝盖上下自由活动，马裤在设计时自腰部至膝部呈向外膨胀造型，如图2-22所示。

骑马服对应人群特征：穿着者主要是马术运动员或马术爱好者，马术运动一直彰显无比的高贵气派，骑士们常常被誉为“运动的王者”，穿着者往往追求较高的生活品质和社会地位。

6. 瑜伽服

瑜伽服是进行瑜伽运动时穿着的服装，舒适性是瑜伽服装的首要特点。瑜伽服通常为分体式，上衣有长袖、中长袖、短袖、背心、吊带等不同形式，以遮住肚脐为宜，裤子以直筒、喇叭、灯笼裤居多，瑜伽服属于贴身类产品，注重健康，要求简洁、大方、利落，如图2-23所示。

图2-22　骑马服

图2-23　瑜伽服

瑜伽服对应人群特征：穿着者主要是瑜伽爱好者，追求健康积极向上的生活。

7. 泳衣

泳衣浸入水中不会下沉。男士泳衣通常分为三角泳裤和平角泳裤，偶见连体式；女士泳衣分为一件式、两件式、三件套式和筒式（或比基尼、连体式和分体式），如图2-24所示。

泳衣对应人群特征：穿着场合较固定，多在泳池、温泉、海滩活动及展现模特形体的选美场合，比基尼由遮蔽面积很小的三角裤和胸衣式上衣组成，穿着者身体比例较好。

图 2-24　泳衣

二、休闲运动装

1. 卫衣

卫衣为厚型针织运动服或长袖运动休闲衫，通常衣身宽松，袖口紧缩有弹性，服装下摆和袖口采用同样的罗纹面料。卫衣兼顾时尚性与功能性，多采用宽松、舒适的板型，有套头、开衫、长衫、短衫、无袖衫等样式。在设计开发过程中注重图案选择与色彩搭配，如图 2-25 所示。

2. 牛仔服

牛仔服包括牛仔上衣和牛仔裤，上衣一般至腰际，多用金属钮扣，干净利落；牛仔裤按裤型分为锥型、直筒型、喇叭型，按贴体度分为紧身式和宽松式。此外，牛仔背心、牛仔短裤等也较为常见。牛仔服具有耐穿、耐磨、舒适随意的特点。牛仔后处理的水洗工艺在牛仔服中运用广泛。品牌牛仔服的价位悬殊，多在百元至几千元之间，如图 2-26 所示。

图 2-25　卫衣

图 2-26　牛仔服

3. 户外服装

户外服装是目前拥有巨大市场空间的新兴品类。户外服装更注重人性化设计，讲究防水、防风、保暖、透气、耐磨。一般户外功能性服装遵照“三层法”或“洋葱法”进行着装，即从内到外分为贴身快干层、中间的保暖层和外部功能层。外部功能层主要是用来对付外界恶劣天气，这一层的代表产品就是冲锋衣、软壳、风衣、雨衣等。保暖层一般以抓绒衣、羽绒服为主，除了保暖外，最好能够更轻量化，易于收纳。贴身快干层多为排汗内衣、快干衣裤，如图 2-27 所示。

（1）冲锋衣：广义的冲锋衣是指能够同时兼具防风雨和透气功能的外套，是户外运动爱好者的必备装备之一。尼龙搭扣、双门襟、紧缩式袖口、可折叠收进衣领的帽子、门襟的拉链和所有口袋的拉链都均采用防水设计、门襟内侧设计有地图袋、腰及底部有强力束腰和束底的收紧调节设计、裤脚的防尘、防雪收口、腿部的通气窗（大腿侧向开口）等都是冲锋衣常见的功能性设计要点。冲锋衣因其品牌及技术含量等差异，价格差异较大，从几百元到上万元不等。

（2）抓绒衣：抓绒衣是由摇粒绒面料制作的户外运动服装，多在高寒地区与冲锋衣配套使用。其优点为重量轻，且容易打理、不易变形、清洗简单，缺点为防风性差。

（3）速干衣：指采用 COOLMAX、SUPPLEX、TENCEL 等科技含量比较高的面料使汗水能够迅速转移、达到快干效果的服装。一般的速干衣的干燥速度比棉织物要快 50%，是夏季户外活动中常见服装。

图 2-27　户外服装

（4）软壳：是介于抓绒衣和冲锋衣之间的一种服装，在保暖防风面料上加防水层，适用于春夏交际或秋冬交际之时。软壳重量轻、便于携带。外层采用防水面料，具备防水防风性能；里层采用抓绒面料，具备保暖、透气性能。

（5）登山服：指登山运动中穿着的具有多种功能的服装。登山服袖口和腰收束，衣内多衬有羽绒、泡沫塑料片或丝棉等既轻盈又保暖的材料。登山服要求穿脱容易，使肩膀、手臂、膝盖不受任何压力；口袋要多而大，并需有袋盖、纽扣、拉链，使口袋内的东西不致掉落；多选用表面光洁滑爽、可防风沙的面料，色彩醒目，易于识别。

第六节　职业装对应人群特征

职业装是显示劳动者岗位特征的服装，它既要保证穿着者的安全与身心健康，又要求给环境和工作场所的秩序和美观带来良好的影响。

职业装分类：分为行政职业装、职业工装和职业制服三大类，其中，行政职业装包括金融、保险行业职业装、企业集团职业装、物流管理行业职业装、政府机构职业装、公用事业部门职业装和社会团体职业装；职业工装包括制造业、加工业系列工装、工程建筑系列工装、安全防护行业工装、环卫绿化工装和劳动保护功能工装；职业制服包括餐饮、娱乐、旅游、宾馆行业制服、商业机构制服、物流行业制服、科教、文体、医疗、运输业制服、行政执法系列制服和军队制服。

职业装对应人群特征：可根据被害人的衣着情况、衣服和鞋子等的特殊磨损情况、卫生状况、后天形成的体表劳损特征、胃肠道内食物情况等明态信息来推断社会层次和职业特征。比如，汽车驾驶员的鞋子前掌处容易磨损；长期从事射击训练的人手掌、虎口等部位容易起茧；长期从事抄写工作的人手指握笔处容易起茧；餐饮、娱乐行业的从业人员就餐时间一般较晚等。

一、军服

军服是指军事或准军事部队的制服，是军队的识别标志之一，也是国威、军威和军人仪表的象征。中国 07 式军服分为礼服系列、常服系列、作训服系列和标志服饰。

1. 军种分类

陆军：服装色彩以松枝绿色为主。

空军：服装色彩以蓝灰色为主。

海军：服装色彩以深藏青色与白色结合为主。

武警：服装色彩以深橄榄绿色为主，袖口和裤子侧缝饰有金黄色装饰带。

2. 礼服

礼服是军人在重大节日、庆典、集会等礼仪场合穿着的军服。礼服类军服具有威武庄重的特征，分军官礼服和“两团一队”礼服两类。军官礼服包括礼服大檐帽、礼服、礼服衬衣、礼服皮鞋和配套标志服饰；“两团一队”礼服，即仪仗队、军乐团礼宾服和文工团演出服，包括大檐帽、夏礼服、冬礼服、礼服大衣、礼服皮鞋（靴）和配套标志服饰。

3. 常服

常服是军人在日常工作、学习和节假日穿着的军服。常服类军服具有美观大方的特征，分春秋常服、夏常服、冬常服三类，春秋常服包括大檐帽、春秋服、衬衣、袜子、皮鞋和配套标志服饰；夏常服包括贝雷帽、长（短）袖夏常服、夏裤（裙）和配套标志服饰；冬常服包括冬帽、冬常服、毛衣裤、内衣裤、常服大衣、常服手套和配套标志服饰。

4. 作训服

作训服是部队军人在作战训练和工作执勤时穿着的军服，作训服防护功能强，具有结实耐穿的特征，包括作训帽、夏作训服、冬作训服、作训大衣、作战靴和配套标志服饰。如图 2-28 所示。

图 2-28　作训服

二、法官服

法官服是法院工作人员的工作制服，分为法院制服和法袍两大类。法院制服一般为黑色西服套装，领带亦为黑色。法官袍通常在开庭时穿着，法官袍为黑色散袖口式长袍，黑色代表庄重和严肃；红色前襟配有装饰性金黄色领扣，与国旗的配色一致，体现法院代表国家行使审判权。如图 2-29 所示。

图 2-29　法官袍

三、工商服

工商服是工商行政管理系统的工作制服，夏服和衬衣为浅蓝色，翻驳领，肩部有肩章，男士戴大檐帽，女士戴平顶小檐帽。工商标志由帽徽、肩章、领花、胸徽、纽扣组成，标志由红盾、国徽、葵花饰物、“工商行政管理”六字等组成，以红色和金黄色的主色调，如图 2-30所示。

四、税务服

税务服是税务管理系统的工作制服。藏蓝色春秋装和冬装为三粒扣或四粒扣西装，夏装为浅蓝色长袖衬衫或月牙白色夹克式衬衫。男帽为藏蓝色大檐帽，女帽为小檐卷帽。帽徽在国徽下增加麦穗和飘带。肩徽由麦穗和齿轮组成，领花与肩徽一致，颜色均匀黄白相间，如图 2-31 所示。

图 2-30　工商服

图 2-31　税务服

五、医护服

医护服是医护人员的职业装，表现医院的属性和象征。一般医护人员的服装体现医院品牌形象，与医院的主题色相一致或根据不同科室选择不同颜色，如妇科和儿科，可选择粉红、浅蓝、粉紫等温馨柔和的颜色。传统上医护服装多为连体式，现在越来越多的医院出于动作伸展、活动方便需要选择分体式。如图 2-32 所示。

六、校服

校服是学校为了规范管理，要求学生统一着装，学校规定样式的服装。传统上中国校服多为统一的运动装，颜色主要有蓝、红、绿、白等，面料以涤盖棉、金光绒等为主。随着社会发展，越来越多学校在校服设计中向西方靠拢，男生多为西服套装，女生多为西式套裙，胸口绣学校校徽，如图 2-33 所示。

图 2-32　医护服

图 2-33　校服

七、空乘制服

空乘制服是航空公司的职业服装，具有明显的识别性，主要通过色彩、图案或者特殊的款式传达其公司形象。航空公司制服分为地勤制服和空勤制服两类。地勤制服相对简洁，按照性别分为男款、女款。空勤制服在设计方面相对更具特色，往往将传统元素与现代元素相结合，同样分为男款、女款，如图 2-34 所示。

图 2-34　空乘制服

八、铁路制服

铁路制服是铁路服务系统的职业服装，春秋装和冬装为蓝黑色三粒扣西装，翻驳领，内搭浅蓝色衬衫，红色领带，制服纽扣为金黄色、有铁路标志。男帽为藏蓝色大檐帽，女帽为小檐卷帽，帽徽为铁路标志，随着社会的发展，铁路制服逐渐融入一些时尚元素，如高铁工作人员的制服，如图 2-35 所示。

九、保安制服

保安制服是保安人员工作时的制式服装，标识性强，主要配饰有肩章、臂章、帽徽、哨带、腰带等装备。保安制服舒适性较好，活动方便，细部工艺符合其工作特点，如背部在结构设计中采用较一般服饰更大的放松量以适应从业人员的动作需求，裤袢宽长，可以满足佩戴宽保安皮带的要求等，服装面料密度高，牢度好，结实耐磨，如图 2-36 所示。

图 2-35 铁路制服

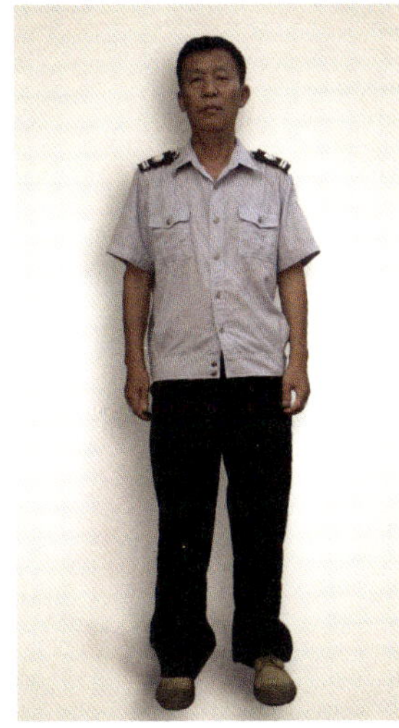
图 2-36 保安制服

第七节 特种服装对应人群特征

特种服装通常指服务于特定体态或特殊场合的服装。

一、孕妇服装

孕妇服装是为怀孕中女性设计的、以不妨碍胎儿发育为前提的服装。根据不同时期体形、小腹的差别有所差异。怀孕 1~3 个月时体形变化不大，一般不需要专门的孕妇装。怀孕 4~6 个月时，小腹微凸，此时大多孕妇开始穿着孕妇装。怀孕 7~10 个月时，孕妇体形变化非常大，腹部凸出且沉重，无领连衣裙、背带裙、短袖或无袖上衣搭配轻薄质地的背带裤，能起到承托作用。

孕妇服装款式：孕妇身材臃肿，行动迟缓，对自己的形象更加注意，不仅希望通过服装来遮盖自己走样的身材，还希望通过服装来表现自身的社会身分、兴趣爱好、修养程度、经济能力等，因此款式设计尤为重要。款式上夏季有 A 型无领连衣裙、背心裙或背带裙，通常裙子背后有系带或胸下收少量褶裥，也可选择短袖或无袖的上衣，搭配轻薄的便裤。冬季考虑到穿脱和活动的功能性，选用连衣裙或背带裤。

二、劳保服

劳保服是指人们从事生产劳动时为保护人体安全而穿用的服装，具有防寒、防火、防风、防腐等作用，分为一般劳保服装和特殊劳保服装。一般劳保服装主要用于防尘、防污，如钢铁工人和消防人员穿的石棉服，高寒地区工作人员穿的防寒服等；而特殊劳保服装需要用特殊面料来制作，如抗静电服、抗辐射服、太空服、防酸工作服、阻燃防护服等。

三、防静电服

防静电服是为防止衣物的静电积聚，采用防静电织物为面料缝制的工作服，适用于对静电敏感场所或火灾或爆炸危险场所，多应用于电子、光学仪器、制药、微生物工程、精密仪器等行业。

四、信号服

信号服具有醒目性，意在提醒他人注意着装者的存在，其面料多为反光面料，穿脱方便，多用魔术贴进行系扣设计。交警、环卫工人在工作状态时多穿着信号服，提高其生命安全系数。

五、防化装备

防化服装是用于防止放射性尘埃、生物战剂及毒剂直接伤害的技术装备，包括防护面具、防护服、防护斗篷、防护手套、防护靴套等。防护服包括戴头罩的上衣和裤子，采用可透过空气和水蒸气的高科技材料制成，加工工艺多以压制黏合为主，以确保服装的防护作用。

案例：20 世纪 80 年代杀人抛尸案

一、案件展示

20 世纪 80 年代，河南省新密市来集镇娘娘庙岭发生一起杀人抛尸案，被害人颈部缠绕钢绞线，死者身份不明。侦查指挥员在对现场进行详细勘查的基础上，针对未知名被害人进行了研究，发现死者穿的塑料底松紧口布鞋鞋底的磨损情况与常人不一样。

二、案件分析

1. 从鞋子推断被害人的职业

不同职业的人，其生活习惯和活动规律也不相同，从被害人鞋子分析，左脚鞋掌磨损比较严重，右脚鞋掌也有一定程度的磨损，而且两只鞋的磨损部位也不一样，左鞋靠近内脚掌一侧，右鞋靠近外脚掌一侧。根据被害人鞋子所蕴含的潜态信息分析，鞋底特殊的磨损很可能与被害人经常驾驶汽车有关。再结合被害人颈部缠绕的钢绞线（经检验为汽车离合拉线），推断被害人很可能是一名汽车司机。

2. 推断被害人生活习惯及活动规律

可根据被害人社会层次和职业特征的分析，结合被害人的其他特点来进一步推断他的生活习惯、活动规律以及特殊的生活方式。根据汽车司机职业的锁定，并围绕汽车驾驶员行业内的失踪人员进行分析，对可疑人员的活动规律进行排查，很快确认了死者的身份，案件随之告破。

第三章　服装变化

第一节　各时代服饰趋势

一、20 世纪 50 年代服装

1. 女装

20 世纪 50 年代中期，式样为双排扣开领西装，腰中系一根布带，双排各有三粒纽扣的列宁装，这是 50 年代干部的标志性服饰。随后，女装兴起春秋两用衫，其样式为翻领，装袖，直襟，四粒扣，门襟驳头可翻可关，衣领呈“一”字形或“八”字形，前身有两个大贴袋，外观稳重且大方。“布拉吉”连衣裙、胸前有一口袋的背带式工装裤同时盛行，宽松的短袖皱褶裙，简单的圆领，其轮廓型有束腰型、直身型、旗袍型、马甲型等，袖型有短袖、泡泡袖、无袖之分，领式有装领、无领，所用面料为轻薄、硬挺的各种印花或素色全棉、涤棉、丝绸织物。

2. 男装

新中国成立后，中山装一度成为城乡广大民众普遍穿用的服装。而后，以中山装为基本型变化而来的军便装悄然兴起，其式样是将中山装的明袋、明纽改为暗袋、暗纽，下摆臀围比中山装略大些，颜色一般以绿色居多，也有灰色和蓝色。20 世纪 50 年代服装如图 3-1 所示。

图 3-1　20 世纪 50 年代服装

二、20 世纪 60 年代服装

20 世纪 60 年代初，服饰呈现出明显的非性别化及非年龄化的特点，在色彩上倾向耐脏耐洗的蓝、灰、黑三色。同时，中苏关系恶化，列宁装退出服装舞台。在红卫兵运动影响下迅速升温的以草绿色军服军帽、宽皮带、毛泽东像章、红色语录本、草绿色帆布挎包等于一身的典型的红卫兵装扮盛极一时，这期间“老三色”（蓝、灰、黑）亦随处可见，这类风格的服饰一直持续到 70 年代中期。20 世纪 60 年代服装如图 3-2 所示。

图 3-2　20 世纪 60 年代服装

三、20 世纪 70 年代服装

1. 女装

70 年代末期女装的主要式样有春秋装、衬衫、西服套装、羽绒服、各式大衣、皮夹克等。春秋装样式为翻领，翻驳头，门襟钉 3 粒扣，有袋盖的左右暗袋，这是女青年和中年妇女较喜欢的款式。女衬衫，70 年代后期女式衬衫有两种时髦款式，一种是仿效男子衬衫的长尖式硬领，另一种是在衬衫的领边和衣襟上都镶嵌较宽的荷叶边。西服套装的基本款式为翻驳领，两粒扣，有袋盖的暗袋，多为城市女性穿着。

2. 男装

西装再次流行，并且普及到了中国农村，蓝色咔叽布套装是大部分中国人的日常着装，70 年代中期，一种名为“的确良”的合成纤维面料深受大众喜爱，其质地挺括、滑爽，色泽鲜亮。20 世纪 70 年代服装如图 3-3 所示。

图 3-3　20 世纪 70 年代服装

四、20 世纪 80 年代服装

80 年代，中国服装款式、色彩、质地“统一制”被打破，面料、色彩发生很大变化。紧身衣、牛仔裤、超短裙、长筒袜、羊剪绒帽子、大拉毛围巾、军大衣等一度成为青年的时尚符号。80 年代中期，裤脚口较裤腿宽大的喇叭裤、巴拿马西裤、高弹力的健美裤流行相当长时间。青年女性夏季以红色裙子、冬季以红色羽绒服为时尚。男性服饰以中山装、西装、皮夹克等样式为主，皮夹克分为绵羊皮和山羊皮两种，而后出现人造革皮夹克。80 年代女装如图 3-4 所示。

图 3-4　20 世纪 80 年代女装

五、20 世纪 90 年代及以后服装

80~90 年代喇叭裤、健美裤、蝙蝠衫、连衣裙为女性主要服饰。健美裤是中国第二次大面积流行裤装，这种黑色弹力针织踏脚裤大胆而又彻底地打破中国人的审美禁忌，其材料、颜色、放松度随着时间的推移有所变化。1993 年首届中国国际服饰博览会举行，国际服装品牌进入中国，人们着装观念进一步多样化、个性化。20 世纪 90 年代服装如图 3-5 所示。

图 3-5　20 世纪 90 年代服装

第二节　服装与季节

一、春

春季万物复苏，因而春装也丰富多彩。春装的主要类别有西装、毛衣、风衣、衬衣、套装、长裤等。春装面料常用毛料、纯棉、混纺和化纤等面料，颜色以柔和的暖色调为主。春季男装如图3-6所示。

二、夏

夏季天气炎热，服装多以轻柔、易于洗涤以及透气性好为前提。夏装主要有衬衫、T恤、背心、连衣裙、防晒衣、西裤、短裤、短裙等类别，款式简单，线条流畅。夏装常用面料具有较强的吸湿性，以柔软飘逸且透气的丝绸材质及各类网眼针织品为主，色调素净、淡雅，常以浅色调为主。如图3-7所示。

图3-6　春季男装

图3-7　夏季女装

三、秋

由于温差近似，秋装与春装区别不大，主要有西装、大衣、套装、长裤等类别，面料则以呢类、针织类为主，色彩相对倾向咖啡、土黄等一些沉稳色调。秋季女装如图3-8所示。

四、冬

由于冬季气候寒冷，防寒保暖成为服装的首要功能。冬季服装类别主要有大衣、棉衣、毛衣、羽绒服、保暖衣、长裤等，面料厚实、保暖。服装款式多变，口袋为常见设计元素，领口、袖口多能收紧，以御风寒。色彩多以暖色调如大红、橙黄、棕黄、紫红等为主，从而带给人温暖感，其他一些沉稳色调，如黑色、藏青蓝、咖啡色、烟灰色、墨绿色等也较为常见。冬季服饰品类主要有围巾、手套、帽子。冬季女装如图3-9所示。

图 3-8　秋季女装

图 3-9　冬季女装

第三节　年龄与服装

一、儿童期

儿童与成人不同，其身体快速的生长、发育，促使其每个阶段体型都产生明显变化。童装按年龄段可以细分为婴儿服装、幼儿服装、少儿服装。

1. 婴儿服装

婴儿是指出生至 1 周岁阶段的孩子，体型特征是头大身小、四肢短、骨骼柔软、胸围、腰围和臀围尺寸无明显差异。从生理特点上看，婴儿皮肤娇嫩，易出汗，排便功能不健全，对外界气温适应较慢，故面料以柔软舒适与透湿、透气为主。多选用可快速吸汗、耐洗涤、保暖性高的棉质、亚麻等天然面料，以全棉织品为最佳。婴幼儿服装以实用性为主，力求简洁，常采用平面造型，以利于调节放松的款式为佳，尽量少用或不用松紧带，因婴儿颈部较短，以无领设计为宜；同时为了保暖和防止抓破面部，袖子可设计稍长。色彩方面宜选用鹅黄、淡蓝、浅绿、粉红等看上去纯洁、清爽、柔和的色彩。常见婴幼儿服装多以罩衫、连衣裤、睡袍、睡袋、斗篷等为主。婴儿爬爬衣如图 3-10 所示。

图 3-10　婴儿爬爬衣

2. 幼儿服装

幼儿指从 1 岁到学龄前的儿童，其形体特点是头大、颈短、腹突、四肢短胖，甚至腰围大于胸围和臀围。幼儿装多采用前开门，一般采用上下组合的形式。幼儿装轮廓呈方形、长方形、A 字形，较少使用腰线。由于幼儿颈短，领子平坦而柔软，较少采用烦琐的领型，口袋多为形状为花篮、杯子、文字、花、叶、动物形的贴袋。幼儿装常用鲜亮而活泼的对比色、三原色，或是明度较高的浅淡色彩，给人明朗、醒目的轻松感。而夏季面料可采用透气性强、柔软易洗的纯棉布、泡泡纱、条格布、麻纱布等，使孩子穿着凉爽；秋冬季则用保暖性好、耐洗、耐穿的灯芯绒、斜纹布等。常见的幼儿装有连身裤、连衣裙、背带裙裤、罩衫、背心、夹克、大衣等。幼儿装应便于孩子活动，方便穿脱与换洗。幼儿装如图 3-11 所示。

图 3-11 幼儿装

3. 少儿服装

少儿多为 6~12 岁的学龄儿童，这个年龄段儿童体型逐渐稳定、凸肚消失、腰身显露、腿也变得细而长，其服装考虑学校集体生活的需要，适应课堂和课外活动，一般采用组合形式的服装，以上衣、罩衫、背心、裙子、长裤等组合搭配为宜。少儿装既注重符合时代需求，又防止过于追赶流行或过多装饰。学龄儿童体型还未完全发育，但女孩的腰线、肩线、臀围线已渐趋明显。女学童服装多采用 A 形、H 形和梯形等略宽松的造型。男学童服装款式装饰较少，其风格大方、简洁，以利于日常运动。出于安全和心理因素，低龄儿童装多采用较鲜艳的色彩，面料则以针织物为主，要求质轻、结实、耐沉，不褪色，缩水性小。

二、青少年期

青少年期处于身体生长发育明显的阶段，以身高迅速增长为主要特征，男童每年增长 5cm 左右，女童每年增长由 5cm 逐渐减为 1cm，身高、体重、体型及身体各个部位的比例向成年人靠拢。这一时期的青少年，体态特征变化明显，女孩体型已逐渐发育完善，胸部逐渐丰满、臀部脂肪增多，服装廓型多为 A、H、X 等近似成人的轮廓，上衣及裙长多偏短，色彩则多为淡雅、明快色系；男孩肩部变宽，身高、胸围和体重都明显增加，服装多为基础廓型，款式简洁大方，结构宽松或合体，从结构到图案，表现出有意识引导其硬朗、刚强的性格趋向。此外，时尚潮流对于其对服装的喜好在很大程度上产生一定影响。青少年男装如图 3-12 所示。

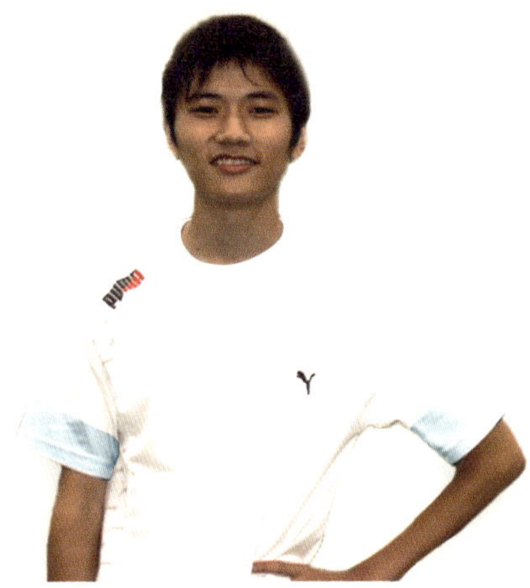

图 3-12 青少年男装

三、青年期

青年人体型已发育完全，趋于稳定且思想趋向独立，他们喜爱追逐潮流，倾向感性消费，追求品牌，注重消费方式（尤其是网络）。因而，其服装款式丰富多样，面料选择广泛，以天然、化纤混纺、针织面料等较为主。青年期女装如图 3-13 所示。

四、壮年期

壮年期是人生的鼎盛时期，身心达到完全成熟，身体健壮，经验丰富，精力充沛。这个阶段无论男性、女性皆注重服装的品质与品味，一般都会挑选符合自己着装风格的服装品牌，并成为其忠实顾客。壮年期男装如图 3-14 所示。

图 3-13　青年期女装

图 3-14　壮年期男装

五、中年期

大部分人到中年时期体态趋向丰满甚至肥胖，男性啤酒肚凸显，女性由于生育、哺乳等原因，胸部、臀部开始下垂，腹部突出，他们在服装选择上关注舒适度多过时尚度。但随着社会经济的发展，越来越多的中年人注重自身形象，讲究服装品味。中年期女装如图 3-15 所示。

图 3-15　中年期女装

图 3-16　老年期男装

六、老年期

随着时间的推移，老年人臀围、腹围等部位日渐变化，多呈梨形体态。但男女变化程度不同，女性变化显著，尤其是背部的圆背倾向很强，肌肉松弛，动作幅度小，行动缓慢。这个时期无论男女大都选择朴素大方的服装，注重舒适方便，服装质地以轻、软为主，款式简洁、朴实，避免烦琐的装饰，造型宽大，不夸张，易于活动，体现出老年人庄重、稳健的性格特点。老年期男装如图 3-16 所示。

案例："2003.12.11"抢劫杀人案

一、案件展示

2003 年 12 月 11 日凌晨 0 时 30 分，登封市徐庄派出所接到群众报案，在徐庄乡祁沟村杨沟自然村东约 1km 的公路拐弯上坡处发生一起杀人案，农用车驾驶员张同杰、张涛阳被人杀死，如图 3-17 所示。现场路面停放一辆"川路"牌农用车，车座上放着一件绿色军大衣。农用车西侧 8m 路面中间处头南脚北仰卧一具尸体（即被害人张涛阳），尸体衣着完整。尸体东北侧 1.8m 处是另一具尸体，尸体上穿深黄色夹克，内穿黄色毛衣，下穿黑色裤子，脚穿黑色皮鞋。

图 3-17　现场方位图

二、案件分析

1. 军大衣推测活动规律

案件中指出车座上放着一件绿色军大衣，根据各年代服装流行变化，可知 20 世纪 80 年代军大衣等一度成为青年的时尚符号。时过境迁，这些几乎所有家庭必备的行头，21 世纪初，已成为农民工的工作服。它是最佳的防寒妙品，出外是衣服，在家可以当被子，开车还可以当坐垫、睡袋。结合现场的农用车，可推出，死者是经常夜晚出行或经常跑长途的人。

2. 从衣着推断被害人年龄阶段和遇害季节

（1）案件中指出尸体上穿深黄色夹克，内穿黄色毛衣，下穿黑色裤子，根据不同年龄阶段的着衣习惯，可推断被害人处于壮年期，多为 28~45 岁之间的成年人。

（2）根据不同季节的着装特点，秋装主要有大衣、长裤等类别，面料则以呢类、针织类为主，色彩相对倾向咖啡、土黄等一些沉稳色调。冬装首要功能是防寒保暖，主要有大衣、棉衣、毛衣、羽绒服、长裤等，面料厚实、保暖，由此可推断出被害人是秋末冬初的穿着。

（3）从成衣特点分析，表明该男子身份为普通百姓，社会地位中等偏下。

第四章　服装款式

第一节　服装零部件

一、领子

领子是顺应人体肩、颈之间的自然过渡而形成的，装在领窝上，具有保护或装饰的作用，是上衣中最重要的结构部件之一。

1. 无领领型

无领领型指在衣片上不另加领片而直接在衣服的领窝处进行领口造型的一类领型。这类领型简洁大方，轻便随意，缝纫工艺简单，是非常实用的领型，常用于T恤、针织衫、保暖内衣、秋衣、女士套装、连衣裙、礼服裙、婚纱等服装。

（1）圆形领：领口线沿颈根部呈圆形造型，领口可大可小，小圆领略显朴实，大圆领相对随意。脖颈短而粗的人较适合开口略大一些的领型。圆形领如图4-1所示。

图4-1　圆形领服装

（2）"V"形领：领口线沿颈根部呈"V"形造型，"V"形领有的呈细长状，有的呈短阔状，这类领型具有拉伸颈长的效果，深受成熟女性的喜爱。"V"形领如图4-2所示。

（3）方形领：领口线沿颈根部呈方形或由方形变化而形成的角状，这类领型同样可进行大小变化。方形领如图4-3所示。

图 4-2　“V”形领服装

图 4-3　方形领服装

（4）“一”字领：领口沿颈根部呈横向开放造型，形似船的形状，故又称船形领，这类领型带给人以率直、坦荡的感觉。“一”字领如图 4-4 所示。

图 4-4　“一”字领服装

2. 立领

立领指连着衣身且沿颈部延伸的有领座的领型，这类领型具有端庄、严谨的特征，为人们熟悉的旗袍、中山装皆属于这类领型。立领可用于各类上装，如外套、衬衫、礼服、西装、茄克、T 恤等。

（1）翻卷立领：领子由较宽的立领往下翻折而形成，它的造型或紧贴颈根或远离颈根，前者显得比较严谨、理性，后者显得较为随意、自然。翻卷立领如图 4-5 所示。

图 4-5　翻卷立领服装

（2）连身立领：由衣身直接引出领子，其原理为通过收省达到领子在颈脖处的平复。这种领型给人以理性、稳重的感觉，常出现在旗袍、礼服等服装中。

3. 关闭式翻领

关闭式翻领指穿着时适宜闭合的一类翻领，由相连的翻领与领座组成。

（1）小翻领：后领有领座，前领沿翻折线自然变低或消失的翻领，一般用于衬衣领。小翻领服装如图 4-6 所示。

图 4-6　小翻领服装

（2）有底领的翻领：指由立领作底领、翻领作领面组合而成的领型，像男士衬衫领，Polo 衫领。有底领的翻领服装如图 4-7 所示。

图 4-7　有底领的翻领服装

（3）平祖领：指领座较低（一般为 1.2cm 以下），领面平摊在肩背部的领型，如彼得潘领。这类领型显得年轻、活泼、可爱，常用于童装及少女装中。平祖领服装如图 4-8 所示。

（4）披肩领：披肩领指领面较大，平祖在肩部，从而形成似披肩披在肩部的感觉，其特点为领子的外口线较长，几乎没有领座，如海军领。常用在女装和童装上。披肩领服装如图 4-9 所示。

图 4-8　平袒领服装

图 4-9　披肩领服装

4. 敞领

敞领指穿着时敞开前领部分而露出颈部和内衣的领型，一般是由翻领和驳领两部分组成，具有美观、庄重、洒脱的特点。常用于西装、大衣、风衣、茄克中。

（1）翻驳敞领：即翻驳领，由翻领和驳领两部分组成，翻领与衣片领口缝合，驳领由衣片的挂面翻出形成。翻领和驳领连接的线称为串口线，翻领角与驳领角相交所形成的角称为领嘴，驳领在衣片止口的翻折点称为驳折止点，驳领从驳折止点到翻领处向外翻折是沿着一条固有的"线"进行的，这条线被称为翻折线。这类领型变化丰富，其领子的宽窄、串口线的高低及平斜、领嘴的大小、驳折止点的高低等变化都会使其形成不同的外形。翻驳敞领服装如图 4-10 所示。

图 4-10　翻驳敞领服装

（2）连挂面敞领：连挂面敞领是指领面与挂面相连的领型，如青果领、丝瓜领、燕子领等，其特点为翻领领面与驳领领面之间没有接缝线，领子与挂面连为一体，领里则与衣片分开，有接缝线，常用于休闲西装与外套设计。连挂面敞领服装如图 4-11 所示。

图 4-11　连挂面敞领服装

（3）立驳领：立驳领是指立领与驳领相结合的一种领型，既可敞开穿着又可闭合穿着，具有简洁洒脱的特点，常用于风衣设计。

5. 其他领型

其他领型指本身或某一部分具有较明显的特征，而不是单纯地属于前面几类的领型。

（1）系结领：在领子前端引出两条带子而系结出各种形状的领型。如蝴蝶结领、围巾领、飘带领等，这类领子宜选用丝绸、乔其纱、双绉等悬垂性好的织物制作。常用于女士衬衣、连衣裙及童装设计。系结领服装如图 4-12 所示。

图 4-12　系结领服装

（2）皱褶领：指领子上有皱褶的一类领型，可分为规则皱褶和不规则皱褶两种形式，这类领型具有较强的立体感，常用于 T 恤、连衣裙设计。皱褶领服装如图 4-13 所示。

（3）荷叶边领：因领子边缘有形似荷叶状的皱褶而得名，它包括各种波浪领。这类领型女人气息十足，带给人以优雅、华丽的感觉，常用于女装与童装设计。荷叶边领服装如图 4-14 所示。

图 4-13　皱褶领服装

图 4-14　荷叶边领服装

（4）帽子领：指以帽子代替领子的一类造型，帽子的实用功能在此已弱化，强调其作为领子的装饰作用。帽子领具有潇洒、随意、富于变化的特点，多用于运动装、休闲装等服装设计中。帽子领服装如图 4-15 所示。

图 4-15　帽子领服装

二、袖子

袖子是构成服装的零部件，它覆盖全部或部分的手臂，其基本功是御寒和适应人体上肢活动。袖子按照尺寸的分类如图 4-16 所示。

图 4-16　不同尺寸的袖子

1. 不同尺寸的袖子

（1）盖肩袖：指袖长至上臂 1/4 处的袖子，常用于女装设计。

（2）短袖：指袖长至上臂 1/2 处的袖型，常用于夏季衬衫、T 恤等设计。

（3）五分袖：指袖长至胳膊肘部的袖型。

（4）七分袖：指袖长至手臂 7/10 处的袖型，袖口大约在小臂的中部。

（5）九分袖：指袖长至手腕处的袖型。

（6）长袖：指袖长至手掌虎口处的袖型，常用于各类服装。

2. 无袖袖型

它是衣片的袖窿处没有接缝袖片的一种特殊袖型，具有简洁、轻便的特点。

（1）背心式无袖袖型：这类袖型呈背心式样，衣片的肩线较短，且露出肩膀的一部分从而带给人以简洁、轻松的感觉，常用于背心、连衣裙设计。背心式无袖服装如图 4-17 所示。

图 4-17 背心式无袖服装

（2）法式袖：这类袖型的特点为肩线较长且盖过肩点，带给人以简洁大方的感觉，常用于女士休闲夏装设计。法式袖服装如图 4-18 所示。

图 4-18 法式袖服装（JNBY 服饰）

3. 一片圆装袖

一片圆装袖指衣片与袖片各自成为一个整体的一类袖型，这类袖型造型丰富多彩，款式千变万化。

（1）泡泡袖：这类袖型在袖山或袖口处打褶或袖山、袖口均打褶，从而形成各种泡泡状的袖子，常用于女装及童装设计。泡泡袖服装如图 4-19 所示。

（2）灯笼袖：因形似两头小、中间大的灯笼而得名的一类袖型，类似泡泡袖，多用于童装和女装设计。灯笼袖服装如图 4-20所示。

图 4-19 泡泡袖服装

图 4-20 灯笼袖服装

（3）喇叭袖：这类袖型袖口敞开并可以自由摆动，其形状似喇叭，故称喇叭袖。喇叭袖服装如图 4-21 所示。

图 4-21 喇叭袖服装

（4）落肩袖：这类袖型由于衣片的一部分成为袖山，从而使袖子的袖山降低，衣片的肩线拉长，成为形成落肩形式的袖子。落肩袖服装如图 4-22 所示。

（5）盖肩袖：袖子盖住肩膀而没有袖下线，袖子的腋下点对接在一起或不对接，形成袖下无袖子的形状。盖肩袖服装如图 4-23 所示。

图 4-22 落肩袖服装

图 4-23 盖肩袖服装

（6）一片长袖：袖片为一片未经分割的、完整的长袖，多用于四季各类上装。一片长袖服装如图 4-24 所示。

图 4-24　一片长袖服装

（7）一片短袖：袖片为一片未经分割、完整的短袖，其袖长在袖肘线以上，多用于各类夏装。一片短袖服装如图 4-25 所示。

4. 两片圆装袖

两片圆装袖袖子由大、小部分袖片组成的的袖型。

（1）合体两片袖：这类袖型的特点为袖肥窄、袖山高，手臂自然下垂腋肘下无褶皱，着装效果合体，常用于西服、套装、制服等服装设计，带给人严谨、干练的感觉。合体两片袖服装如图 4-26 所示。

图 4-25　一片短袖服装

图 4-26　合体两片袖服装

（2）宽松型及变化式两片袖：这类袖型由大、小袖片两部分组成，其特点为宽松，袖较肥宽，袖山较低，着装效果随意、自然，手臂下垂时腋下易产生褶皱，便于手臂的活动，常用于各类茄克衫、运动服、休闲服设计。宽松型两片袖服装如图 4-27 所示。

5. 连身袖

这类袖型多表现为衣身的一部分与袖子连为一体。

（1）和服袖：这类袖型特点为衣身与袖子相连，是典型的东方式平面造型，源于日本和服。为达到外形与活动量之间的和谐统一，该袖型在腋下有较多堆积，着装时手臂下垂，腋下会出现较多的褶皱，显得宽松、随意，多用于女装。和服袖服装如图 4-28 所示。

图 4-27　宽松型两片袖服装

图 4-28　和服袖服装

（2）插肩袖：这类袖型的袖山线不按正常的袖窿弧线的位置与衣身相配合，而是沿着上臂延伸到衣身中，并成为衣身的一部分，可用于各种服装。插肩袖服装如图 4-29 所示。

（3）腋下有插角的连袖：这类袖型在连袖的基础上，从腋下增加一片袖角，以提高手臂上举时的活动范围，常用于消防服、运动装。腋下有插角的连袖服装如图 4-30 所示。

图 4-29　插肩袖服装

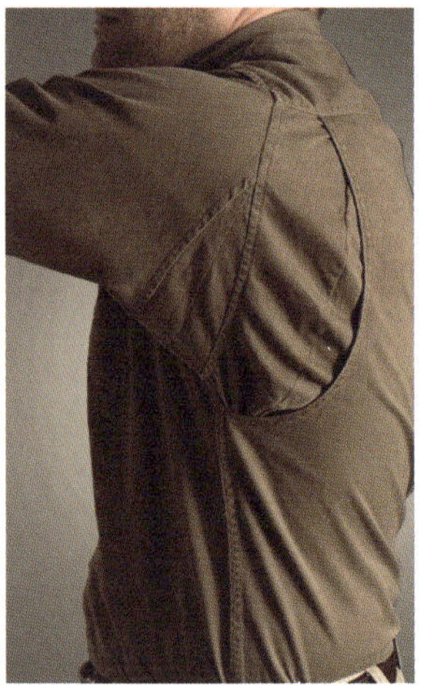

图 4-30　腋下有插角的连袖服装

第二节　上　装

上装即上衣，是人体上半身着装的统称。一般由领、袖、衣身、口袋四部分组成，并根据这四部分的造型变化产生不同的服装款式。上装为人们四季必备服装。

一、外套

外套，是人体最外层的着装形式。外套体积较宽大，多为长袖，着装时可覆盖上身的其他衣物。外套前片多采用纽扣或拉链等方式闭合。外套具有御寒保暖或抵挡风雨的作用，是秋、冬、春季的常用服装。

1. 茄克

茄克为衣长较短，肩、胸宽松，袖口下摆收紧式样的开衫式上衣，有翻领、关领、驳领、罗纹领等领型变化。茄克造型轻便、活泼、富有朝气、穿着舒适，男女受众群体较广，价格从几十元到几千元不等。各种样式的夹克如图 4-31 至图 4-34 所示。

图 4-31　飞行员茄克

图 4-32　猎装茄克

图 4-33　棒球茄克

图 4-34　休闲茄克

2. 风衣

风衣为可遮风、挡雨、御寒的多功能日用长款外衣。风衣样式如图 4-35 所示。

3. 棉服

棉服多指内充以棉花、丝绵等填充物的外衣，用来御寒保暖，主要在寒冷的冬季穿用。棉服经过多次洗涤后保暖性会降低，相对羽绒服而言较重。棉服样式如图 4-36 所示。

图 4-35　风衣

图 4-36　棉服

4. 羽绒服

造型圆润，服装内填充物为羽绒的外套即为羽绒服。羽绒服轻盈且保暖性较好，表面多为质地光滑的化纤类面料，款式有短款、中款和长款之分。

（1）羽绒马甲：采用羽绒填充的马甲，多用于寒冷季节，起到御寒保暖的作用。外穿马甲多具有时尚性。羽绒马甲如图 4-37 所示。

图 4-37　羽绒马甲

（2）羽绒大衣：这类服装一般为中长款羽绒服，即长度在臀部以下的可外穿羽绒服，款式与大衣类似，色彩丰富多样。羽绒大衣如图 4-38 所示。

5. 大衣

大衣是外套的一种，长度多达臀部以下，具有御寒保暖或抵挡风雨的作用，多在初春及秋冬季节穿用，价格从几十元到几千元不等。

（1）短款大衣：指长度及臀部的大衣。短款大衣如图 4-39 所示。

图 4-38　羽绒大衣

图 4-39　短款大衣

（2）中长款大衣：指长度在膝盖上下的大衣。中长款大衣如图 4-40 所示。

图 4-40　中长款大衣

（3）长款大衣：指长度及小腿肚的大衣。长款大衣如图 4-41 所示。

6. 皮草

皮草是采用动物的皮、毛制成的服装，这类服装保暖性强，价格昂贵，常采用兔子、狐狸、水貂、河狸、白鼬、水獭、紫貂、海豹、猫、狗、郊狼、毛丝鼠等动物的皮、毛制作而成。不同动物的皮毛价格差别较大，同时皮毛的品级不同价格也不同。大型猫科动物曾是皮草的主要来源，但因其濒临灭绝，故在多数国家猎杀取皮属于违法行为。

（1）皮衣：皮衣采用动物皮，如猪皮、牛皮、羊皮等，经过特殊工艺加工而成皮革制作的服装，多为茄克或大衣样式。猪皮毛孔粗大，成“品”字形，皮纹粗糙，不如牛皮美观，需特殊工艺处理方可改善，但其透气性和吸湿性比牛皮好；黄牛表皮较薄，常作为鞋子、皮包的制作材料；水牛皮皮毛稀疏，粘面粗糙，有明显的乳头状凸起和皱褶，皮板质地较枯瘦，面积大而厚重，常用于制鞋或机械轮带，经过工艺处理变软后方可用于制作包袋；山羊皮纤维组织较坚实，柔软弹性好，皮质较薄，皮面凹凸纹清晰、细致、真皮感强；绵羊皮与山羊皮相似，但毛束的脂腺、汗腺较繁多，因而比较松软，延伸性大，手感像丝绒一样，但强度低，容易撕裂，多用于皮革服装、手套等产品。皮衣如图

4-42所示。

图 4-41　长款大衣

图 4-42　皮衣

（2）裘皮大衣：将动物毛皮带毛鞣制而成作为服装材料的服饰产品，常见材质有狐皮、狍皮、狸皮、貂皮、獭兔皮、羊皮和狼皮等。裘皮服装作为冬季高档服饰，着装效果雍容华贵，因而价格昂贵，使用时需注意科学保养。裘皮大衣如图 4-43 所示。

图 4-43　裘皮大衣

（3）人造皮革大衣：这类服装的材质多为人造皮革，亦称仿皮或胶料（PVC 和 PU 等人造材料的总称），它通常在纺织布基或无纺布基上，由各种不同配方的 PVC 和 PU 等发泡或覆膜加工制作而成，可根据不同强度、耐磨度、耐寒度和色彩、光泽、花纹图案等要求加工制成。人造皮革大衣与天然皮革衣物相比具有花色品种繁多、防水性能好、边幅整齐、利用率高和价格便宜等优势，但其手感和弹性难以达到真皮的效果。

7. 西服

西服又称西装，起源于欧洲，多指用于正式场合穿着的套装。西服现已成为国际通行的正式服装，是表示礼貌、尊重的一种方式。男性西服最为规范化，翻驳领长袖外套、相配套的长裤、长袖衬衫、领带，是男性西服套装的基本服饰。外套配长裤称为两件式西装；加上背心则称为三件式，三件式时下比较少见。女性西服则比较多样化，基本可归纳为外套、相配的裙子或裤子、女式衬衫。

（1）欧式西装：欧式西装也称为意式西装，此类西服的板型呈倒梯形，宽肩收腰，采用特别夸张的垫肩，最明显的特征为双排扣，枪驳领，裤子为卷边造型。

（2）英式西装：英式西装多为单排扣，有两粒扣的，但以三粒扣子居多。领型较狭长，腰部有比较完美的轮廓，肩膀轮廓比较方正，臀部以锥形收尾，衣身较长，后面一般为双开衩（骑马衩）或中间衩。

（3）美式西装：美式西装相对宽松、轻便，它没有垫肩、褶尖，也没有收腰线。美式西装的裤子一般不打褶、不翻边，臀部处理方正，裤腿笔直垂下。

（4）燕尾服：燕尾服是一种翻领为尖领，前摆裁至腰部，后摆较长（一般到膝后）的外套，因后摆开衩形似燕尾故称为燕尾服。燕尾服的前部和两侧边缘与腰部平齐，后摆则延伸至膝盖以下，衬里有时包含放置手套的口袋。燕尾服如图 4-44 所示。

（5）休闲西装：休闲西装多采用水洗、免烫等休闲面料或天然纤维如棉、麻、毛、皮等制作，服装外形坚挺且易于保养。休闲西装突破了正规西装显得过于正统、刻板且受场合限制的问题，多采用彩色、几何图案使服装风格显得随意、自然，同时保持了端庄、严谨的感觉。休闲西装如图 4-45 所示。

图 4-44　燕尾服

图 4-45　休闲西装

8. 唐装

“唐装”一词源于海外，是国外华侨、国际友人对我国传统中式服装的泛称。唐装通常被认为是中国传统服饰的一种，目前所见唐装是由清朝满族式样的服饰改良形成的，款式特点为立领、对襟、连袖、盘扣，多采用天丝、织锦缎等天然纤维面料。

9. 中山装

中山装是以孙中山的名字命名的一类服装，其款式特点为关闭式“八”字形领口，装袖，前门襟正中 5 粒明纽扣，后背整块无缝。袖口可开叉钉扣，也可开假叉钉装饰扣，或不开叉不用扣。4 个有盖的明口袋呈左右上下对称状，袋盖钉纽扣，上面两个小衣袋为平贴袋，底角呈圆弧形，袋盖中间弧形尖出；下面两个大口袋为老虎袋。下裤有两个侧裤袋和一个带盖的后口袋，挽裤脚。中山装如图 4-46 所示。

10. 列宁装

列宁装是一种以苏联领导人列宁的名字命名的服装款式，流行于20世纪50年代。列宁装的样式为西装开领（或不开领）、双排扣、双襟中下方带一暗斜口袋（当时中山装是明兜），以黄、绿、黑、蓝、灰色为主，腰中贴饰布带，多采用斜纹面料。列宁装如图4-47所示。

11. 斗篷、披风

斗篷是一种披用的外衣，又称“大氅”，后泛指斗篷。披风多为一片式结构，无袖，衣片可开口以便于手臂伸出，颈部系带，披在肩上用以防风御寒，有连帽和无帽之分。又名“莲蓬衣”“一口钟”“一裹圆”。披风如图4-48所示。

图4-46　中山装

图4-47　列宁装

图4-48　披风

12. 空调衫、贝壳衫

空调衫是一种用于夏季无袖衣物外面的轻薄型服装，又称防晒开衫、空调罩衫、防晒罩衫等。空调衫如图4-49所示。贝壳衫入室可缓解冷气带来的不适感，外出则具有防晒功能。款式多为长袖、七分袖、五分袖、三分袖等，面料则多采用棉、麻、亚麻、苎麻等。

13. 棒球衫

棒球衫是一种为棒球运动引发的运动外套，其特点为立领，领口、袖口及下摆处采用针织罗纹布，袖子多与衣身采用异色设计，胸部多绣有徽章。棒球衫如图4-50所示。

图4-49　空调衫

图4-50　棒球衫

二、衬衫

衬衫又名衬衣，原为西装里面的上衣，后发展到可单独穿用，根据领、袖、口袋以及衣身的不同造型形成不同的风格，其价格因面料、工艺、品牌不同从几十元到几千元不等。

1. 领型分类

（1）异色领衬衫：衬衫领子与衣身进行异色设计处理的一类衬衫。

（2）暗扣领衬衫：衬衫领子采用暗扣设计的一类衬衫。

（3）敞角领衬衫：衬衫领子呈敞角造型的衬衫样式。

（4）长尖领衬衫：衬衫领角呈长、尖造型的衬衫样式。

（5）立领衬衫：衬衫领子采用立领造型的衬衫样式。

（6）翻领衬衫：衬衫领子采用翻领造型的衬衫样式。

（7）结带领衬衫：衬衫领子采用飘带系结造型的衬衫样式。

（8）坦领衬衫：衬衫领子采用坦领造型设计的衬衫样式。

2. 男衬衫

男衬衫是男士穿着的衬衫，一般有胸袋、袖克夫和过肩设计。

（1）礼服衬衫：男士参加宴会等正式场合穿着在西服或燕尾服里面的衬衫，有的礼服衬衫采用立领设计，以便于系扎领结。礼服衬衫如图 4-51 所示。

（2）商务衬衫：商务衬衫是服务于商务男士的比较正式的衬衫，多为浅蓝或白色，体现商务男士的专业、严谨。商务衬衫如图 4-52 所示。

图 4-51 礼服衬衫

图 4-52 商务衬衫

（3）夹克式衬衫：一种形似夹克的衬衫，其特点为衣身前片的口袋较多，一般为四个有袋盖的贴袋，穿着舒适随意。夹克式衬衫如图 4-53 所示。

3. 女式衬衫

女式衬衫中女性穿着的衬衫，造型多变，其变化集中在领部、袖部和衣身。

（1）束腰衬衫：款式造型采用腰部收紧，突出女性胸腰身的衬衫类型。束腰衬衫如图 4-54 所示。

（2）披肩领衬衫：披肩领衬衫领子较大，披覆在肩上的衬衫样式。

（3）无领衬衫：无领衬衫采用无领造型，其变化主要集中在袖子和衣身的衬衫。无领衬衫如图 4-55 所示。

图 4-53 夹克式衬衫

图 4-54　女式束腰衬衫

图 4-55　无领衬衫

（4）蝙蝠衫：这类衬衫袖幅宽大夸张，与衣服侧缝连在一起。因着装后展开双臂形似蝙蝠而得名。蝙蝠衫如图 4-56 所示。

4. 常春藤衬衫

常春藤衬衫特点主要表现为多使用驼色、深蓝、墨绿、白色等传统色彩，图案多为竖条纹，胸部绣有徽章。常春藤衬衫如图 4-57 所示。

5. 夏威夷衬衫

夏威夷衬衫是一种剪裁极简，色调鲜艳浓郁的印花衬衫，与夏威夷亮丽热烈的海岛风光相呼应。夏威夷衬衫如图 4-58 所示。

图 4-56　蝙蝠衫

图 4-57　常春藤衬衫

图 4-58　夏威夷衬衫

6. 阿拉伯衬衫

阿拉伯衬衫呈现长袍样式，采用小立领，胸部有口袋，衣服门襟开口至胸腹部，该衬衫具有典型的穆斯林风格。

7. 条格衬衫

衬衫多采用条纹或格子图案的样式。条格衬衫如图 4-59 所示。

图 4-59　条格衬衫

三、T 恤

T 裇衫又称 T 形衫，半开式套头衫，袖长有无袖、短袖和长袖之分。领型有无领、圆领、一字领、V 领、小翻领等变化。T 恤面料材质较广，多采用针织面料，以透气、柔软、舒适、凉爽、吸汗、散热较好的棉、麻、毛、丝、化纤及其混纺织物为最佳。

1. Polo 衫

Polo 衫又称网球衫，是一种有领运动衫，前短后长，且侧边有一小截开口的下摆，这样的下摆设计便于着装者摆脱就座时前摆过长而产生的皱褶。Polo 衫如图 4-60 所示。

图 4-60　Polo 衫

2. 文化衫

文化衫承载着一定的文化意义，涉及内容广泛，政治、民族、音乐、电影、宠物、卡通、主题、潮流信息等均可涵盖，后衍生出 DIY T 恤，其图案由着装者自行设计，采用印染或手绘等方式加工到 T 恤上。文化衫定位大众化，但又不失时尚。其色彩、图案、领口、袖口、下摆造型常有创意性变化。文化衫如图 4-61 所示。

图 4-61　文化衫

3. 无袖 T 恤

这类 T 恤与背心相似，是一种没有袖子的 T 恤造型。

4. 短袖 T 恤

短袖 T 恤是一种袖长在肘部以上的 T 恤造型。

5. 长袖 T 恤

长袖 T 恤是一种袖子长至手腕附近的 T 恤造型。

四、马甲

马甲为一种无领无袖且较短的上衣，其主要功能在于使前后胸区域保暖且便于双臂活动。它既可穿在外套里面，也可穿在衬衫、毛衣等服装外面，主要类型有西服马甲、棉马甲、羽绒马甲及针织马甲等。

1. 西服马甲

这类马甲用于衬衫与西服之间，面料一般与西服外套面料相近，多在正式场合与西服配套穿着。西服马甲如图 4-62 所示。

2. 休闲背心

这类用于休闲生活场合穿着的背心称为休闲背心，如户外马甲、摄影背心、钓鱼背心。户外马甲是人们进行户外运动时穿着的一种外搭式马甲；摄影背心是摄影爱好者常穿的一种背心，口袋比较多，方便实用；钓鱼背心与摄影背心类似，具有较多的实用口袋。休闲背心如图 4-63 所示。

图 4-62　西服马甲

图 4-63　休闲背心

3. 特种马甲

特种马甲是一种在特殊情况下使用的马甲，如救生马甲、反光安全背心、警用防弹背心等。救生马甲是一种生命保护类服装，设计类似背心，采用尼龙面料或氯丁橡胶、浮力材料或可充气的材料以及反光材料等制作而成，在水中具有足够浮力能使落水者头部露出水面。反光安全背心表面用许多微细的小透镜球组成，光线映射后可原路折射，使驾驶员容易发现着装者，避免发生危险，通常交警、环卫工人、道路施工人员多用此类背心。警用防弹背心是一种减弱或避免子弹伤害的防护衣，一般多用于警察及军队。特种马甲如图 4-64 所示。

图 4-64　特种马甲

五、毛衣/针织服

以毛线、棉线或其他类型的线材为原料经由机器或手工编织成的服装称为针织服或毛衣。

1. 机织毛衣

机织毛衣是经由机器编织工艺形式将毛线、棉线等线材编织而成的衣物。

2. 手织毛衣

手织毛衣是运用棒针等工具采用手工形式将毛线、棉线等线材编织而成的衣物。

3. 钩编毛衣

钩编毛衣是运用钩针等工具采用手工形式将毛线、棉线等线材钩织而成的衣物。钩编毛衣如图4-65所示。

图 4-65　钩编毛衣

第三节　下　装

一、裤装

裤装作为下装的主要造型形式，在人们日常生活中占据重要位置，因其设计、剪裁、加工工艺、面料、品牌等因素的影响，裤装的价格从几十元到上万元不等。

1. 长短分类

（1）长裤：这类裤型的裤长由腰及脚踝，包覆全腿。

（2）九分裤：这类裤型的长度为正常裤长的 9/10 或着装时裤长至脚踝位置。

（3）七分裤：这类裤型的长度为正常裤长的 7/10 或裤长至膝下，裤子底边落在小腿最圆润的部位。

（4）马裤：这类裤型起源于马术运动，其特点为膝部以下瘦小、膝部以上宽肥。

（5）短裤：这类裤型裤长在 35cm 左右，也叫三分裤。

（6）热裤：这类裤型源于美国，是一种紧身、短裆的超短裤。热裤有火辣、性感的意味。

2. 裤型分类

（1）瘦腿裤：瘦腿裤是能紧密贴合人体腿部曲线的裤装。瘦腿裤如图 4-66 所示。

（2）直筒裤：直筒裤又称“筒裤”，是一种上下几乎一样宽的裤装形式。其裤管挺直，具有整齐、稳重的感觉。直筒裤如图 4-67 所示。

图 4-66　瘦腿裤

图 4-67　直筒裤

(3) 铅笔裤：铅笔裤是一种裤管从大腿根部到脚踝越来越细的裤装形式，在小腿处呈贴体状态，又称烟管裤、吸烟裤、小脚裤。铅笔裤如图 4-68 所示。

图 4-68　铅笔裤

(4) 喇叭裤：喇叭裤是一种裤腿形状似喇叭造型的裤装形式，其特点为裤脚上窄下宽，从膝盖以下逐渐张开，裤口的尺寸明显大于膝盖的尺寸，形成喇叭状。根据裤口放大的程度，喇叭裤可分为大喇叭裤、小喇叭裤、微型喇叭裤。小喇叭的裤脚口约 25cm，大喇叭的裤脚口可达 30cm 以上。喇叭裤的长度多为覆盖鞋面的长度。喇叭裤如图 4-69 所示。

(5) 哈伦裤：这类裤型名称源于阿拉伯语汇“哈伦”，起源于保守的穆斯林女性服装。哈伦裤臀部尺寸夸张，裤口尺寸小，是一种裤裆宽松，裤管比较窄的裤装形式，由于臀部大量褶皱的存在从而起到较好的修饰体型作用。哈伦裤如图 4-70 所示。

图 4-69　喇叭裤

图 4-70　哈伦裤

（6）灯笼裤：这类裤型裤管直筒宽大，裤脚口收紧，裤腰部位嵌缝松紧带，上下两端紧窄，中段松肥，形如灯笼。灯笼裤大多用柔软的绸料或化纤衣料裁制，轻松舒适，多为休闲、运动着装。灯笼裤如图 4-71 所示。

（7）裙裤：这类裤型外观形似裙子，但又像裤子一样具有下裆，裤下口放宽，是裤子与裙子的结合体，它既保留了裤子的方便舒适又具有裙子的飘逸浪漫。裙裤有长短之分。长款裙裤飘逸灵动，短款裙裤活泼俏皮。裙裤如图 4-72 所示。

（8）束脚裤：这种裤型裤筒为直筒或喇叭筒造型，裤脚口呈收紧状态。束脚裤如图 4-73 所示。

图 4-71　灯笼裤

图 4-72　裙裤

图 4-73　束脚裤

3. 休闲裤

这类裤型多用于休闲、运动等非正式场合，比较轻松、随意。广义的休闲裤包含了一切非正式商务、政务、公务场合穿着的裤子。狭义的休闲裤则是指以西裤为模板，在面料、板型方面比西裤随意舒适，色彩丰富的裤装形式。

（1）牛仔裤：这类裤型源于美国，风靡世界，通常采用劳动布、牛筋布等靛蓝色水磨面料或仿麂皮、灯芯绒、平绒等面料制成，统称为“牛仔裤”。其裤门里襟装拉链，前身裤片无裥，左右各有一只斜袋；后身裤片无省，左右各有一个尖形贴臀的贴袋，袋口接缝处钉有金属铆钉并压有明线装饰，具有耐磨、耐脏，穿着贴身、舒适等特点。牛仔裤如图 4-74 所示

图 4-74　牛仔裤

（2）打底裤：这是一种为了防止穿短裙和超短裙走光而设计的修身且具有弹力的裤子。打底裤从长度上有马裤、三分、五分、七分、九分等裤型；色彩有纯色、混色、拼接等多种形式；面料则有蕾丝、镂空、薄纱、针织、棉布、麻布、丝绸、莫代尔、天鹅绒、牛奶丝、呢绒、化纤、混纺、竹纤维等多种材质，秋冬季节多为莫代尔、天鹅绒等保暖面料，夏季则多为雪纺、蕾丝以及网纱等透气面料。打底裤的价格从十几元到几千元不等。常见品牌 SZ、艾格、ONLY、欧时力、淑女屋、江南布衣等，国际上一些知名服装品牌也会推出不同风格的打底裤。打底裤如图 4-75 所示。

图 4-75　打底裤

（3）背带裤：这种裤型的裤腰装有挎肩背带。西裤中的背带裤通常采用两根挎带相连，而工装裤及时装中的背带裤多采用前胸补块的形式。背带裤如图 4-76 所示。

（4）连衣裤：连衣裤是指上衣与裤子连为一体的服装。由于它上下相连，对人体的密封性较强，特殊工种的劳保服常见这类形式，如汽车修理工的工装。也有将帽子与鞋袜连在一起的连体裤，其密封性更强，如抗辐射及防化人员的防护服。从工装演变的时装连衣裤，则是带有复古元素的时尚潮流。连衣裤如图 4-77 所示。

图 4-76 背带裤

图 4-77 连衣裤

（5）沙滩裤：这是一种适用于沙滩休闲娱乐的短裤，通常较为宽松且薄，多采用系绳、闭襟设计，图案有横条纹、竖条纹、格纹、花形、晕染图案等不同类型。沙滩裤如图 4-78 所示。

图 4-78 沙滩裤

（6）迷彩裤：这类裤型采用迷彩纹样的面料制作而成，通常是由绿、黄、茶、黑等颜色及不规则图案组成的新式保护色。迷彩服起源于军装，作为军队的伪装服出现，后延伸至时装行业及一些军品爱好者的收藏、穿着范畴。迷彩裤如图 4-79 所示。

图 4-79 迷彩裤

二、裙装

裙装是一种围于下体的服装，一般由裙腰和裙体构成，广义的裙装分为连衣裙与半裙两大类。

1. 长短分类

（1）长裙：裙子下摆长度至脚踝，底摆围度因款式的变化而变化。长裙所用面料质地多柔软且悬垂度较好。长裙如图 4-80 所示。

图 4-80　长裙

（2）半长裙：半长裙又称齐膝裙，指裙子下摆长度至膝盖部位上下 5cm 的裙子样式。半长裙如图 4-81 所示。

图 4-81　半长裙

（3）迷你裙：又称“超短裙”，裙子下摆长度只及大腿中部的裙子样式。站立时，食指和无名指可触及裙子的底边。迷你裙如图 4-82 所示。

图 4-82 迷你裙

（4）连衣裙：连衣裙又称连身裙、袍衫裙，是指上衣和下裙相连的裙装。连衣裙如图 4-83 所示。

2. 裙型分类

（1）一步裙：这种裙子走路时只能迈差不多一步远的距离，其外观大多是以修身显瘦、紧身包臀为主。一步裙如图 4-84 所示。

图 4-83 连衣裙

图 4-84 一步裙

（2）A 型裙：这种裙子由腰部至下摆斜向展开略呈 A 字形。A 型裙如图 4-85 所示。

图 4-85　A 型裙

（3）波浪裙：斜裙的变化式样之一。按裙型构成可分为单片斜裙和多片斜裙。单片斜裙又称圆台裙，是将一块幅宽与长度等同的面料，在中央挖剪出腰围大小圆洞的裙；多片斜裙是由两片以上的扇形面料纵向拼接构成，缝纫时在腰口的某一部位做轻略的拨开和上提，进而形成高低起伏的波浪状，故名波浪裙。波浪裙如图 4-86 所示。

（4）鱼尾裙：这种裙子的裙体呈鱼尾状造型，其腰部、臀部及大腿中部呈合体造型，往下逐步放开下摆展成鱼尾状。鱼尾裙多采用六片以上的结构形式，如六片鱼尾裙、八片鱼尾裙及十二片鱼尾裙等。鱼尾裙凸现女性的优雅线条，恰到好处的裁剪可显示修长体形。鱼尾裙如图 4-87 所示。

图 4-86　波浪裙

图 4-87　鱼尾裙

（5）喇叭裙：一种裙体上部与腰臀紧密贴服，由臀线斜向下展开，形似喇叭的裙子样式。喇叭裙如图 4-88 所示。

图 4-88　喇叭裙

（6）百褶裙：这种裙型裙体采用数目较多的垂直方向褶裥，属于斜裙的类别。百褶裙如图 4-89 所示。

图 4-89　百褶裙

（7）背带裙：背带裙属于连衣裙的类别，腰部下面为各种造型的裙子，上面配以背带（背带可宽可窄，有多种样式），穿着时利用背带把裙子吊起，方便实用。背带裙如图 4-90 所示。

（8）蛋糕裙：蛋糕裙又称节裙、塔裙，裙体采用多层次的横向多片剪接，外形如同塔状。通常每节裙片可搭配碎褶，产生波浪效果。蛋糕裙如图 4-91 所示。

图 4-90　背带裙

图 4-91　蛋糕裙

（9）泡泡裙：泡泡裙又称南瓜裙，其裙子底摆采用抽褶的形式形成膨松泡泡的效果。泡泡裙如图 4-92 所示。

图 4-92　泡泡裙

第四节　内　衣

贴身是穿着于其他衣物之内的服装，由于其直接接触皮肤，因而具有吸汗、矫型、承托身体、保暖及避免分泌物污秽外衣的作用。

一、女士文胸

女士文胸是女士内衣，又称乳罩、胸衣或文胸，其功能以遮蔽及支撑乳房为主。文胸具有利用各种结构和性能相异的材料来达到矫正、维持体型的功能，它修饰胸部曲线，使胸部挺立、增加丰满感，防止双乳外扩、下垂，呈现乳沟。文胸是维持胸部理想形态、位置、高度，衬托女性胸部曲线最直接的服装。

1. 杯型分类

（1）1/2 罩杯：可以将乳房的 1/2 包容于罩杯内，机能性较弱，但提升效果颇好，胸部娇小者穿着后显得较丰满。1/2 罩杯如图 4-93 所示。

（2）3/4 罩杯：3/4 罩杯可以将乳房的 3/4 包容于罩杯内，能突显乳房的曲线，尤其能让乳沟明显地呈现出来，适合任何体型的女性穿着。3/4 罩杯文胸如图 4-94 所示。

图 4-93　1/2 罩杯文胸

图 4-94　3/4 罩杯文胸

（3）全罩杯：全罩杯可将全部的乳房包容于罩杯内，它覆盖面积大，包容全面，能保持乳房稳定挺实，具有支撑、提升、集中的作用，是最具功能性的罩杯。特别适合乳房丰满的女性穿着。全罩杯文胸如图 4-95 所示。

（4）斜拉式：一种罩杯尺寸介于 1/2 与 3/4 罩杯之间的胸衣，适合胸部娇小的人穿着。斜拉式文胸如图 4-96 所示。

图 4-95　全罩杯文胸

图 4-96　斜拉式文胸

2. 裁剪方法分类

（1）缝制成型：该类胸衣根据胸部立体造型需求，将不同裁片缝合形成胸衣。其造型立体感强，面料形式变化丰富。

（2）压模无痕：该类胸衣采用一次性压制，多采用轻柔的材料及柔韧的内键钢托使得胸衣线条流畅完美，穿着时紧贴上身，将使上衣衬托的弧线流畅自然。

（3）带插垫型：该类胸衣根据着装者需求，可自由增加插垫，使其胸部感觉更为丰满。带插垫型文胸如图 4-97 所示。

（4）可拆卸肩带：胸衣肩带为可自由拆卸的胸衣类型。

3. 吊带

将胸衣的造型与背心结合起来的内衣款式。其特点为肩带狭细，领口造型呈“V”字形、“一”字形、弧形等多种造型变化。原为内衣的一类，后随内衣外穿潮流的演进，发展成为款式多样的服装内搭。吊带如图 4-98 所示。

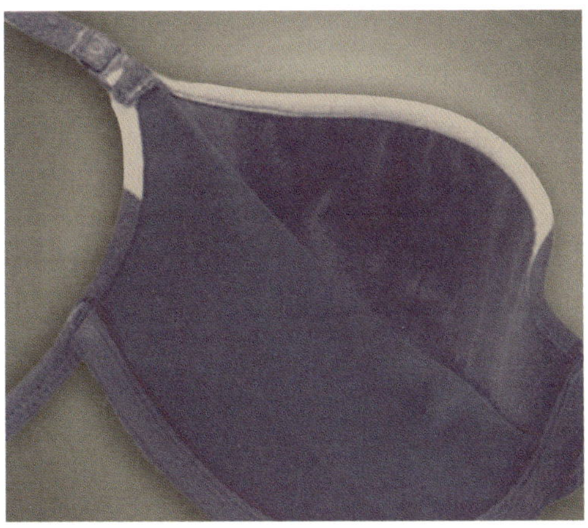

图 4-97　带插垫型文胸

图 4-98　吊带

4. 抹胸

抹胸是一种胸部贴身小衣，一般以方尺之布制成，紧束前胸。抹胸又称袜腹、袙服。

5. 调整文胸

调整型文胸是根据医学、美学、人体工学和专业内衣设计原理所共同研发的一种新型内衣。其原理来自脂肪移动原理，经过精密的计算和设计，在普通文胸的基础上，增加侧比宽度、鸡心位的宽度，增加收腋下、副乳等功能，因而它能够维护、调整身体，集中、固定脂肪，并且扶正脊柱、矫治体态。

6. 乳贴

乳贴又称胸贴，是黏贴于乳头，代替胸罩达到遮掩作用的贴片。胸贴原本是为了在运动等情况避免内衣和乳头发生摩擦的防护用品，现常用在令乳头与乳晕不明显、未穿着胸罩时避免走光等场合。如图 4-99 所示。

图 4-99　乳贴

二、底裤

1. 平角裤

平角裤是底裤底边成平直造型的底裤类型。平角底裤分为贴体型与宽松型。男士平角底裤采多用纯棉或莫代尔、氨纶等面料，女士平角底裤面料类型则相对丰富。平角裤如图 4-100 所示。

图 4-100　平角裤

图 4-101　三角裤

2. 三角裤

三角底裤呈 Y 形或者倒三角形，相对平角底裤而言显得短小，男士三角底裤款式变化不大，多表现在裤腰的设计变化上。女士三角底裤变化则相对丰富一些，面料、工艺、款式细节等方面变化空间较大。三角裤如图 4-101 所示。

3. T 形裤

T 形裤又叫丁字裤，其造型呈 T 形，目前较多采用纯棉透气材料或超细纤维等科技材质，搭配隐藏式车边设计的素面丁字裤。T 形裤如图 4-102 所示。

图 4-102　T 形裤

4. 其他

内裤按腰位分类有高腰裤、中腰裤和低腰裤。高腰裤高过腰线，包容量大；中腰裤为基本裤型，穿着舒适，适合不同的年龄层。低腰裤是性感的表现，不适合腹部脂肪较多的体型。

三、内衣套装

1. 棉毛衫衣裤

棉毛衫衣裤是秋冬季节贴身穿着的紧身合体衣裤，该类服装多采用纯棉或锦纶、氨纶等人造纤维，弹性比较大，其主要功能为御寒保暖，同时具有吸汗、矫型、承托身体及避免体外污秽危害的作用，一般多在北方较寒冷地区出现。如图 4-103 所示。

2. 保暖内衣

保暖内衣是在棉毛衫衣裤基础上发展起来的，增加保暖功能的贴身内衣，弹性较好，有双层和单层之分，有夹层和无夹层之分。保暖内衣多采用棉、毛、腈纶、涤纶等面料，夹层采用棉、羊毛、驼绒等絮片作为填充料。优点是透气、导湿性能较好；缺点是穿着显得臃肿、厚重，适合晚秋及寒冷的冬天穿。时下，随着科技的发展，一些增加保健功能的保暖内衣也随之出现。保暖内衣如图 4-104 所示。

图 4-103　棉毛衫衣裤套装

图 4-104　保暖内衣

3. 塑身内衣

塑身内衣属于功能性内衣，它根据“脂肪可流动性”原理，将流失、移位、下垂的脂肪归位到正确的位置并加以锁定，垂直定型，最终达到矫正体形的效果。塑身内衣往往采用立体裁剪的方法使其更贴合人体曲线。塑身内衣分为调整型胸衣、束腰、束裤、胸腰腹三合一以及全身式五类，面料上多采用弹性蕾丝、锦纶、氨纶以及莱卡等弹性面料。塑身内衣如图 4-105 所示。

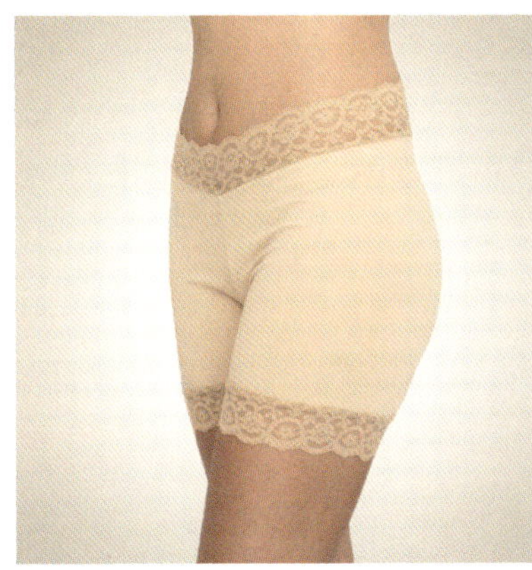

图 4-105　塑身内衣

案例：荥阳广武“6.16”抛尸案

一、案件展示

2009 年 6 月 16 日 7 时 15 分，荥阳市公安局 110 指挥中心接广武镇车庄五组村民车志锋电话报称：里沟发现一具女尸。尸体上身套着一个绿色编织袋，编织袋长 130cm、宽 100cm，在胸腹部前打有两个结，腰部以下肢体从编织袋的一破洞中露出。尸体上身已高度腐败，头东脚西，俯卧位，赤足，编织袋内有两只蓝色拖鞋、一个无表带的电子表。尸体颈部带一串珠状项链，上身穿衬衣，下身穿马裤。

二、案件分析

1. 由上装款式推断被害人性格

根据服装款式可知上装包括外套、衬衫、T 恤、马甲、毛衣和针织服，案件中指出尸体上身由外到内，穿一件白色衬衣，一件浅黄色马甲，一件白色短袖上衣，按照正常的着装习惯，被害人上装有两个疑点，可推出被害人精神不太正常或者生活不能自理。

（1）马甲主要功能在于使前后胸区域保暖且便于双臂活动，常穿在衬衫外面，而被害人的马甲穿在衬衫内。

（2）衬衫内常常只穿内衣或无袖内搭，而被害人衬衫内穿短袖。

2. 由下装款式推断被害人性格

尸体下身由外到内穿一条蓝色马裤，一条浅蓝色大裤头，一条白色三角裤。蓝色马裤裤腿两侧各有一红、一白两条竖道。按照正常的着装习惯，被害人下装也有两个疑点，再次印证死者精神方面不正常。

（1）下装中穿了马裤会直接穿内裤，而死者马裤和内裤之间又穿了一条大裤头。

（2）马裤上一红一白的装饰条，使服装风格偏运动，而死者上身的衬衫偏正装，风格不搭。

3. 推断凶手特点

根据被害人精神不正常，缺乏自理能力，可推出犯罪行为人熟悉现场大环境、小环境，层次较低。处理尸体的方法表明其心理素质较好，反侦查意识明显。

第五章　服装辅料

第一节　里料、衬料及填絮料

一、里料

里料是指用来部分或全部覆盖服装里面（面料背面）的材料。大多数里料光滑柔和、舒适且便于穿脱，活动时服装不会因摩擦而随之扭动，使其保持挺括的自然形态。里料可覆盖服装缝头和其他辅料，使服装显得光滑而丰满，提高其档次，增加其附加值。依据里料的用料不同，可分为天然纤维里料、化学纤维里料及其混纺和交织物三类。通常外套类服装可用里料，贴体类服装则不需要。

1. 羽纱

羽纱包括棉纬绫、棉线绫和人丝羽纱等品种，属绸缎中的斜纹织物，羽纱是统称。棉纬绫经向通常为有光人造丝，纬向为棉纱。棉线绫与棉纬绫的经向原料相同，纬向采用棉股线织成，绸面呈细斜纹，富有光泽，手感略硬而爽滑，正面斜纹有光，质地坚牢，但缩水率较大。羽纱是呢料西装、男女大衣较理想的服装衬里，但不宜作裤子的膝盖贴里。羽纱如图 5-1 所示。

2. 美丽绸

美丽绸是经纬纱采用有光人造丝，运用 3/1 组织交织而成的织物。其绸面细致，细斜纹路富有光泽，反面略暗，手感滑爽，质地厚实，缩水率比羽纱小，但牢度不及羽纱，宜用于牢度一般却强调光滑的毛料上衣，如男、女西装的衬里。如图 5-2 所示。

图 5-1　羽纱

图 5-2　美丽绸

3. 富春纺

富春纺是人造丝与棉型黏胶短纤纱交织的纺类丝织物。织物为平纹组织，经丝采用有光黏胶丝，纬丝采用有光人造棉。这种织物绸面光洁，质地丰厚，手感柔软滑爽，色泽鲜艳，吸湿性好，穿着舒适。印花富春纺多用于夏季衬衫、连衣裙的制作，单色则可做夏季休闲衣裤，杂色富春纺可做冬季棉衣面料等。富春纺如图 5-3 所示。

图 5-3　富春纺

图 5-4　电力纺

4. 电力纺

电力纺又称纺绸、真丝纺等，经纬向都不加捻，采用平纹组织织造而成。电力纺以高档生丝为原料，故质地轻薄柔软，平挺滑爽，绸面缜密且边缘平直，比一般绸类飘逸透凉，比纱类质地细密。电力纺光泽洁白柔和，有练白、杂色，以及印花等产品。电力纺的原料一般为桑蚕丝，也有纯黏胶人造丝或桑蚕丝与黏胶人造丝混纺。电力纺的用途按其产品厚重不同有所差异，如成品重 40g/m^2 以上的产品，多用于制作夏令男女衬衫、裙料、夹衣面料、棉衣面料、童装、头巾、围巾，以及被面等；成品重 40 g/m^2 左右的，则用于制作服装里料、彩旗、灯罩绸等；成品重 20g/m^2 及以下的轻薄产品，主要为工业用绝缘绸。电力纺如图 5-4 所示。

5. 锦纶塔夫绸

锦纶塔夫绸采用锦纶长丝做经纬纱，织成的密度较大的平纹织物。经过摩擦轧光、防水整理或聚氨酯涂层整理，使面料表面特别光亮，并具有防水、耐磨、坚固、手感柔软、质地轻等特点。锦纶塔夫绸适宜用作便服、运动装、羽绒服或时装面料，也有用作服装里料。锦纶塔夫绸如图 5-5 所示。

图 5-5　锦纶塔夫绸

6. 棉衬里布

以棉纤维为材料制作的衬里称为棉衬里布。纯棉机织物和针织物吸湿性和透气性都好，穿着舒适，有各种重量和色泽，可手洗、机洗和干洗，也可高温蒸煮消毒，且价格低。棉衬里布主要用于婴幼儿服装、中低档夹克衫、便服及耐碱性功能服装等，缺点为不够光滑。棉衬里布如图 5-6 所示。

7. 摇粒绒

摇粒绒作为针织面料的一种，是由毛圈织物经过拉毛和摇粒后，形成的具有颗粒状绒球外观的针织绒类织物。这类面料通常在大圆机上进行编织，织成后坯布经染色、拉毛、梳毛、剪毛、摇粒等后加工整理。原料多以涤纶为主，可在织物一面或两面形成摇粒绒面。织物绒毛密集、不易掉毛和起球、手感柔软、保暖性好，主要用于防寒服装里料、保暖内衣、休闲服以及其他保暖类产品。摇粒绒如图 5-7 所示。

8. 网眼布

网眼布是一种棉织物，用纱罗组织或假纱组织在织物表面形成部分透孔或大面积透孔的织物。经

图 5-6　棉衬里布

图 5-7　摇粒绒

染整加工后，可作服装或装饰用。网眼布按原料可分为纯棉和化纤混纺纱（线）两种，采用白织或色织工艺，也可织出繁简不同的提花图案。网眼布面料透气性好，经漂染加工后，布身挺爽，既可做夏装，又适宜做窗帘、蚊帐等家居用品。网里布如图 5-8 所示。

图 5-8　网眼布

二、衬料、衬布

衬料即衬布，是以机织物、针织物和非织造布为基布，采用（或不采用）热塑性高分子化合物经过专门机械进行特殊整理加工，用于服装内层，与面料黏合（或者非黏合），进而起到补强、挺括等作用的专用服装辅料。

服装衬料多用于服装的前身、肩、胸、领、袖口、袋口、腰等部位，如领衬、胸衬、腰头衬等。衬料附着在面料和里料之间，可保证服装的造型，提升穿着舒适性及延长使用寿命，修饰人体以掩盖体型的缺陷（如胸低、肩斜等）。

衬料种类繁多，从使用部位、衬布用料、衬底布类型、衬料与面料结合方式等角度可分为若干类。从材料角度来看，衬料可分为棉麻衬布、毛鬃衬、马尾衬、树脂衬、黏合衬等。黏合衬又分为有纺衬布（梭织与针织）与无纺衬布两大类。从底布角度来看，衬料包括衬与衬垫两种。为了体现肩部造型而使用的垫肩及使服装挺括饱满风格的胸衬均属衬垫材料，一般没有胶。

1. 薄膜衬

薄膜衬又称塑料薄膜衬，是由棉布、涤棉布与聚乙烯塑料膜复合而成的衬布。这类衬在一定的温度与压力作用下与服装面料牢固的黏合在一起，具有硬挺、弹性好、耐水洗等特点。薄膜衬常用作领衬，增加领子局部的强度与硬度，尤其是男衬衫的领角部位。薄膜衬如图 5-9 所示。

图 5-9　薄膜衬

2. 树脂衬

这种衬布采用棉、化纤及混纺的有机织物作为底布，通过漂白或染色等其他工序，经树脂整理加工制成，可分为纯棉树脂衬和涤棉树脂衬两种，各自又有硬、中、软之分。树脂衬布具有成本低、硬挺度高、弹性好、耐水洗、不回潮等特点，广泛应用于服装的衣领、袖克夫、口袋、腰头等部位。树脂衬如图 5-10 所示。

3. 布衬

布衬通常为普通衣物的衬布用料，有粗布衬与细布衬两种，皆属平纹组织。布衬表面平整，有粗厚感，挺括度及弹性一般，属于低档衬布。这类衬在使用前先缩水，也常做牵条布用，牵条布必须为经向裁剪的直条，用在服装的某些边缘部位以达到拉紧与定型效果。布衬如图 5-11 所示。

图 5-10　树脂衬

图 5-11　布衬

4. 麻布衬

麻布衬是以麻纤维为原料的平纹织物，有纯麻布衬和混纺麻布衬两种。麻布衬具有良好的硬挺度与弹性，是高档服装如西装、大衣的主要用衬。时下市场上大多数麻衬实为纯棉粗布浸入适量树脂胶汁处理后制成。麻布衬如图 5-12 所示。

5. 黏合衬

黏合衬也叫热熔衬，是将热熔胶涂于底布或基布上制成的衬布。黏合衬使用方便，无需繁复的缝纫加固，在一定的温度、压力和时间条件下，将黏合衬与面料或里料黏合即可。黏合衬的特点为不缩水、不变色、不脱胶、不渗料、黏结牢度高、耐洗涤、手感轻软、丰满、弹性好，使用效果既挺括又富有弹性，且不增加服装重量，因而在服装业中被广泛采用。黏合衬按底布类型可分为机织黏合衬、针织黏合衬、无纺衬等。如图 5-13 所示。

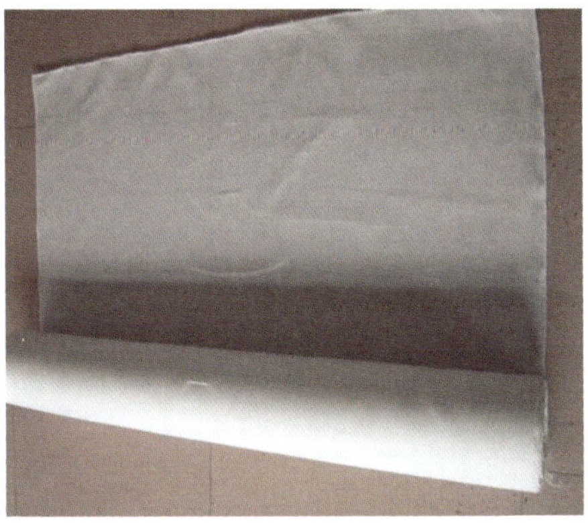

图 5-12　麻布衬

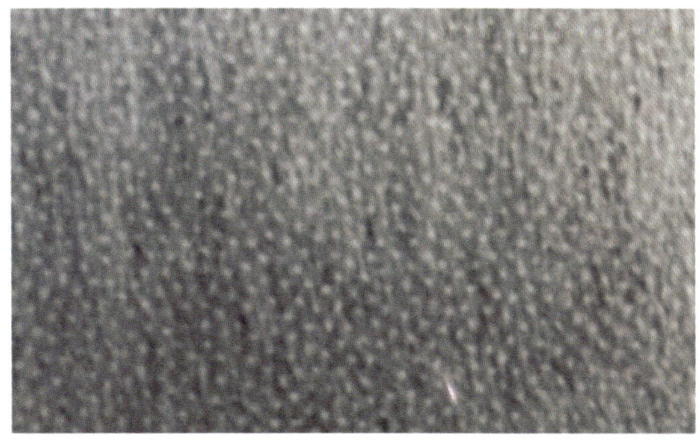

图 5-13　黏合衬

6. 马尾衬

这类衬布采用马尾做纬纱，棉或涤棉混纺纱为经纱织成基布，再经定型和树脂加工而成。马尾衬布面稀疏，手感硬挺，弹性极好，不易折皱，挺括，湿热状态下可归拔出设计所需的形状。马尾衬分普通马尾衬和包芯马尾衬，普通马尾衬主要用于西服的盖肩衬和女装的胸衬，而包芯马尾衬因其价格较贵，仅用于高档西服。马尾衬如图 5-14 所示。

7. 针织衬

针织衬是以针织布为基布，经过热熔胶涂层加工的黏合衬布。由于针织物的特性，针织衬多为针织面料专用衬布，其随动性和悬垂性良好，具有补强、保型、造型等作用。针织衬主要分为经编衬和纬编衬，多用于针织外衣上装的前身、领子、门襟、袖口、下摆、袋口以及裤裙的腰部、脚口等部位的局部黏合。针织衬如图 5-15 所示。

图 5-14　马尾衬

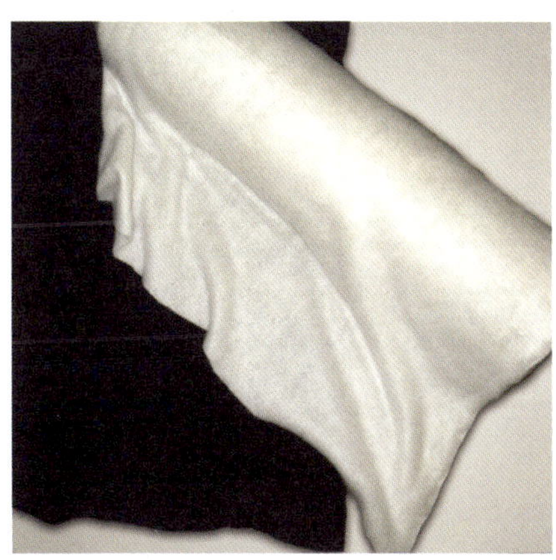

图 5-15　针织衬

三、填料

填料是服装面料与里料之间填充的材料，轻薄柔软且具有保暖和塑形作用，或增加绣花或绢花的立体感。填料多为不易导热的材质，可以保健、抗菌、除臭。从填充形态来看，填料可分为絮类填料和线类填料两类。絮类填料是指未经过纺织的散状纤维和羽绒等絮片状材料，没有固定形状，使用时需有夹里，并且要求面、里料具有相当的防穿透性能。线类填料是指用合成纤维或其他合成材料加工制成的平面状的保暖性填料，形状固定，可根据需要裁剪使用，具有厚薄均匀、加工容易、造型挺括、抗霉变无虫蛀、便于洗涤的优点。

1. 棉花

棉花是锦葵科棉属植物的种籽纤维，产于大多数亚热带国家。花朵乳白色，开花后颜色变为深红色后凋谢，留下绿色棉铃，棉铃内有棉籽，棉籽上的茸毛从棉籽表皮长出。棉铃成熟时裂开，露出柔软的纤维。纤维有白色、乳白色或淡黄色，长 2~4cm，含纤维素 87%~90%。棉花是世界上最主要的农作物之一，产量大、生产成本低，使棉制品价格低廉。作为填料，棉花无异味、无污染，天然柔和，气息清新自然，对皮肤无刺激，尤其适用于老人和儿童，是健康、保暖面料的首选。棉花如图 5-16 所示。

2. 羽绒

羽绒是由禽鸟类的绒和羽毛组成。绒是不含毛杆的羽毛，其羽枝具有众多簇细丝，通过绒上的细丝相互交错形成了稳定的热保护层，绒是羽绒保暖的主要材料。羽是禽鸟类背部和尾部带羽杆的小羽毛或由长羽毛打碎形成。羽的含量不能过高，但因其具有提高羽绒蓬松度的作用，因而须含有一定比例。

羽绒通常来自鹅、鸭等水禽，可以增加自身水浮力并具有内层保暖作用。羽绒根据来源可分为鹅绒和鸭绒，从颜色角度来看可分为白绒、灰绒以及黑绒（冰岛绒鸭产）等。从质量角度来看，鹅绒略好于鸭绒。羽绒的保暖性能极佳，且其具有良好的吸湿散湿性能，位居棉花、羊毛、蚕丝等天然保暖材料之首，但蓬松度则对羽绒服的回弹性有一定的影响，羽绒产品含绒量范围从 5% 到 95% 不等。羽绒如图 5-17 所示。

图 5-16 棉花

图 5-17 羽绒

3. 喷胶棉

喷胶棉以涤纶短纤维为主要原料，经梳理成网，而后针对纤网喷洒液体合剂，再经由热处理而成。喷胶棉蓬松柔软，平整挺括，是各类冬装、床上用品、家居用品的理想填充材料。喷胶棉如图5-18 所示。

4. 人造棉

人造棉是棉型人造短纤维的俗称，由纤维素或蛋白质等天然高分子化合物原料经过化学加工纺制而成。人造棉的规格与棉纤维相似，长度一般为 35mm，既可在棉纺机上纯纺又可与棉花或棉型合成纤维（如涤纶、锦纶等）混纺。人造棉具有易染色、色牢度高、穿着舒适、吸湿性好等优点，但其不耐酸，回弹性和耐疲劳性差。人造棉如图 5-19 所示。

图 5-18 喷胶棉

图 5-19 人造棉

5. 涤纶棉

涤纶棉的原料为涤纶短纤维，通常是实心。因未经整理，弹性和保暖性较差。随着使用时间的延长，纤维弹性受损，易板结，这类棉常用作低档家纺用品的填充料。涤纶棉如图 5-20 所示。

6. 腈纶棉

腈纶棉是由含量大于 85%的聚丙烯腈或丙烯腈共聚物制成的合成纤维，由于其性质接近羊毛，素有“合成羊毛”之称。腈纶棉具有柔软、膨松、耐光、抗菌、不怕虫蛀等优点，但固色性能略差。腈纶棉如图 5-21 所示。

图 5-20 涤纶棉

图 5-21 腈纶棉

7. 太空棉

太空棉是一种具有黏弹性的减压、记忆材料，又称记忆棉，早期多用于太空服以保障航天员的安全。太空棉由五层构成，基层为涤纶弹力绒絮片，金属膜表层是由非织造布、聚乙烯塑料薄膜、铝钛合金反射层和表层（保护层）四部分组成，常用于制作家庭或医疗康复护理产品，如矫正颈椎的枕头、矫正脊椎和恢复疲劳的床垫等。太空棉作为服装材料，具有“轻、薄、软、挺、美、牢”等优点，直接加工无需再整理及绗线，并可直接洗涤，是冬季抗寒的理想产品，也是抗热、防辐射的良好材料，因而时下多用于各类服装（包括茄克衫、滑雪服、棉衣、棉裤、紧身背心、风衣、大衣、童装、睡袋等）以及特种职业装（如炼钢、采煤、采油、地质勘探、冷库、交通、邮电以及部队等工作服）、鞋、帽、床上用品、帐篷及门窗帘等产品中。太空棉如图 5-22 所示。

8. 莫代尔纤维棉

莫代尔纤维是一种高湿模量再生纤维素纤维，以云杉、榉木为原料，将其制成木浆，再通过专门的纺丝工艺加工成纤维，也可与其他材质的面料混纺形成不同的面料。莫代尔纤维棉具有良好的吸水和透气性，柔软滑爽，悬垂性好，舒适平整，但其挺括性差。莫代尔纤维棉主要用于贴身衣物和家用纺织品中。莫代尔纤维棉如图 5-23 所示。

图 5-22　太空棉

图 5-23　莫代尔纤维棉

9. 丝绵

丝棉以 100% 桑蚕丝为原料，又称“蚕丝棉”。蚕丝棉作为绿色环保产品，具有优良的透气性、吸湿性、排湿性、保暖性。由于其主要成分为动物蛋白纤维，富含几十种氨基酸，因而桑蚕丝棉宜与皮肤接触，具有滑爽、洁净、保健作用，可促进人体表皮细胞的新陈代谢。由于蚕在生长中不能接触农药等化学药品，桑蚕丝是标准的无污染产品，最佳天然填充料。时下市场中的丝棉多为仿丝棉。丝绵如图 5-24 所示。

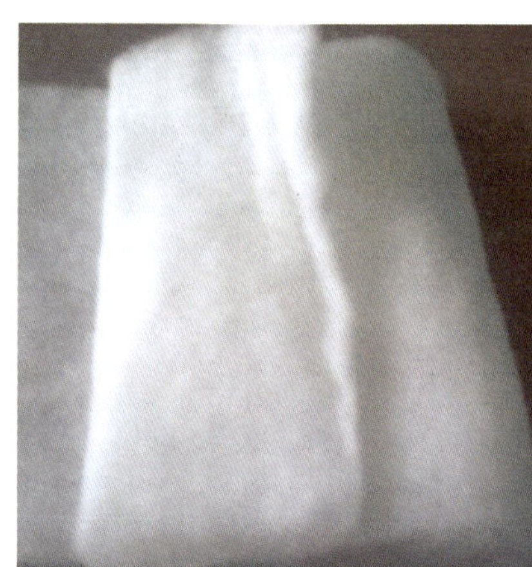

图 5-24　丝绵

10. 羊毛

羊毛是人类最早使用的天然纤维之一，羊毛柔软易卷曲，保暖性好，通常为白色、黑色、棕色等。羊毛制品具有手感丰满、弹性好、吸湿性强、保暖性好、穿着舒适等优点，但易变形、易虫蛀、易发霉、易起毛起球，可经化学处理工艺提高其质量。时下，由于羊毛价格成本高，采用优等羊毛生产的非织造布仅用于针刺制造毛毯、毡等高档工业用布，一般将羊毛的短毛、粗毛通过针刺、缝编等方法生产地毯的托垫布、针刺地毯的夹心层、绝热保暖材料等产品。羊毛如图 5-25 所示。

11. 羊绒

羊绒，又称山羊绒或开司米，通常只生长在山羊外表皮层，是掩在山羊粗毛根部的一层薄薄的细绒，入冬寒冷时长出，抵御风寒，开春转暖后脱落，自然适应气候十分珍贵，被誉为“软黄金”。羊绒比羊毛纤细，外层鳞片比羊毛细密、光滑，具有重量轻、柔软、韧性好等优点。羊绒适宜制作内衣，贴身穿着轻、软、柔、滑，舒适性强。世界上约70%的羊绒产自中国，其质量优于其他国家的产品。羊绒如图5-26所示。

图5-25　羊毛

图5-26　羊绒

12. 驼绒

骆驼绒的简称，是骆驼腹部绒毛剪下经梳理后制成的。驼绒色泽杏黄、柔软蓬松，是制作高档毛纺织品的重要原料之一。驼绒纤维呈中空状结构，有利于空气储存，属于动物绒中耐寒纤维之一。驼绒制品有细柔、轻滑、保暖性强等特性，不易产生静电，不易吸尘，对皮肤无刺激。内蒙古阿拉善盟生产的驼绒质量好，但其产量有限，一峰骆驼只能产0.3kg的净绒，比山羊绒更为珍贵。驼绒如图5-27所示。

图5-27　驼绒

第二节 线

用于缝合服装的辅料。线类辅料主要有缝纫线、工艺装饰线以及特种用线。

1. 缝纫线

服装等纺织物品在缝合时所用的丝、棉、麻、金属等制成的细长可以任意曲折的材料，具有缝合衣片、连接各部件、装饰等作用。缝纫线须根据实用要求需具备可缝性、耐用性，强力高，条干均匀，捻度适中，结头少，润滑柔软，弹性好等特点，以适应服装类的高速缝纫以及鞋帽、帆布和皮革等材料的缝制要求。缝纫线品种较多，按原料分天然型、合成型和混合型。缝纫线如图 5-28 所示。

图 5-28 缝纫线

图 5-29 棉线

（1）棉线：棉线是以棉纤维为原料制成的缝纫线，是较早用于缝合织物的缝纫线。棉线强度、吸湿性较好，但弹性、导热性较差，耐碱不耐酸。此外，棉线没有软化点和熔融点，耐热性比化学纤维线好，在缝纫时能承受较高的针温。棉缝纫线主要分为三类：蜡光线、丝光线和无光线。棉线如图 5-29 所示。

1）蜡光线：蜡光线是指经过上浆、上蜡和刷光处理的棉缝纫线。这类线进行蜡光处理，无光线表面的绒毛黏附于线体表面，有规则地倒向一边，浆料在线表面形成一层薄膜，表面光滑，从而减少了摩擦阻力，缝纫时不易断线，浆液还能渗入线体内部，增强纱线间的黏结力。通过蜡光处理后，缝纫线的强力可提高 6%左右，耐磨性好，硬挺度稿，多用于硬挺材料、皮革或需高温整烫衣物的缝纫。蜡光线如图 5-30 所示。

2）丝光线：丝光线是指采用氢氧化钠（烧碱）溶液进行丝光处理的棉缝纫线。丝光线有本白、漂白或染色线之分，其表面光滑，且经过丝光处理后，棉线分子排列紧密，可提高其强力与可染性。丝光线如图 5-31 所示。

图 5-30 蜡光线

图 5-31 丝光线

3）无光线：无光线是指不经过烧毛、丝光、上浆等处理的棉缝纫线。无光线表面粗糙，与其他线相比，穿透织物时摩擦阻力较大，适用于手工缝纫与低速缝纫，缝制对象多为低档棉织品，或用于对缝线外观质量要求不高的产品。无光线如图 5-32 所示。

图 5-32 无光线

图 5-33 麻线

（2）麻线：麻线是指以各类麻纤维制成的线，根据麻的种类可分为苎麻线、亚麻线和黄麻线等。苎麻线是一种典型的高强低伸的工业用线，外观较粗糙，经蜡光处理后表面光滑，可增加其可缝性。亚麻线是用半脱胶的亚麻纤维经栉梳湿纺成单纱再并捻而成，成线后需经煮漂以进一步脱胶，其强度低于苎麻线，但高于棉线，具有天然丝质光泽，伸长率小，吸湿性强，耐酸性比棉线稍好，但耐碱性不及棉线，规格和用途与苎麻线相仿。黄麻线采用半脱胶的熟黄麻纺成单纱再并捻而成，耐磨性优于棉线和亚麻线，但强度较低，且难以漂白，着水后易腐烂，不耐暴晒，常用黄麻线基本为天然黄色的本色线。麻线如图 5-33 所示。

（3）丝线：丝线大多为长丝或绢丝线，常用于缝制真丝、羊毛服装等高档产品，有粗线和细线两种，其中粗丝线常用于羊毛服装的锁眼、钉扣、缉明线等，而细丝线常用于缝制绸缎薄料。真丝缝线有极好的光泽，线迹光滑，手感柔软，其强度、弹性优于棉线。丝线存在价格高，使用时易磨损，缠绕在筒子上易脱落等缺点。目前除用于高档服装外，已逐步被涤纶长丝线所替代。丝线如图 5-34 所示。

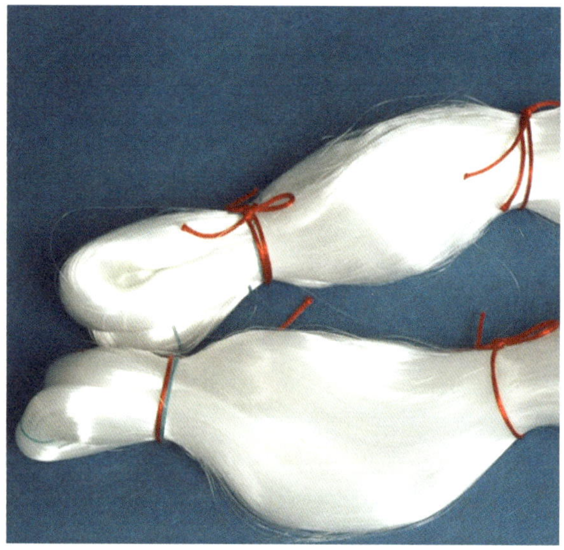

图 5-34 丝线

（4）涤纶线：以涤纶纤维为原料制成的缝纫线，其强度仅次于尼龙线，耐磨性仅次于锦纶。涤纶线缩水率较低，经适当定型后收缩率小于 1%，因而线迹能始终保持平挺美观，无皱缩。涤纶线的原料主要为短纤和长丝两类，可分为涤纶短纤维缝纫线、涤纶长丝（束丝）缝纫线、涤纶低弹丝缝纫线。涤纶线用途广泛，多用于棉织物、化纤织物及混纺织物的缝制。涤纶线如图 5-35 所示。

（5）锦纶线：锦纶线是指用锦纶丝纺织而成的缝纫线。锦纶线的耐磨性与干态强度均居化纤线之首，湿态强度仅低于丙纶，质地光滑，光泽呈丝质，弹性较好，耐碱不耐酸，耐绕曲性强，耐腐蚀，不易霉变和虫蛀。不足之处在于其耐热性较差，不适应高速缝纫，耐光性较差，长期日晒会泛黄，强度下降。锦纶缝纫线中最常用的有锦纶复丝缝纫线、锦纶透明缝纫线、锦纶弹力缝纫线。锦纶线如图 5-36 所示。

图 5-35 涤纶线

图 5-36 锦纶线

2. 包芯缝纫线

包芯缝纫线是由包芯纱制成的缝纫线。包芯纱的原料多为化纤与天然纤维，芯纱与包纱的原料不同，所制得的包芯线不同。包芯纱由两种纤维组成，可以是长丝包在短纤维芯纱上，也可以是短纤维包在长丝芯纱上。作缝纫线用的包芯纱通常是采用长丝（复丝）为芯的包芯缝纫线，纱外面包以短纤维。包芯缝纫线兼备芯纱与包纱两者优点，从而形成品质极为优良的缝线，适应工业高速缝纫使用。包芯缝纫线如图 5-37 所示。

图 5-37　包芯缝纫线

3. 工艺装饰线

这类线装饰效果强，通过一定的工艺使其具有独特外观。工艺装饰线的原料范围广泛，任何具有装饰作用的天然纤维、金属丝等，均可用作装饰线。从工艺角度来看，装饰线可分为绣花线、编结线和镶嵌线三类。编结线主要用于编结各类装饰工艺品；镶嵌线则采用手工或机械方法把线嵌入织物或其他目标中，起美化装饰作用。工艺装饰线常用于服装、床上用品（如床罩、被套、枕套）、家具织物（如沙发套、椅套）、室内用品（如窗帘、挂毯、绣画）、餐厅用品（如台布、餐巾）等。工艺装饰线如图 5-38 所示。

图 5-38　工艺装饰线

4. 绣花线

绣花线是指用于刺绣工艺的装饰线，其原料有棉纱、蚕丝、羊毛、腈纶、人造丝等，生产中对外观要求很严，光泽要好，色花色差要小。按照原料不同，绣花线可分为棉绣花线、蚕丝绣花线、毛绣花线、人造丝绣花线与腈纶绣花线。绵绣花线如图 5-39 所示。

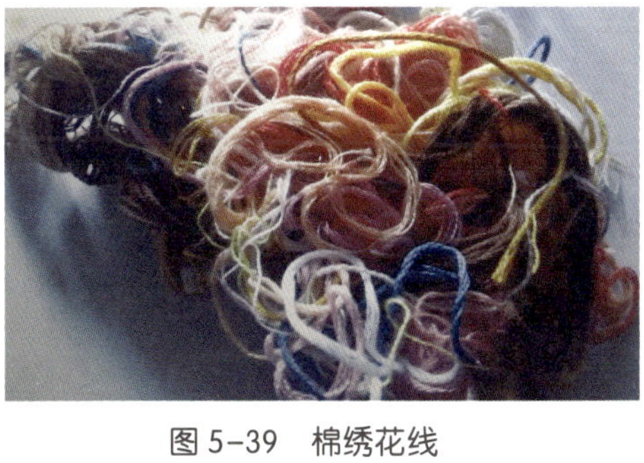

图 5-39　棉绣花线

5. 金银线

金银线是指以金银或仿制品为原料制作的线。金银线具有极好的延展性，多用于织制风格富贵华丽的服装及装饰品。时下市场上的金银线多为仿制品，采用树脂薄膜为基底，运用真空镀膜技术，在其表面镀上一层铝，再覆以颜色涂料层与保护层，经切割成细条，形成金银线，因涂覆的颜色不同，可获得金色、银色、变色线及五彩金银线等多种品种。金银线如图 5-40 所示。

6. 花股线

采用两种或两种以上不同色泽的单纱合股而成的线称花股线或 AB 线（双色），若 AB 色互为补色，则合股后具有闪光效应。花股线如图 5-41 所示。

图 5-40　金银线

图 5-41　花股线

7. 特种用线

特种用线是指根据某种特殊需要而设计制作的线，性能独特，用途专一，生产成本较高。特种用线一般以用途来命名，如防针脚漏水缝线（缝雨衣用）。特种用线的原料多为天然纤维中的棉、麻及合成纤维中的锦纶、涤纶、维纶等，在原料选择、组织结构、加工处理上须满足特定需求。特种用线如图 5-42 所示。

图 5-42　特种用线

第三节　纽　扣

用于连接服饰（包括服装、鞋子、手套、帽子、皮带等）、家纺、箱包等由各种材料制成的扣件。纽扣由最初实用的连接功能逐步被强化其艺术性及装饰性功能，合适的纽扣可以起到“画龙点睛”的作用。纽扣种类繁多，可大致分为天然材料纽扣、金属纽扣、合成材料纽扣、组合纽扣等。

1. 按扣

按扣又称子母扣，由金属（铜、镍、钢等）制成或采用合成材料制成。按扣通常用在易开解的部位，有钉缝式和压嵌式之分。从规格上来说可分为大、中、小三种，大号适宜钉沙发套、被褥套、棉衣等，中号多用于内衣、单衣及童装上。按扣如图 5-43 所示。

2. 贝壳纽扣

贝壳纽扣指采用贝类为原料制成的纽扣，多来源于大自然，质感高雅、光泽诱人。用于纽扣生产的贝类不多，目前国际上比较流行、适宜制作贝壳纽扣的贝类主要有尖尾螺（马蹄螺）、鲍鱼贝

（螺）、各类珠母贝（如黑蝶贝、白蝶贝、马氏贝、企鹅贝、珍珠贝及淡水珍珠贝等）、淡水香蕉贝等，此外，蝾螺、虎斑贝等也有部分用于纽扣生产的。贝壳纽扣如图 5-44 所示。

图 5-43　按扣

图 5-44　贝壳纽扣

3. 真皮纽扣

这类纽扣采用皮革的边角料，将皮革包裹于其他纽扣之外或先裁制成带条后，再编结成型。真皮纽扣多为圆形及方形，给人以丰满厚实的感觉，且坚实耐用，多用于猎装及皮革服装。真皮纽扣如图 5-45 所示。

4. 果实纽扣

果实纽扣又名果仁扣，以果壳为基坯加工而成。果实纽扣的特点为质地坚硬、耐熨烫、可激光雕刻加工，是目前国内高档男装的首选，符合天然绿色环保的潮流趋势。果实纽扣如图 5-46 所示。

图 5-45　真皮纽扣

图 5-46　果实纽扣

5. 骨扣

骨扣指采用动物骨头加工制作的一种特殊纽扣，通常以鲸鱼骨、象牙、牛角、骆驼骨等为原料。骨扣能有效利用动物骨头的自然本色，造型具有一定的装饰效果，且具有耐用、手感舒适的特点，多用于高级衬衫、时装、毛衫等。目前市场上多采用以酪蛋白为原料的人造骨质纽扣，经挤压成棒材，然后切削成型。骨扣如图 5-47 所示。

6. 玉扣

玉扣是指以玉石为原材料制作的纽扣，多用于高档时装及民族服装上。玉扣和其他纽扣相比，具有较强的装饰性和艺术审美价值。玉扣如图 5-48 所示。

图 5-47　骨扣

图 5-48　玉扣

7. 水晶扣

水晶扣这类纽扣以天然或人工水晶为材料制作而成。水晶扣如图 5-49 所示。

图 5-49　水晶扣

8. 珍珠扣

珍珠扣以珍珠或仿珍珠为原料制作而成。珍珠扣如图 5-50 所示。

9. 羊角扣

羊角扣指造型似羊角的一类纽扣，材质各异，具有光亮、耐磨、抗压、不易褪色、高贵典雅的特点。羊角扣具有装饰效果，可作为服装配件及各种箱包配件，常见冬季大衣采用该类纽扣。羊角扣如图 5-51 所示。

图 5-50　珍珠扣

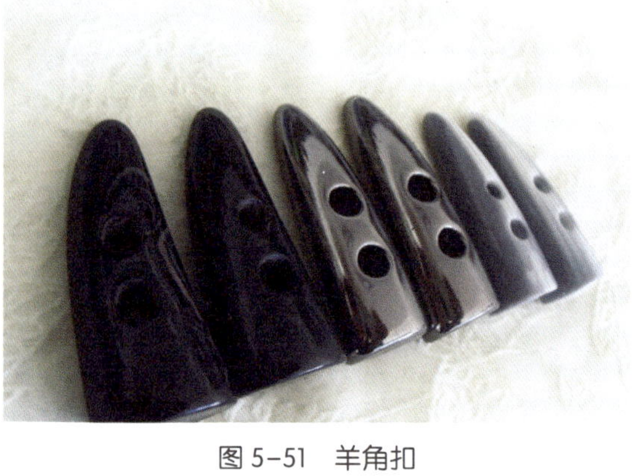

图 5-51　羊角扣

10. 尼龙扣

尼龙扣指以尼龙为原材料制成的扣子。其韧性好，机械强度高，具有良好的染色性和耐化学性，且珠光排列良好。尼龙纽扣的生产方法为注塑法，对模具要求较高。尼龙扣如图 5-52 所示。

11. 玻璃扣

这类纽扣以有机玻璃为原材料制成，易着色，易加工，光泽度较好，造型丰富多彩，但其表面耐磨划性差，不耐有机溶剂的洗涤，耐温性不高。玻璃扣如图 5-53 所示。

图 5-52　尼龙扣

图 5-53　玻璃扣

12. 树脂纽扣

这类纽扣全称为不饱和聚酯树脂纽扣，是深受大众喜爱，流行范围广，产量最大的一类纽扣。树脂纽扣加入色浆后不易变色，具有折光性强、耐热、耐烫、耐腐蚀、耐磨等优点。纽扣的图案可采用激光雕刻工艺，极大地丰富了其文化内涵。树脂纽扣在中、高档服装应用较广，尤其在女性服饰中占有重要地位，男性服饰则花色款式相对单一。树脂纽扣的主要品种有：

1）平面珠光纽扣。

特点：珠光亮度在整颗纽扣的扣面上都一样，如同镜面，色泽鲜艳。

2）玻璃珠光纽扣。

特点：纽扣表面的珠光排列呈波浪状，珠光亮度高，亮斑闪烁。

3）云花仿贝纽扣。

特点：纽扣表面的珠光排列表现为不规则云花，并呈现七彩效果。

4）条纹纽扣。

特点：纽扣表面线条细腻流畅，色泽自然，具有天然竹、木纹理。

5）定型花纽扣。

特点：纽扣表面具有清晰、定型的花纹，正反面花纹一致，线条流畅。

6）牛角形纽扣。

特点：由树脂浇注而成，外观像牛角。有的饰有各种花纹。

7）刻字纽扣。

特点：刻字纽扣采用电脑扫描制图，由激光雕刻制扣机在纽扣表面雕刻厂家标识、注册商标等图文符号。

树脂纽扣如图 5-54 所示。

图 5-54　树脂纽扣

13. 金属纽扣

金属纽扣是以金属为材料制成的，常见材料有铜、铝、合金等，具有牢固、美观、装饰性强等特点。金属纽扣造型有圆形、六角形、多边形等，立体造型通常为球形、半球形、浮雕形及其他造型；局部造型多在外观造型的基础上进行细节刻画，如加上阿拉伯数字、英文字母，平面构成动物、人像、花卉、注册商标及花纹等。金属纽扣如图 5-55 所示。

图 5-55 金属纽扣

14. 组合扣

组合扣是采用两种或两种以上的不同材质，通过特殊加工工艺组合而成。组合扣由于不同材质的组合搭配因而可兼顾纽扣的美观与实用性。主要品种包括内组合纽扣、外组合纽扣、人造水晶组合扣、人造珍珠组合扣等。组合扣如图 5-56 所示。

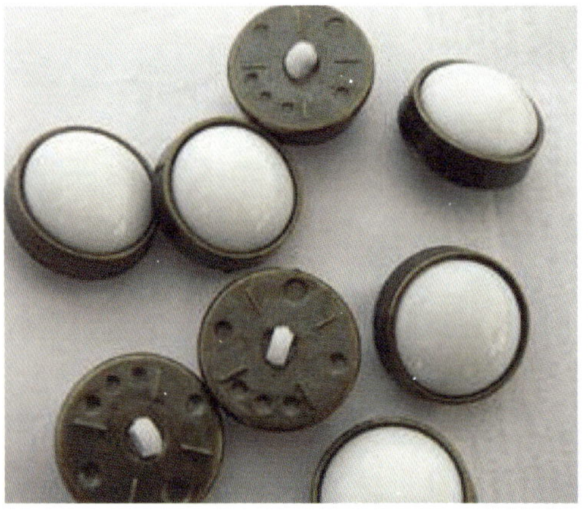

图 5-56 组合扣

15. 布包扣

布包扣采用面料覆盖包裹而成，深受大众喜爱。布包钮扣兼具“扣”和“饰”两种功能，由最初的服装应用不断向手袋、帽子、鞋子、DIY 饰品、玩具、文具、时尚居家用品、家具等领域延伸。时下自动布包纽扣机费用较高且大部分属于专机类型，因而布包纽扣多采用手动包纽机与模具结合为主，辅助以切布机、切布刀模等生产工具，制作时将裁切好的布片和纽面、纽脚置于模具内压合而成。布包扣如图 5-57 所示。

16. 盘扣

这类花式扣采用线、带等盘结成扣圈或扣结，又称花结扣、盘花纽。盘扣作为中国传统服饰纽扣形式，其造型优美，做工精巧，如同千姿百态的工艺品。盘扣既有实用功能又可装饰及美化服装，常见于唐装、民族服装等，一些时装亦可见此类形式。盘扣如图 5-58 所示。

图 5-57　布包扣

图 5-58　盘扣

17. 钩编扣

钩编扣多采用衣料的边角料或丝绒制作而成，由纽袢条和纽头两部分组成，是传统中式服装常用纽扣，独具民族特色。钩编扣如图 5-59 所示。

18. 陶瓷纽扣

陶瓷纽扣分普通陶瓷纽扣和特殊陶瓷纽扣两类。普通陶瓷纽扣由普通瓷质材料经烧结、上釉、表面饰花再与金属底托组合而成。这类纽扣经上釉处理，其表面饰有花纹，色彩鲜艳，装饰效果浓厚，且表面硬度较高，耐磨性强，但受到生产方式及工艺水平的限制，生产批量不大，成本偏高。特殊陶瓷纽扣采用高强度陶瓷材料如氧化锆等经高压成型再烧结而成，其机械强度极高，被称为不破碎纽扣，价格较高，多用于耐洗耐磨衬衣的钮扣。陶瓷纽扣如图 5-60 所示。

图 5-59　钩编扣

图 5-60　陶瓷纽扣

第四节　拉　链

拉链可分为金属拉链、尼龙拉链、镍齿拉链、防水拉链、隐形拉链、装饰拉链、双头拉链、闭层拉链（常规拉链）、开尾拉链（分离拉链）等。

1. 金属拉链

金属拉链通常采用铝、铜、镍、锑、锌合金等金属材料压制成牙后经喷镀处理，再装于布带上。金属拉链颜色受限制，但结实耐用，个别齿牙损坏可更换，多用于外套、制服、军服、防护服及牛仔服。金属拉链如图 5-61 所示。

2. 尼龙拉链

尼龙拉链以尼龙丝为原料制成线圈状的链牙，而后将线圈状的链牙缝于布带上制成，具有易定形、轻巧、耐磨、弹性好等优点。尼龙拉链多为细拉链，常用于轻薄的服装及童装中。尼龙拉链如图 5-62 所示。

图 5-61　金属拉链

图 5-62　尼龙拉链

3. 镍齿拉链

镍齿拉链指拉链牙齿由铜、白铜或铝制作而成。与尼龙、树脂拉链相比，这类拉链较为坚固，成本颇高，多用于牛仔裤、外套和背包上。镍齿拉链如图 5-63 所示。

图 5-63　镍齿拉链

4. 防水拉链

防水拉链作为尼龙拉链的分支，经过特殊工艺加工而成，常见的加工工艺包括贴 PVC 薄膜、贴 TPU 薄膜、防水剂浸泡、涂层等。涂层防水拉链的特点为不脱落、不发白、不脆化、耐低温达 -70℃，环保、柔软、防水性能好，这类拉链多应用于防寒服、滑雪衣、羽绒服、航海服、潜水服、帐篷、车船罩、雨衣、防水鞋、消防服、箱包、冲锋衣、钓鱼服等需具备防水效果的用品。防水拉链如图 5-64 所示。

5. 隐形拉链

隐形拉链的线圈牙在拉链背面，拉合后正面视觉效果不甚明显，又称隐蔽式拉链。根据布带种类又可分为布边和网边隐形两种形式，多用于旗袍、裙装等女士服装。隐形拉链如图 5-65 所示。

图 5-64 防水拉链

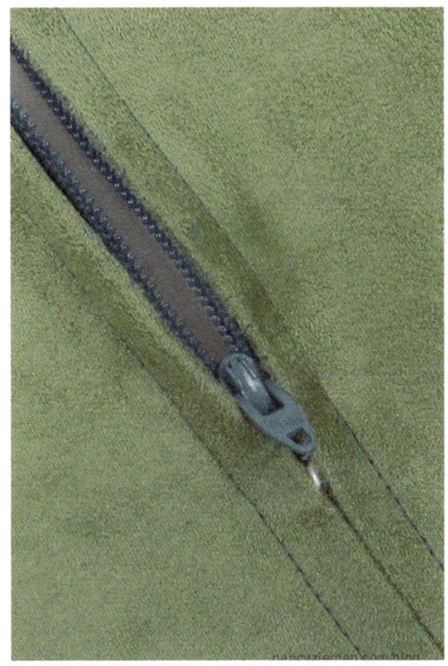

图 5-65 隐形拉链

6. 装饰拉链

装饰拉链的颜色、拉链头造型及拉链缉缝方式设计呈多样化，装饰效果浓厚。装饰拉链如图 5-66 所示。

图 5-66 装饰拉链

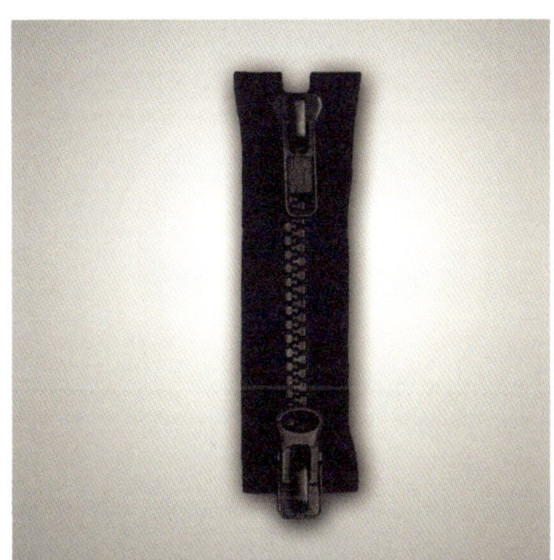

图 5-67 双头拉链

7. 双头拉链

双头拉链的拉链头可朝两个相反方向灵活操作。双头拉链如图 5-67 所示。

8. 闭尾拉链（常规拉链）

闭尾拉链即一端闭合或两端闭合的拉链，可分单头闭尾或双头闭尾两种形式。单头闭尾式一端闭合，且只有一个拉头，常用于裤子、裙子的开口或领口；双头闭尾式有一个或两个拉头，常用于服装、箱包等，两端闭合。闭尾拉链如图 5-68 所示。

9. 开尾拉链（分离拉链）

开尾拉链即拉链的两端皆不封闭，根据拉头数目不同，可分为单头开尾式拉链和双头开尾式拉链。这类拉链多用于前襟全开的服装（如滑雪服、夹克衫及外套等）及可装卸衣里的服装（如大衣、棉服等）。开尾拉链如图 5-69 所示。

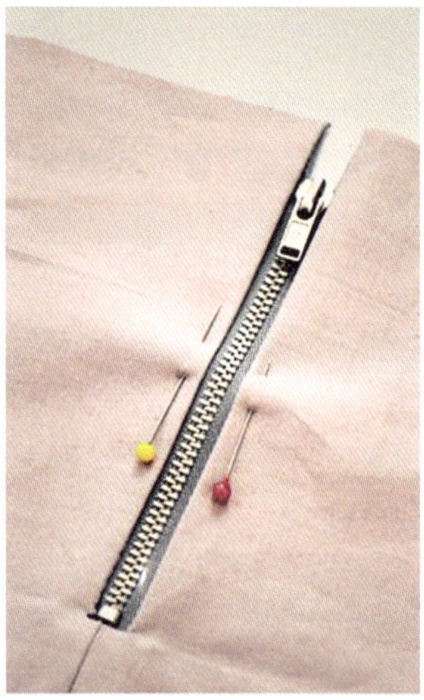

图 5-68　单头闭尾拉链

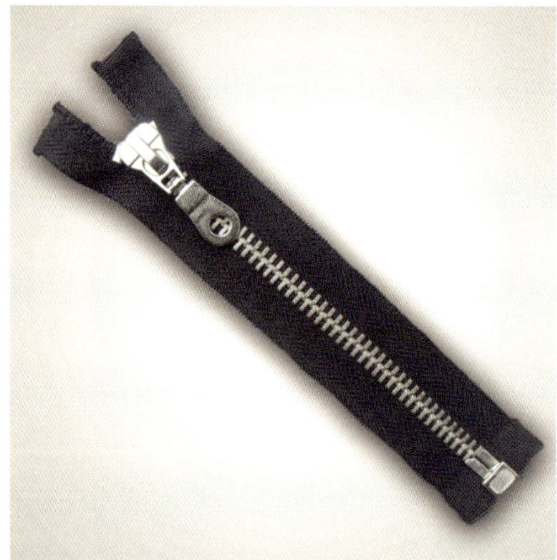

图 5-69　开尾拉链

第五节　绳　带

绳带通常较粗，根据制作材料及应用途径可分为不同种类，如棉绳、尼龙绳、帽拉绳、腰拉绳、编织带、装饰带、丝带、提花缎带、橡筋带、罗纹带、防滑带、弹力罗纹等。

1. 棉绳

棉绳指以棉纱线或棉型化纤混纺纱线编缠而成的绳状物品。棉绳如图 5-70 所示。

2. 尼龙绳

尼龙绳采用尼龙材料（锦纶或者聚酰胺材料）制成，用途广泛，可根据需要制成性质各异的硬性或柔性绳类产品。尼龙绳如图 5-71 所示。

图 5-70　棉绳

图 5-71　尼龙绳

3. 帽拉绳

帽拉绳多用于连帽服装的帽缘部分，穿于抽带管中，可抽拉固定衣帽，兼具实用及装饰效果。帽拉绳如图 5-72 所示。

4. 腰拉绳

这类绳子穿于腰部抽带管中，可抽紧或放松以适应体型变化或实现特定效果。腰拉绳常见于裤装、冬装、女性上装等，用于冬装时可减少服装与身体的相对移动，避免内部空气过度流动，增强保暖效果；用于女装时则可展示女性体态美。腰拉绳如图 5-73 所示。

图 5-72　帽拉绳

图 5-73　腰拉绳

5. 编织带

编织带为扁平带状的编织物，分为机织、编结、针织三类，从材质角度来看可分为平纹、斜纹、缎纹与杂纹几类。编织带如图 5-74 所示。

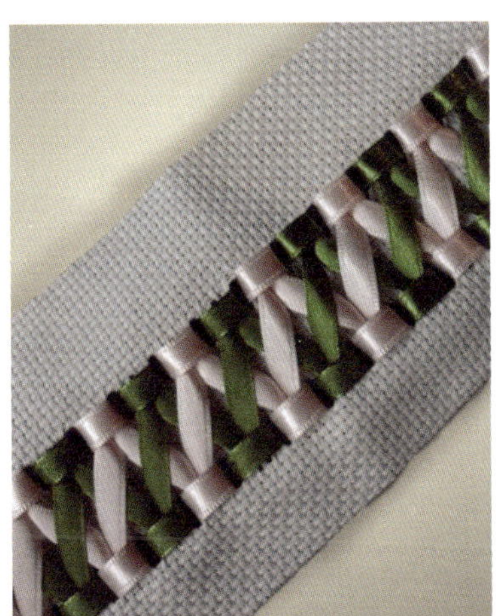

图 5-74　编织带

6. 装饰带

装饰带多以棉、蚕丝和化学纤维等为原料，采用机织、针织、编织、刺绣等方式加工，亦可添加金、银丝作为点缀。装饰花纹图案精致，色泽鲜艳且搭配和谐，边形整齐美观，装饰效果好。常见装饰带有花边、排须、奖章带、扎头带、缎带、丝衣边等，通常将其缉明线于织物上或制作立体花结，多用于女装中。装饰带如图 5-75 所示。

7. 丝带

丝带指由纺织纤维、塑胶或金属材料制成的具有柔韧性的条状物，多用于捆绑连接物件。纺织类丝带，尤其是丝质丝带在投石、服饰品及包装设计中具有装饰作用，一些丝带在特定场合或地区具有纪念或象征意义。丝带如图 5-76 所示。

图 5-75 装饰带

图 5-76 丝带

8. 提花缎带

提花缎带采用缎纹组织织成，装饰性强，平滑光亮，色泽鲜艳，多用于饰品、服装的镶边或滚边等。提花缎带如图 5-77 所示。

9. 橡筋带

橡筋带指用橡胶制成的绳状或带状物品，可调节松紧，又称松紧带。滚绳松紧带为纵长绳状，通常穿于抽带管中；带状松紧带宽窄规格各异，质地紧密、表面平挺、手感柔软、弹性适宜，既可穿入抽带管中，又可直接使用。橡筋带广泛用于休闲服装、运动服装、内衣、鞋帽、工艺品中，休闲夹克的袖口和腰带处则常用罗纹松紧。橡筋带如图 5-78 所示。

图 5-77 提花缎带

图 5-78 橡筋带

10. 罗纹带

罗纹带属于橡筋带的范畴，指由橡皮线与棉线、化纤等原料织成的罗纹组织针织品，根据织法的不同，可呈现出不同纹理，常用于休闲服装的袖口、领口、裤口等处。罗纹带如图 5-79 所示。

11. 弹力罗纹

弹力罗纹采用一根纱线依次在正面和反面形成线圈纵行针织物，既有平纹织物的脱散性、卷边性和延伸性又具有罗纹织物的强力弹性，常用于休闲类服装，如 T 恤的领边、袖口。收身效果较好。弹力罗纹如图 5-80 所示。

图 5-79 罗纹带

12. 防滑带

防滑带多以织物制成，通常用于贴身运动服装内侧，如骑行服、体操服等，以增加弹性与摩擦力。防滑带如图 5-81 所示。

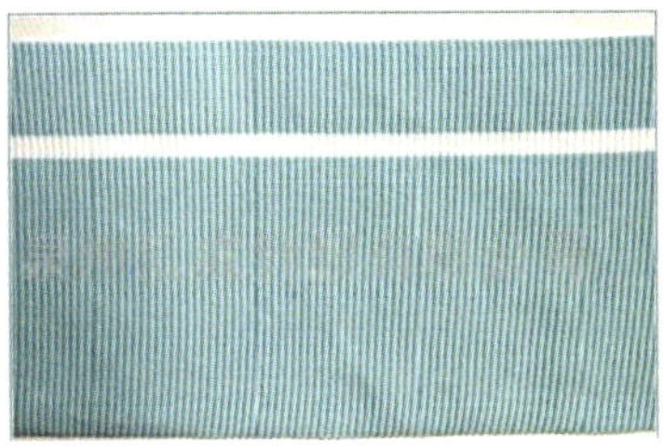

图 5-80　弹力罗纹

图 5-81　防滑带

第六节　商　标

商标通常有主商标、洗水唛、成分唛、洗水成分唛、尺码唛、产地唛、织唛、印唛等不同类型。

1. 主商标

主商标是服装品牌的标志，标明注册商标及相关信息，又称商标、唛头、布标，多缝合在上衣领口、下装腰头处。主商标如图 5-82 所示。

2. 洗水唛

洗水唛又称洗涤标，标明服装的洗涤、熨烫、晾挂、收藏等方法及注意事项。为了提高产品的价值感与多样化，洗水唛材质多为尼龙、聚酯纤维、醋酸纤维、混纺、纯棉、无纺布、无光布、半光布、亮光布和珠光布等，通常缝合在服装侧缝或腰部内侧。洗水唛如图 5-83 所示。

图 5-82　主商标

图 5-83　洗水唛

3. 成分唛

成分唛标明服装的面料、里料、填充料等原料成分。成分唛如图 5-84 所示。

4. 尺码唛

尺码唛标明服装的号型尺码，多位于主商标下方或侧旁，也有在侧缝处。尺码唛如图 5-85 所示。

图 5-84　成分唛

图 5-85　尺码唛

5. 产地唛

产地唛用于标明服装产地，通常在标志底部，便于消费者识别服装来源，出口服装必须注明产地。产地唛如图 5-86 所示。

6. 织唛

主商标采用织造工艺制成，通常厂家在其生产、制造、加工或销售服装、家纺用品时采用织唛来区别服装、家纺的来源，由文字、图形、字母、数字、颜色组成。织唛如图 5-87 所示。

图 5-86　产地唛

图 5-87　织唛

7. 印唛

各类唛采用印染工艺制成，包括主商标、洗水唛、尺码唛及服装的合格证。时下许多服装品牌及厂商将主唛采用印染工艺制作，其材质包括丝带、棉带、织带、色丁布、棉布等。印唛如图 5-88 所示。

图 5-88　印唛

第七节　徽　章

徽章的种类主要包括金属徽章、PU 徽章、真皮徽章、绣花徽章、腰牌、袋牌等。

1. 金属徽章

金属徽章通常采用铜、铁、锌合金或金、银等金属材料经过冲压、压铸、咬版工艺制成，表面可增加电镀金、古金、古银、镍等电镀效果。金属徽章线条简洁流畅、图案凹凸有致，亦可采用烤漆、珐琅、印刷等表面着色工艺使其形式更加丰富。无需着色的金属徽章图案凸凹有序，工艺流程简单，制作工期短，适合大批量生产。金属徽章如图 5-89 所示。

图 5-89　金属徽章

2. PU 徽章

PU 徽章以含有聚氨酯成分的仿皮为原料制作而成，外观漂亮，易打理，价格较低，但不耐磨，易破损。PU 徽章如图 5-90 所示。

3. 真皮徽章

真皮徽章通常采用动物皮革制成，价格昂贵，但较为耐用，多用来标明身份、职业等特征。真皮徽章如图 5-91 所示。

图 5-90　PU 徽章

图 5-91　真皮徽章

4. 绣花徽章

绣花徽章指徽章图案采用电脑软件设计处理，经绣花机在面料上程序化刺绣图案，而后针对其进行裁剪和修改，制作成为布质刺绣徽章。适用于各种休闲服饰、帽子、鞋子及室内纺织产品等。绣花徽章如图 5-92 所示。

5. 腰牌

腰牌古为通行或信物凭证，现多为男士腰间装饰物，多以木质、瓷质、玉石或铜质制成。腰牌如图 5-93 所示。

图 5-92　绣花徽章

图 5-93　腰牌

第八节　衬　垫

服装用衬垫多服务于服装特定的设计效果或弥补人体着装效果的不足。衬垫因其使用材料、应用位置及设计效果不同而形式各异，主要有垫肩（布包垫肩、海绵垫肩、热定型垫肩）、袖窿衬垫、胸垫、口袋布、领插角片、领垫等形式。

1. 垫肩

垫肩多用来修饰人体肩型或弥补人体肩型“缺陷”，可采用面料或与面料同色的材料包裹，从而提高服装的档次与质量。垫肩就其材料来分有棉布垫、海绵或泡沫塑料垫、羊毛及纤下脚针刺垫等类型。针刺肩垫将各种材料采用针刺工艺复合成型，多用于西装、制服及大衣等服装。肩垫的形状与厚度变化取决于其使用目的、服装种类、个人特点及流行趋势的变化，既可采用可拆卸式，通过尼龙搭扣、揿钮或拉链固定于服装肩部，又可缝合固定于服装肩部。垫肩如图 5-94 所示。

（1）布包垫肩：布包肩垫指将肩垫材料采用布料包裹起来，以增加其使用寿命和提高档次。布包垫肩如图 5-95 所示。

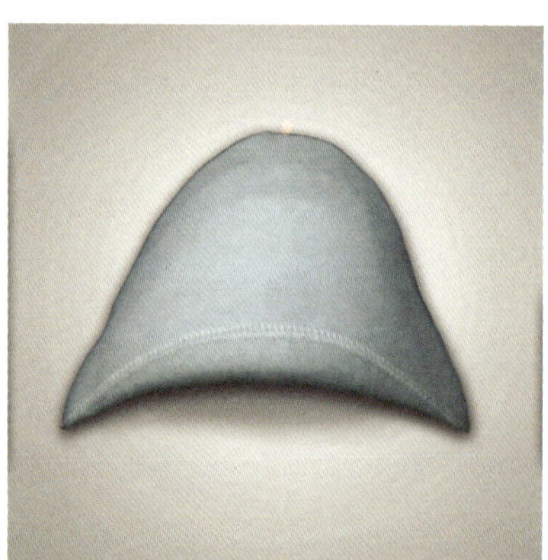

图 5-94　肩垫

图 5-95　布包肩垫

（2）海绵垫肩：这类垫肩将海绵切削成一定形状，然后黏合成形，亦可将其包裹布料成为海绵包布垫肩，多用于女衬衫、羊毛衫等服装。海绵垫肩弹性好，制作方便，价格较低，但反复洗涤后易变形，通常采用包缝经编布或其他机织纱布增加其耐洗性。海绵垫肩如图 5-96 所示。

（3）热定型垫肩：这类垫肩采用 EVA 粉末与涤纶针刺棉、海绵、涤纶喷胶棉等材料加热复合在一起制成，造型可塑性强，肩部造型圆润美观，多用于女套装、风衣、茄克衫、羊毛衫等服装。热定型垫肩如图 5-97 所示。

图 5-96　海绵肩垫

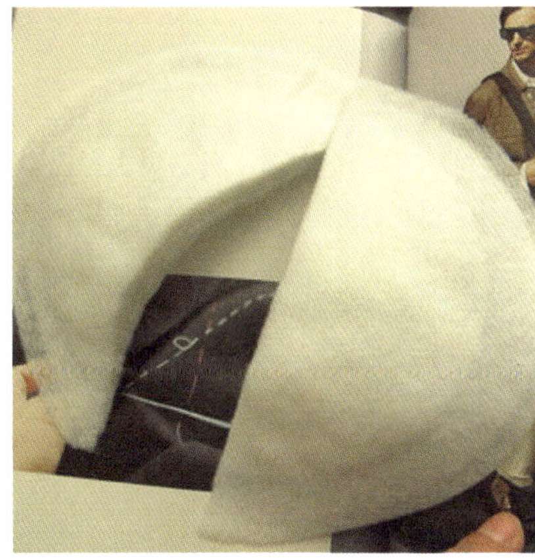

图 5-97　热定型肩垫

2. 袖窿衬垫

袖窿衬垫即袖窿条，多用于平滑肩袖，绱袖后使袖型更加饱满。这类衬垫通常以非织造布为主要材料，辅以黑炭衬或麻衬等组合缝制而成，是一种组合定型衬。袖窿衬垫如图 5-98 所示。

图 5-98　袖窿衬垫

3. 胸垫

胸垫又称胸绒、胸衬，是衬在胸部的衬垫材料，具有修饰胸型的作用，可分为胸衬垫和乳房衬垫两类。胸衬垫多为组合定型胸垫，通常以黑炭衬（动物纤维如牦牛毛、山羊毛、人发等或毛混纺纱为纬纱、以棉或棉混纺纱为经纱而织成的平纹布）或马尾衬（马尾鬃作纬、棉纱或棉混纺纱作经纱的平纹织物）为主，辅以胸绒、牵条衬和棉布衬等缝制而成。胸衬垫增加服装立体感，弹性与保型性能好，造型挺括、丰满、美观且使用方便，可提高服装加工效率，多用于男士西服、大衣等外穿服装。乳房衬垫多采用泡沫塑料制成，多用于礼服裙、泳装、内衣等。胸垫如图 5-99 所示。

4. 口袋布

口袋布多指服装挖袋等口袋的袋里用布，一般为里料。若服装无里子，则多以轻薄的棉布、涤/棉布、丝绸或化纤面料为袋里用布，方便掏取。袋布的选择因服装的种类与用途而决定，通常与服装面料相搭配。口袋布如图 5-100 所示。

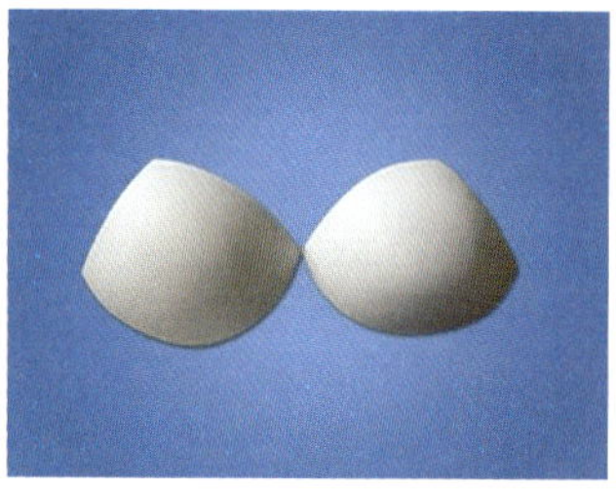

图 5-99　胸垫

图 5-100　口袋布

5. 领角插片

领角插片采用塑料、竹片或树脂等材料制成，多用于较为正式的男式衬衫领角部位，目的在于增强领角牢度，使其挺括不易变形，衣物洗涤时可拆卸下来。领角插片如图 5-101 所示。

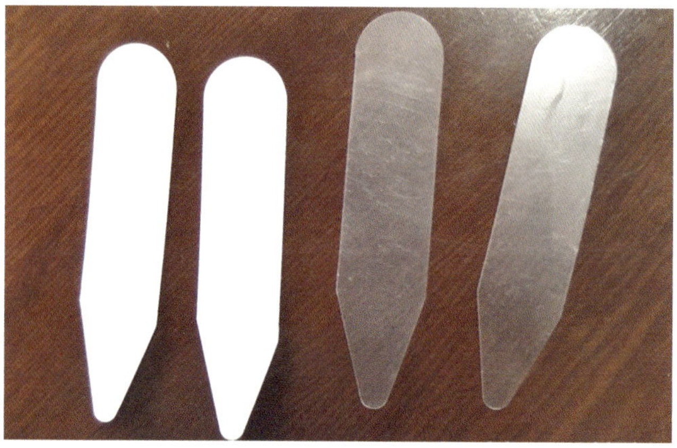

图 5-101　领角插片

6. 领垫

领垫又称领底呢，以纯毛、混纺以及纯黏胶纤维织物为原料，是西服、大衣等服装领底的专用材料。领垫可方便服装领底的裁剪、缝制，具有造型美观，面里服帖，便于整理定型等优点。领垫如图 5-102 所示。

图 5-102　领垫

案例："2006.8.24"杀人案

一、案件展示

2006年8月24日，郑州市上街区新310国道上街段648km处路南玉米地内发现一具高度腐败的未知名女尸，被害人衣着正常，从衣物的磨损情况看，应是近期购买，如图5-103所示。

图5-103　被害人上衣

二、案件分析

1. 研究未知名女尸的方法

为了尽快查清被害人身份，侦查人员按照"观——析——画——查"的顺序进行了认真研究，如图5-104所示。

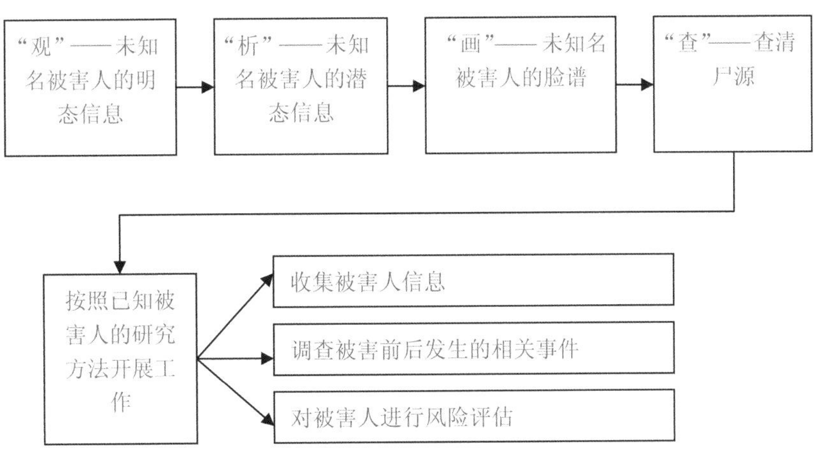

图5-104　研究无名女尸方法

2. 尺码唛蕴含的明态信息

根据上衣的尺码唛上标注的信息推算人体尺寸，尺码唛在成衣中的位置比较固定，上装多固定在领子后中、侧缝偏下部位，经查看，领后中的尺码唛上显示的号型为165/86A，在号与型的数值之间采用斜线分开，后接体型分类代号，即号/型+体型组合。如表5-1所示，可推测出穿该上衣的人属于正常体，身高范围约为163~167cm，胸围在84~87cm之间，胸腰差在14~18cm之间。

表 5-1　推测女尸人体尺寸

人体部位	推测尺寸
身高	163～167cm
胸围	84～87cm
胸腰差	14～18cm
体型	正常体

3. 成分唛蕴含的明态信息

根据上衣成分唛上标注的信息，可知该上衣成分为100%棉，由此推出被害人穿衣较注重舒适性，结合上衣工艺细节可推测被害人生活层级中等。

第六章　服饰配件

服装与服饰的合理搭配，是很多对生活品质要求高的人的要求，通过服装与服饰品的状态，可以帮助干警更好对被侦察对象进行全面判断。

第一节　鞋

鞋也称鞋子，通常由鞋面、鞋底、鞋跟和鞋垫组成，具有保暖及保护双脚的功能，鞋子可以反射出穿着者的身份及社交场合。

一、材质分类

1. 布鞋

（1）传统布鞋：即用棉、麻、丝、毛等面料制成的鞋子，鞋底多为布质纳缝，后出现塑料鞋底，多在休闲时候穿。

传统布鞋常见品牌：荣顺 、宫内 、福泰欣 、夏联胜 、京特、内联升等。

（2）帆布鞋：是一种鞋底与鞋头由塑胶制成，鞋面采用帆布制作的鞋。其轻便耐穿、价格低廉的特征使其广受大众喜爱，消费群主要是青年及青少年。

帆布鞋常见品牌：Converse、Pony、NO NAME、Vans、Levi’s 等。

1）高帮帆布鞋：设计灵感源自军靴，高到小腿的鞋帮可以更好地包覆腿部，修饰腿部线条。高帮帆布鞋使用范围相对局限，穿着者一般都是腿部细长挺直，高帮帆布鞋如图 6-1 所示。

2）中帮帆布鞋：采用胶底系带方式，鞋面为帆布，鞋帮全包脚踝。可与长裤、短裤、长裙、短裙随意搭配，受众群广泛，如图 6-2 所示。

图 6-1　高帮帆布鞋

图 6-2　中帮帆布鞋

3）低帮帆布鞋：采用胶底系带方式，鞋面覆帆布，鞋帮高度在脚踝以下。这类帆布鞋运动感强，比较活泼可爱、轻松随意，多在休闲场合穿着，如图6-3所示。

图6-3 低帮帆布鞋

2. 皮鞋：以天然皮革或人造皮革为主要原料配合其他合成材料制作的鞋型称为皮鞋。皮鞋款式丰富，坚固耐用，防水、透气性稍差，不同造型的皮鞋适用于不同场合。

皮鞋常见品牌：康奈、金猴、森达、奥康、蜘蛛王、富贵鸟、亨达、百丽、吉尔达 、红蜻蜓、苹果、达芙妮、意大利MARK、鳄鱼、金利来、啄木鸟、华伦天奴、劳特斯、苹果。

（1）使用场合

1）正装皮鞋：指与正装搭配的，样式大方，用料、做工较为讲究的皮鞋，适用于正式场合。正装皮鞋鞋头尖，板型规矩，多系带，鞋跟高度适度，颜色主要以黑、棕、白为主。多搭配深色袜子，西装袜长度达小腿肚处，无论动作幅度多大都不会“走光”露出小腿。

2）休闲皮鞋：通常以天然皮革为鞋面，以皮革或橡胶、塑料、PU发泡、PVC等做鞋底，经缝绱、胶黏或注塑等工艺加工成型，表面柔软，穿着舒服，适宜外出散步等休闲场合穿着。

（2）鞋头造型

1）三接头：此类皮鞋为英伦风格皮鞋，鞋面分三部分，鞋头、鞋身及鞋口周围由三块皮革分开制成，后将三部分车缝在一起，也是军队搭配礼服与常服穿着的鞋款。

2）尖头皮鞋：此类皮鞋鞋头尖瘦为小圆形，侧面为直线条，起源于法国，纤巧细致的造型使得女性的脚部显得修长，脚背漂亮地弓起来。

3）方头皮鞋：鞋帮前端线条以方、直为主，鞋头拐角处略呈小圆为宜，这样的款型使得皮鞋轻巧大方。

4）圆头皮鞋：鞋帮前端以圆弧线为主，能够为脚趾部位提供更大的活动空间，具有使脚部小巧的视觉效果。

3. 塑料鞋：采用发泡或不发泡工艺制作，包括全塑凉鞋、塑料拖鞋，或者包含塑料鞋底、鞋帮等零部件以及其他特殊要求的塑料鞋类。

塑料鞋常见品牌：crocs（卡洛驰）。

4. 胶鞋：鞋底或鞋帮以橡胶为原料，其特点为价格便宜，制作简单，穿着舒适、耐用，但透气、透湿性差，容易滋生细菌。我国最著名的胶鞋为“解放牌胶底鞋”即“解放鞋”。

胶鞋常见品牌：艾高、回力、双星等品牌。

二、鞋跟分类

1. 高跟鞋

高跟鞋鞋跟高于5cm，能够垫起穿着者的脚后跟，使其明显高于脚趾。高跟鞋有许多种不同的款式，尤其是在鞋跟的变化上更是非常多，如细跟、粗跟、楔型跟、钉型跟、槌型跟、刀型跟等。

2、中跟鞋

此类鞋型的鞋跟在 3~5cm 之间。

3. 平跟鞋

此类鞋型的鞋跟在 3cm 以下。

4. 坡跟鞋

坡跟鞋不同于高跟鞋鞋跟部独立呈柱状的样式，其整个鞋底根部呈前低后高的楔形坡，脚跟与脚趾都大幅垫高到相同或相似高度。

5. 松糕鞋

因鞋底酷似松软厚实的松糕而被称为“松糕鞋”，其鞋底很厚，几乎没有坡度或坡度较平缓。鞋底通常采用塑胶等合成材料、实木或胶合木屑制成，鞋头或圆或方，外形比较卡通。

三、款式分类

1. 运动鞋

运动鞋为方便运动而设计制造，其鞋底柔软且富有弹性，运动时起到缓冲作用，防止脚踝受伤。运动鞋材料选择范围要比皮鞋、布鞋宽广，在进行体育运动时，选择相应场合的运动鞋。

运动鞋常见品牌：安踏、李宁 、特步 、耐克、阿迪达斯、卡帕、双星、锐步、彪马、匹克、鸿星尔克、361 度、茵宝、斐乐、美津侬、迪亚多纳、乐途、德尔惠、乔丹、喜得龙、贵人鸟、赛琪、沃特等。

（1）跑步鞋：即专为方便跑步运动而设计的鞋子，其外底稍硬、耐磨、有防滑功能，中层底是减震层，比外底柔软，鞋后跟有减震装置。鞋面设计使得脚与鞋紧密结合，兼有透气散热的功能。鞋后跟的硬帮可以提高脚落地时的稳定度，穿着者多为运动爱好者。

跑步鞋常见品牌：特步、新百伦、美津浓、爱世克斯等。

（2）足球鞋：是一种低帮、柔软轻便、带有嵌入式鞋钉的运动鞋，多用于足球运动。

足球鞋常见品牌：耐克、阿迪达斯、李宁、双星、新百伦、茵宝、锐步、猎鹰等。

（3）篮球鞋：具有较好的耐久性、支撑性、稳定性、舒适性及减震作用，多用于篮球运动，也可日常穿着。

篮球鞋常见品牌：耐克、阿迪达斯、锐步、匹克、李宁、安踏、中国乔丹、361°、德尔惠等。

（4）网球鞋：为适应运动中不同方向、角度的复杂动作，其外底多采用耐磨橡胶制作，整体较平，为防摩擦，其前后段边墙较长，花纹细碎且方向性较复杂，从而达到防滑、耐磨的运动要求，也可日常穿着。

网球鞋常见品牌：威尔胜、百宝力、海德、龙尼克斯、Prince。

（5）保龄球鞋：通常在左鞋底贴覆一层松软皮革，以方便助跑时顺利滑行（左手球手恰恰相反），而鞋跟部分和另一只鞋底则采用橡胶材料，以增加右脚底与地面的摩擦力使左脚的滑步动作更完整有力。

保龄球鞋常见品牌：BRUNSWICK、COLUMBIA300、DYNOROOZ、EBONITE（亚邦尼）、STORM（风暴）。

（6）体操鞋：多用于体操运动，由外底、内底、鞋面和紧固构件组成。鞋外底可在足前部区域下方延伸，且可设置一个或多个附着摩擦力元件。鞋内底与鞋外底接合，可设置一个或多个冲击衰减区。

体操鞋常见品牌：托马斯、华康、锐步、阿迪达斯、华康、科萨克等。

（7）滑冰鞋：属于娱乐体育用品的一类，根据用途与结构可分为冰刀鞋、旱冰鞋、轮滑鞋三种。冰刀鞋鞋底采用一块锋利的刀片，旱冰鞋鞋底为两排四个轮子，轮滑鞋鞋底是一排四个轮子，这几款滑冰鞋虽然结构不同，但都运用滚动和滑行减少摩擦的原理设计，帮助穿鞋者达到高速滑行的目标。

滑冰鞋常见品牌：米高、动感、美洲狮、金马、智趣、特酷、天鹅、隆峰-骏马、奥得赛、XF 雄风等。

（8）田径鞋：多用于跑步比赛，分类较多，包括钉子鞋、慢跑鞋等，钉子鞋又分很多种。人们在日常生活中多喜穿慢跑鞋，鞋底软、薄，适宜在平地上穿用，合脚度很好，穿着舒适。

田径鞋常见品牌：多威、大博文、海尔斯、艾斯克丝、耐克等。

（9）登山鞋：是专门为爬山和旅行而设计制造的鞋子，适用于户外运动。防水、快干、透气是登山鞋的首要功能，也是运动鞋无法比拟的。登山鞋主要由大底、中底、鞋垫、鞋舌、鞋面和鞋带构成，适合登山运动。

登山鞋常见品牌：GARMONT、哥伦比亚、探路者、美国骆驼、日高、奥索卡、雪松、ASOLO、迈途。

（10）徒步鞋：是为户外徒步运动所设计的鞋款，主要由鞋面、内底、鞋底组成，鞋内多有内衬，有高帮、中帮、低帮之分。

（11）舞蹈鞋：此类鞋款为方便舞蹈活动而设计，适合足部运动，轻盈舒适是其根本要求。根据舞蹈类型与动作的不同，其设计要点亦有所不同。舞蹈鞋种类丰富，可分为拉丁舞鞋、摩登舞鞋、混合舞蹈鞋、爵士舞蹈鞋、现代舞鞋、芭蕾舞鞋（足尖鞋）、民族舞鞋、儿童舞蹈鞋等。

舞蹈鞋常见品牌：红雨、丹诗戈、三沙、红舞鞋、柏屋、舞之恋等。

2. 休闲鞋

休闲鞋遵循简单舒适的设计理念以实现人们对休闲、时尚生活的追求。消费者借助鞋子的造型、品牌及内涵去修饰装扮自己，从中获得审美的愉悦和精神的满足。休闲鞋的材料选择深受流行趋势影响，多采用迷彩、豹纹及各种流行色帆布面料，其他特色材料如抗紫外线织物、进口的超细纤维布等新材料，以及真皮、锦纶织物、麂皮、反毛皮、中底布系列、三明治网布系列等也在休闲鞋设计中得以应用，多在休闲场合穿着。

3. 牛津鞋

牛津鞋是源于 17 世纪英国牛津大学流行的一类男士皮鞋，鞋面为翻毛皮的一类系带浅帮鞋，以结实著称。其特色在于鞋头以及鞋身两侧有雕花般的翼纹设计，不仅具有装饰性，且在繁复的工艺中凸显低调雅致的人文情怀。

牛津鞋常见品牌：木林森、麦克西尼等。

4. 鱼嘴鞋

鱼嘴鞋是指鞋头顶端有一块鱼嘴形镂空，可露出一两个脚趾的鞋款，又称露趾鞋，比较适合前脚掌稍宽的女性穿用。

5. 靴子

靴子鞋帮略成筒状，高度在踝骨之上，又称马靴和高筒靴，靴筒设计通常较合体。

靴子常见品牌：达芙妮、红蜻蜓、tata、思加图、CROCS、索菲娜、千百度、百丽、哈森、FED、宝曼妮、大东、卓诗尼、百思图、意尔康、依思 Q、骆驼、巨康等。

（1）长度分类

1）长筒靴：即穿用时鞋帮达膝盖以上的靴子，既可以起到保暖作用，又可以展示腿部线条。

2）短筒靴：是鞋帮只到踝关节的靴子。

（2）用途分类

1）雪地靴：源于澳大利亚人用两块羊皮包裹在脚上御寒，后逐步发展为较成熟的款式，进而在世界各地流行开来。其外形略圆，采用经过鞣制的轻软羊皮，内里为羊毛或人造皮毛，保暖效果极佳，多在寒冷季节和寒冷地区穿着。

雪地靴常见品牌：Acesc（艾斯臣）、UGG AUSTRALIA、Yellow Earth、MOU 雪地靴、EMU 雪地靴、牧羊人生、Cozy Steps 等。

2）马靴：原为骑马运动而设计，通常为薄鞋底，高脚踝缝合线，靴筒设计贴合腿型，脚踝部位外形设计优雅，材料多采用纺织面料或皮料，整体造型流畅美观。

马靴常见品牌：星期六、达芙妮、百丽、Tata、UGG、玖熙、COZY STEPS 等。

3）军靴：服务于军事单位在行军作战时穿用，特点为耐用、舒适，确保穿用者在严酷作战环境中的各种需要。军靴外观威武、帅气，某种程度上可体现军威，提升士气。

军靴常见品牌：belleville、bates、danner、altama、强人等。

6. 沙滩鞋

沙滩鞋主要由鞋面和鞋底两部分构成，鞋面部分多用锦纶或涤纶面料制成，有弹性且不易吸水。鞋口部分通常配有紧固带，使鞋与脚形成一体，以减少在水中的阻力。脚底部采用软质超薄型橡胶底，以防被贝壳或硬石子扎伤脚底。

沙滩鞋常见品牌：骆驼、探路者、奥康、八哥、木林森、卡洛驰、哈瓦那等。

7. 凉鞋

凉鞋是一种脚趾外露的鞋款，有平跟、坡跟、高跟之分，是夏季最为常见的鞋款。凉鞋在正式场合、运动及驾驶场合不宜使用，多在夏季和炎热地区穿着。

凉鞋常见品牌：达芙妮、红蜻蜓、tata、思加图、CROCS、索菲娜、千百度、百丽、哈森、FED、宝曼妮、大东、卓诗尼、百思图、意尔康、依思 Q、骆驼、巨康等。

（1）条带凉鞋：此类凉鞋脚趾、脚跟均暴露在外，采用带绊相连，前后呈镂空状。

（2）网眼凉鞋：此类凉鞋为满帮式，鞋面通常采用网眼材质代替传统材质，由于网眼材质强度较低，因而鞋尖、鞋跟、鞋舌、鞋耳多选用其他材料制作。

（3）运动凉鞋：多为平底，便于运动。鞋底多采用塑料、橡胶等材质，鞋面常采用帆布、皮革等材质。

8. 家居用鞋

（1）拖鞋：为前半部有鞋头，后跟部全空的平底或高跟鞋型。拖鞋通常采用质地轻软的皮料、塑胶、纺织面料等制成。

拖鞋常见品牌：宝人、哈瓦那、耀利、足间舞、恒人、宾龙、卡洛驰、百丽、达芙妮等。

（2）人字拖：又称“夹趾拖鞋”，鞋面只有两根呈“V”形的细带攀跨第一、第二脚趾，行走时通过脚趾“夹”起带子，带动鞋子随脚运动。

人字拖常见品牌：哈瓦那、ROXY 、WUSPU。

9. 保暖鞋

保暖鞋通常采用天然或人工合成材料制作，具有御寒保暖功能，兼具适当装饰性。保暖鞋按照不同的材质或者工艺可划分为不同种类。

（1）传统老棉鞋：此类鞋子采用传统的棉花作为填充物，鞋面通常为棉布，鞋垫一般为原始的千层底。

（2）合成棉保暖鞋：此类鞋子采用人工合成材料（如丝绵）等材质填充制作。

（3）皮毛类保暖鞋：此类鞋子采用羊毛、狗毛、獭兔毛等天然皮毛作为主材制作。

皮毛类保暖鞋常见品牌：康奈、达芙妮、谊嘉宝、老北京布鞋、路路佳、舒乐佳、爱乐、HEIM、开心布迪。

第二节　袜　子

袜子为紧贴脚部皮肤，穿套于脚上的用品，具有保护和美化脚的作用。从工艺来看有平口、罗口，有跟、无跟、提花、织花等多种式样和品种；从功能来看有防臭袜、抗菌袜等类型。澳洲 2xu 品牌防臭抗菌袜具有高效、长效防臭抗菌功能，适合脚臭、脚气人士穿着，亦是航天及野战部队专用袜品。袜子通常为纤维混纺，材质有棉、氨纶、锦纶、竹纤维等。

袜子常见品牌：WOLFORD、VICTORIA'S SECRET 、GERBE、FALKE 、FOGAL 、LAPERLA、浪莎、梦娜、情怡、步人、耐尔、诗柔等。

一、长度分类

1. 船袜

船袜袜口在脚踝以下，穿鞋后不显现袜子或只显示边缘，因其穿用后外形似船，故名“船袜”，亦称“隐形袜”。船袜多采用棉或化纤材质，有提花、经编网布裁剪缝制、添加海绵垫、袜口使用蕾丝花边等不同款式工艺。

2. 短筒袜

短筒袜即袜筒长至脚踝部位上下的袜子，材质以尼龙、棉、麻、毛为主。

3. 中筒袜

中筒袜即袜筒长至膝盖部位上下的袜子，材质以尼龙、棉为主。

4. 长筒袜

长筒袜即袜筒高达大腿根部的袜子，也称长统袜。肤色与黑色是长筒袜最为常见的色彩。

5. 吊带袜

吊带袜由长筒袜和吊带两部分组成。吊袜带通常采用丝带或松紧带系扎在长筒袜口上，上端系在腰带下摆边缘，以防止长筒袜滑落。

6. 连裤袜

连裤袜又称袜裤、紧身袜或丝袜裤，紧包从腰部到脚部的躯干，展现和强调女性的腿部线条。连裤袜多为女性设计，亦可供特殊场合男性使用。连裤袜通常采用弹性较好的化学长纤维针织而成。

二、材质分类

1. 棉袜

棉是织造袜子材料中较为常见的面料，易吸汗，但不易干燥，因而需加入一些涤纶、氨纶、锦纶等常见的功能性纤维以保持袜子的弹性、牢度。

2. 毛袜

羊毛作为各种织造袜子材料中最受欢迎的天然纤维，在寒冷季节以其较强的保暖性深受消费者喜爱。

3. 丝袜

丝袜多以尼龙为材质，具有透明感，其伸缩性较强，缺点是易钩丝破损。

三、用途分类

1. 袜套

袜套作为袜类的一种，只有袜筒，没有袜底，袜套装饰效果多于实用效果。

2. 五趾袜

五趾袜穿着后五个脚趾可分开，不仅保暖、舒适、美观，同时具有保健功能，脚趾分开可以防止细菌传染，有助于健康。

3. 运动袜

运动袜作为袜类的一种，又称罗口粗线球袜或回力球袜，通常采用棉质、氨纶、莱卡或特殊功能面料，外形与一般单罗口袜相同，但所用纱线的粗细和根数有所不同，因而质地粗厚，结实耐磨，比普通袜子吸湿、排汗性能好，穿着舒服，能够有效地保护足部。

4. 登山用袜

登山用袜缓冲性能较好，材质最厚，可以满足消费者长途旅行、越野健行拓荒，以及低温状况下的各种活动。

第三节 箱 包

一、箱

1. 旅行箱

旅行箱包括箱包体、伸缩拉杆和箱包底轮，因其使用方便深受大众喜爱。旅行箱有木箱、皮箱、便携式手提箱、拉杆箱等不同形式，根据不同的需要，其尺寸可大可小。旅行箱按构造可分为立式拉杆箱和横式衣箱两种，其中立式拉杆箱又有四轮和双轮之分。从材质来看可分为软箱和硬箱两种，软箱一般由帆布或皮革制成，硬箱又可分为 ABS、PP、ABS+PC、纯 PC 以及铝制等不同材质。旅行箱按尺寸从小到大可分为：18in、20in、22in、24in、26in、28in、30in（in 为非法定计量单位，1in = 2.54cm）。

旅行箱常见品牌：RIMOWA、Louis Vuitton、Samsonite、American Tourister、Delsey、Antler、Hermes、HIDEO WAKAMATSU、Tumi、ACE 等。

2. 整理箱

整理箱又名收纳箱、储物箱，是一种在整理家居、杂物等用品时使用的箱子。其材质以塑料、纸质、无纺布、牛津布、棉麻、草、柳、藤、皮革、木、金属为主，从款式上来说有无盖、有盖之分，有盖整理箱又可分为抽拉式、掀盖式；从用途上来看可分为碟片收纳箱、报纸杂志收纳箱、衣物收纳箱、杂物收纳箱等。

整理箱常见品牌：博纳屋、宜家、乐扣乐扣、柳叶、喜家家、IRIS、百易特、茶花等。

二、包袋

1. 按造型分类

（1）手提包：又称手袋，用于装载个人随身物品的实用性较强的包类。作为时尚产品，手提包并不局限于手提形式，也有肩带式或斜背带式，通常可根据服装款式与色彩进行搭配。女款手提包通常比男款手提包形式要丰富许多。

（2）手持包：此类包体积较小，便于手持，通常采用棉麻布料、毛料、毛呢、皮革等制成。手持包可细分为手拿样式和手挽样式，手拿的要比手挽的精致。

（3）挎包：通常由皮革、人造革或帆布制成，底部平直，附有背带。

（4）背包：背负在背上的一类包型，款式丰富，功能性强，多采用真皮、塑料、涤纶、帆布、尼龙、棉、麻等材质制作，日常生活中应用广泛。时下，背包由传统的商务包、书包、旅行包形式向笔袋、零钱包、小香包等形式扩展。

2. 按用途分类

（1）钱夹：是指用来存放钱币和各种卡片的服饰配件，通常采用皮革、帆布、塑料等多种材质制作，但以皮革居多。

钱夹常见品牌：LV、CHANEL、PRADA、GUCCI、FOZENS、HERMES、FENDI、DUNHILL、DIOR、金利来、万里马、LEESIZHE 等。

（2）卡包：是专门用来存放各种卡片的小包，有翻页式和旋转式两种样式。卡包多由真皮（动物皮）、仿皮（PU，PVC）材质制成，方便随身携带。

卡包常见品牌：古驰、米莱恩、皮尔卡丹、coach、caseti、ackermann、bally 等。

（3）化妆包：用来盛放化妆品的包袋统称为化妆包，通常有多功能型专业化妆包、商旅型简约化妆包及家用小化妆包之分。化妆包常见材质有尼龙布、棉布、PVC、PU 等。

化妆包常见品牌：雅诗兰黛、倩碧、兰蔻、EL 等化妆品牌都有相应的化妆包。

（4）相机包：用来存放和保护相机的包袋称为相机包，一般设有备用电池、存储卡等内袋区域。专业单反相机包通常有存放第二个镜头、备用电池、存储卡和各种滤镜的内袋。相机包材质多为帆布、真皮、仿皮、尼龙布等。

相机包常见品牌：白金汉、卡塔、乐摄宝、天域、天霸、国家地理、凯立克、创意坦克、森林绿、大使、澳洲自由人、JEEP、哈林伯尼、Propp、Toreza、科隆、赛富图、吉尼福、吉多喜、漂流木、美康、纳加等。

（5）电脑包：用来装笔记本电脑的箱包称为电脑包，也可存放公文资料，通常，品牌笔记本配备有其专属的电脑包，因而电脑包亦属于数码配件类产品。电脑包材质一般为帆布、牛津布、尼龙或皮革，有外包和内胆包之分，外包一般有背带或手提带，内胆包则没有，海外通常称笔记本电脑包为“电脑商务袋、内袋”。

电脑包常见品牌：以诺、圣铂、新秀丽、华硕、瑞士十字、Disney、金圣斯、三星、苹果、惠普、索尼等。

（6）公文包：又称公事包，外形呈长方形，通常用来存放纸质或其他材质文件，也有人存放轻薄笔记本电脑。公文包具有耐磨、防撕、防水等特性，常见材质有牛津、尼龙布、涤纶短纤帆布、真皮、PU 仿皮等。其配件包括拉链、肩胸带扣件、包盖和包体扣件、外挂带扣件等，材质通常为金属或尼龙。

公文包常见品牌：LV、Polo、Dunhill、Lacoste、Milry、WANLIMA、SATCHI、Montagut、Boss、Gucci、LEESIZHE 等。

第四节　腰部配件

一、腰封

腰封是一种由宽松紧带和腰头构成的腰带。外用腰封可较好体现出女性的形体美，内穿式高弹性腰封适用于腰部脂肪囤积，呈松弛或太粗状的女性，长期使用可有效地分散均匀脂肪，维护脊椎，抬高胸线，防止胃部扩大，控制食欲，美化腰线，腰封如图 6-4 所示。

图 6-4　腰封

二、腰带

系于腰部，用来束紧裤子、裙子或纯属装饰的服饰配件称为腰带。由于腰带常用皮革制成，通称“皮带”。腰带根据扣头不同有针扣腰带、扳扣腰带和自动扣腰带之分。皮带多采用皮革、布料、橡皮筋、串珠等材质制作，皮带扣则多采用铝合金、铜合金、锌基合金或工程塑料等材质制作，腰带如图 6-5 所示。

常见品牌：Gucci、Louis Vuitton、Dunhill、CK、Goldlion、Lacoste、波士、Mont Blanc、S. T. Dupont、Lee 等。

三、腰链

腰链又称“腰饰”，可采用各种装饰性材料组合或编织而成，具有极强的装饰性。佩戴时比穿着者腰围宽出约 10cm，多与连衣裙搭配使用，腰链如图 6-6 所示。

图 6-5 腰带

图 6-6 腰链

第五节 肩颈部配件

一、披肩

披肩通常指用织物或毛皮制成的各种不同长度的无袖外衣，披搭于肩部，多采用真丝、皮革、雪纺、绸缎、棉麻织物等材质，有三角形披肩、长披肩、四方形披肩之分。中国传统云肩也属于披肩的一种，多以丝缎织锦制作，通常用四个如意云纹组成，称为四合如意式，此外还有柳叶式、荷花式等。

披肩常见品牌：今日故事、铁面人、上海故事、丝界、旺角 16 号、南绣丝语、安尔利、艾澜卡、恒源祥、邑高等。

二、围巾

围巾是人们围系在脖子上的一种服饰配件，有长条形、三角形、方形等，材料多选用毛线、雪纺、丝、棉麻布料等，具有保暖、装饰、清洁的作用，部分地区伊斯兰教女性通常则是出于宗教信仰而缠绕式包裹头部系戴。

围巾常见品牌：爱马仕、宝石蝶、百事吉、夏娃的诱惑、金发、豪迈、圣尔依奴、杰威诗乐等。

1. 材质分类

（1）羊绒围巾：以山羊绒为原料加工制作的围巾称为羊绒围巾，因其原料成本较高，故羊绒围巾的价位高于一般围巾。

（2）羊毛围巾：采用含有羊毛成分的毛线织造而成的围巾称为羊毛围巾。

2. 织法分类

（1）针织围巾：将毛线或纱线运用手工编织或机器编织而成的围巾称之为针织围巾，具有御寒及装饰功能。

1）棒织围巾：运用棒针手工织造的围巾称为棒织围巾，因棒针粗细不同或线材不同，织造效果差异较大。

2）钩编围巾：运用钩针手工钩制而成的围巾称为钩编围巾，是时下较流行的一类围巾形式。

（2）机织围巾：将纱线运用机器编织而成的围巾称为机织围巾。

三、丝巾

丝巾通常采用真丝制作，围在脖子上用于搭配服装，具有一定的保暖和装饰作用。丝巾形状各异，色彩丰富，款式繁多，适合不同年龄阶段的人群。

丝巾常见品牌：织布人、印刻、爱马仕、绣娘、上海故事等。

丝巾应用：用作包头布，方巾向后扎一些，可以使瘦脸型变得丰满，往前扎一些，可以修饰宽脸型；用作发卡，两条颜色不同的小丝巾拧成麻花可以修饰容貌；用于束腰，将长围巾束做腰带，简练优雅；当作配饰，将小方巾扎在手腕上，既典雅又随意。善于运用丝巾进行装饰，可以映射出使用者追求雅致和较高生活品味的心理。

四、领巾

围在领子四周呈三角形的纺织制品称为领巾，多采用尼龙绸面料，代表性的领巾有童军领巾和红领巾。领巾佩戴时通常从较长的一边开始平行内卷，只留下一个三角形的边角，然后将长边围绕在颈部，并在尾端打结或用领巾圈系上。

五、领带

领带通常与西服、衬衫搭配使用，是上装领部的服饰配件，系在衬衫领子上，在前面打成结、环，两端向下直垂。领带是男性日常生活基本服饰品。正式场合穿着西装应系戴领带，领带长度以到皮带扣处为宜，若穿西服马甲或毛衣时，领带应放在里面。领带夹一般夹在衬衫的第四至五粒纽扣之间。领带多由真丝制成，也有丝毛、丝涤混纺等材质，通常采用色织或印花工艺，领带如图6-7所示。

领带常见品牌：Goldlion、Gucci、Dunhill、Burberry、BABEI、HugoBoss、Lacoste、雅戈尔、Mc-Dearm、俊仕等。

图6-7　领带

六、领结

在穿西服时系于衬衫领子前的横结称为领结，通常采用面料制作的丝带对称地系结在衣领上，使左右的结各自形成环状，领结通常与西式礼服搭配使用，是一种衣着配饰。

第六节　头部配件

一、帽

1. 按款式特点分类

（1）贝雷帽：是一种扁平的无檐呢帽，源于法国和西班牙交界处的巴斯克地区。戴用贝雷帽时通常向一侧倾斜，具有便于折叠、不怕挤压、容易携带、美观的特点，一般选用毛、毡呢等材料制作，美国特种部队的制服帽为绿色贝雷帽。

贝雷帽常见品牌：MLB、dunlop、eenergie、曼迪斯、New York Yankees HATS CAPS（纽约杨基队，标志是 NY）。

（2）鸭舌帽：帽身前倾与帽檐扣在一起，帽盆较小，帽檐尺寸从 2in 到 4in，宽窄不同，形如鸭舌，故称鸭舌帽，通常采用绒、毡、皮、缎、毛呢等材料制成。猎帽、高尔夫帽、棒球帽等皆属于这类帽型，俄罗斯、东欧以及中国早期铁路工装中常见。

鸭舌帽常见品牌：Burberry、kappa、Louis Vuitton、Nike、Adidas、Than True、快乐狐狸、OPCUL、TLOVE、粉色绵羊。

（3）棒球帽：形似鸭舌帽，帽檐较长。棒球帽随着棒球运动而发展起来，运动员利用长帽檐来遮挡阳光，避免因光线对眼睛的直射而影响比赛成绩。这类帽型前部多见精致绣花，常采用亲肤舒适且吸湿性好的弹力棉，帽舌衬布则为不易变形的牛津布，后设松紧带以增加不同头型的适应性，如图 6-8 所示。

棒球帽品牌：NY、MLB、PINK。

图 6-8　棒球帽

（4）土耳其毡帽：帽身呈圆台型，没有帽檐且质地柔软，通常为深红色，如图 6-9 所示。

（5）八角帽：又称“解放帽”，帽顶外口呈八角形，下端接有一段帽边，前面中间有半月形的帽舌。原为八路军的军帽，而后演变为春秋季节适用的便帽，20 世纪 50 年代前后较为流行。

2. 按使用场合分类

（1）安全帽：安全帽是人们在建筑施工、采矿等工作环境中为了保护头部免受坠物伤害而戴的一种帽子。安全帽通常用由金属或 HDPE 或 ABS 材质加强塑料制成，强度高，重量轻。HDPE 材质韧性好，ABS 材质刚性好，对安全帽整体抗击性起重要作用，如图 6-10 所示。

安全帽常见品牌：艾尼、华信、MSA、黄山、Welsafe、deltaplus、JSP、Hynan、莱尔、盾牌等。

图 6-9　土耳其毡帽

图 6-10　安全帽

（2）头盔：头盔多呈半圆形，可对整个头部起保护作用，主要由外壳、衬里和悬挂装置三部分组成。它是骑车交通中不可或缺的安全伴侣，军人训练、作战时也戴。头盔外壳分别用特种钢、玻璃钢、增强塑料、皮革、尼龙等材质，以抵御弹头、弹片和其他打击物对头部的伤害，如图 6-11 所示。

图 6-11　头盔

头盔常见品牌：永恒、野马、瑞狮、鹏程、飞翔、艾凯、加德士、吉祥等。

（3）防护帽：防护帽是一种防止冲击物伤害头部的防护用品，防护帽产品按用途分有一般作业类防护帽和特殊作业类防护帽两大类，常见防护帽有无纺布防护帽、安全防护帽、防尘防护帽、PVC 防护帽、塑料防护帽、一次性防护帽等。防护帽根据防护类型不同采用 ABS 材料、无纺布、X 射线防护材料等材质，广泛适用于冶金、化工、矿山、建筑、机械、电力、交通运输、林业和地质等作业的工种。

防护帽常见品牌：杰伟福、CHDL、MSA、林盾、JCL 等。

（4）大礼帽：大礼帽是一种帽顶高且直的男用礼帽，起源于 19 世纪的法国。这种礼帽多由呢料、毡 、羊毛、羊绒、布料制成，帽檐窄而硬，帽座底边饰有一圈由丝织品制成的滚边，通常与较正式服装配用，显得庄重且有气派。

大礼帽常见品牌：TOPMAN、UCB、与狼共舞、新派花花公子等。

3. 按材质分类

（1）毡帽：顾名思义，毡帽是采用毡料制作的帽子，具有较好的保暖效果。而毡通常由兽毛或化学纤维制成的片状物。

（2）皮帽：皮帽通常采用动物（如牛、羊、狐狸、獐等）毛、皮制作而成，保暖效果极佳。维吾尔族男性喜戴四方形皮帽子。藏族男性则喜戴狐皮帽或羔羊皮帽。

（3）针织帽：针织帽普遍用于寒冷季节，适于各个年龄段人群佩戴。针织帽采用毛线编织或钩织而成，通过不同针法和不同颜色的毛线可实现造型与装饰效果的多样化。

（4）斗笠：斗笠又名笠帽、箬笠，边沿较宽，用来遮挡阳光和风雨，有尖顶和圆顶两种样式。斗笠多用竹篾、箭竹叶为原料编织而成，有的斗笠采用竹青细篾加藤片扎顶滚边，中间夹一层油纸或者荷叶，表面再涂上桐油；也有的斗笠由上下两层竹编菱形网眼组成，中间夹以竹叶、油纸。

（5）草帽：草帽一般指用水草、席草、麦秸、竹篾或棕绳等物编织而成的帽子，帽檐较宽，可用来遮雨、遮阳或在休息时可盛放衣物，以免沾染尘土。

二、头巾

用来包裹头部的纺织品称为头巾，具有减少阳光暴晒和防止头发散落的作用。头巾在世界各地不同地区、不同族群和宗教信仰的人群中，有着不同的实用与象征功能。头巾材质丰富，装饰性头巾多用丝、绸、雪纺等面料制作，户外头巾多用棉质吸水性面料制作。

头巾常见品牌：BUFF、HEFF、开朗、耐克、阿迪达斯等。

案例：上街区卢金香杀人案

一、案件展示

2006 年 8 月 24 日，郑州市上街区新 310 国道上街段 648km 处路南玉米地内发现一具高度腐败的未知名女尸。在尸体南 1m 处发现一个深紫色女式手提包，如图 6-12 所示，拉链呈开启状，包内无物品，死者穿着休闲鞋。

图 6-12　现场抛弃物

二、案件分析

1. 由手提包推断消费水平

经核查，该手提包为“狩猎仕”牌女式挎包，皮包产地广州，2005 年在郑州市大同路箱包市场销售，售价 120 元，由此可推出被害人有一定生活档次，但档次不高。

2. 由手提包推断遇害原因

丢弃在现场的女式挎包内没有物品，被害人身上也没有发现现金、手机，表明她应当有一定的财物损失，由此推断出犯罪行为人谋财杀人，但不能排除犯罪行为人顺手牵羊的可能。

3. 由手提包推断被害人性格

该手提包款式属于当时的时尚款，可推断出被害人比较爱美，最求时尚。

4. 由鞋子推断被害人年龄范围

经查证，鞋子为“达芙妮”牌休闲鞋，售价 137 元，根据鞋子所对应的目标消费群可推断出被害人年龄在 20~25 岁之间。

第七章　服装工艺

服装工艺，是服装质量的直观反映，也可以分辨出该件服装是应用家用缝纫设备加工还是利用工业化缝纫设备生产，因而对服装工艺的了解和判断，有利于干警更好地开展工作。

第一节　缝型线迹

一、缝型与质量

缝型是各裁片相互缝合的部位的结构形式，具有柔韧性和强力。

1. 平针缝

平针缝是两层衣片正正相对，沿着所留缝份进行缝合，最普通的缝型，常用于缝接两块缝料，如图 7-1 所示。平缝可用于合肩缝、两肋合缝、饰条缝、袖缝或贴边缝，同样也可用于领子、衣袖、前襟和带子的粗缝。

2. 折边缝

折边缝常用于喇叭形或曲线边款式的服装，双折卷边更合适。折边缝常见于真丝绸服装的边缝和嵌条上。

3. 坐缉缝

坐缉缝亦称压倒缝或者育克缝，两层衣片平缝后，缝头倒向一边，正面压一条明线，主要用于衣片拼接部位的装饰、加固，如衬衣的过肩、牛仔衣的拼接等，如图 7-2 所示。

图 7-1　平缝

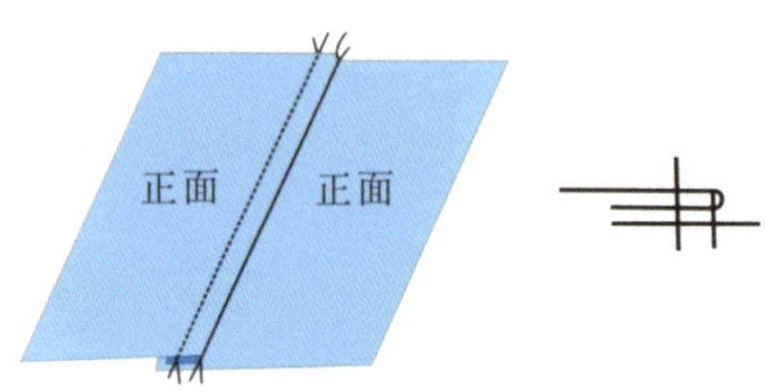

图 7-2　坐缉缝

4. 外包缝

外包缝亦称明包缝或正包缝，两层面料反面相叠，缉完后正面为双明线，反面只有一道明线，常用于夹克衫，如图 7-3 所示。

5. 来去缝

来去缝是把两层衣片反面相叠，平缝缝头后把毛边修齐翻转，正面相叠合缉把第一道毛缝包在里面，用于薄料衬衫、袋布的缝制，如图 7-4 所示。

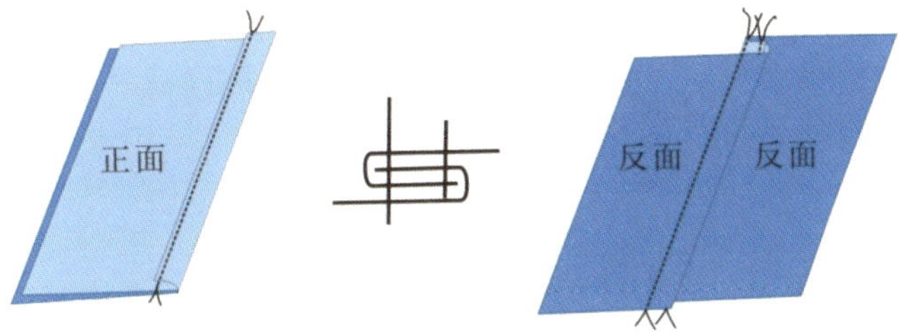

图 7-3 外包缝

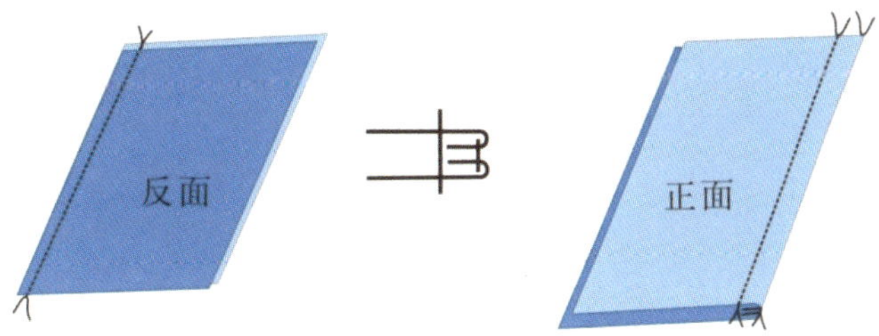

图 7-4 来去缝

6. 滚边缝

滚边缝常用于中国民族服装旗袍上。

(1) 绲边：绲边既是处理衣片缘边的一种方法，也是一种装饰工艺。如图 7-5 所示，手工缝制常用于交通闭塞的偏远地区，针法不够整齐，映射着装者所生活的环境较差和生活水准较低。工业化生产线常将包边条和衣身用拉筒缝合，线迹整齐，映射着装者是普通的市场消费群体，若止口距边均匀，映射着装者较高的消费水平和生活水准，如图 7-6 所示。

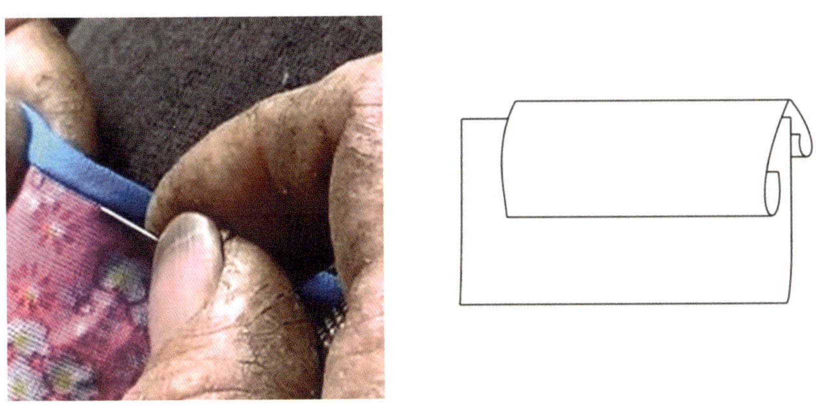

图 7-5 绲边

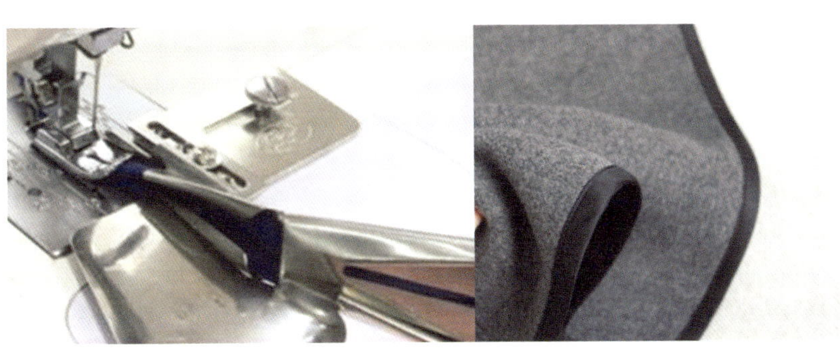

图 7-6 机器包边

(2) 嵌线：嵌线是指把绲条或花边卡缝在两片布块之间，形成细条状的装饰，如图 7-7 所示，旗袍缘边嵌线。

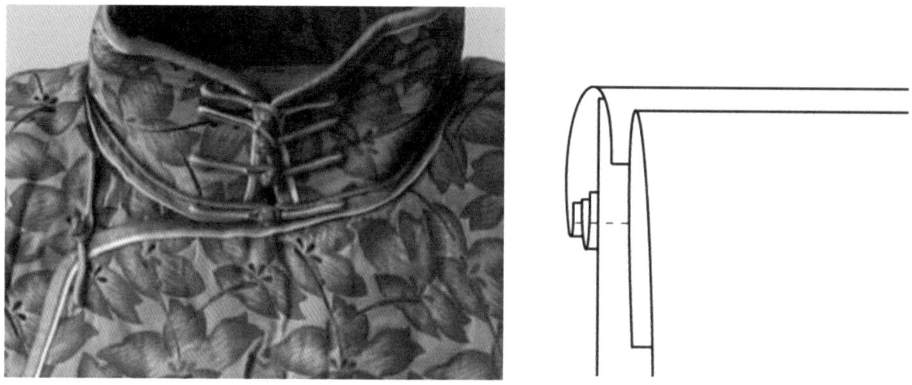

图7-7 嵌线

二、线迹与质量

线迹是缝线采用自链、互链、交织等方式在缝料表面或穿过缝料所形成的一个单元。

线迹型式：线迹型式的系列用代号中的第一位数字表示和识别。每一系列中的各线迹型式用代号中的第二、三位数字表示和识别。如301线迹，第一位3是指线迹的类型，即它属于梭式线迹，后两位01是指该类型中的特定样式。

1. 100类线迹应用

100类线迹：链式线迹。

100类线迹应用：用为链式线迹，有一定拉伸性，加工速度快且减少换线操作，属自链形成方式，易脱散。101直线形单线链式线迹常用于糖果和宠物食物袋子的封口。这种线迹只要拉住缝线正确的尾端可以轻易拆卸，通常用于特定位置的钉钮。

2. 200类线迹应用

200类线迹：仿手工线迹。

200类线迹应用：由一根线以穿入、穿出缝料，模拟手针而形成的，适用于大衣、西服的装饰线迹以及钉扣的手工线迹等。

3. 300类线迹应用

300类线迹：锁（梭）式线迹。

300类线迹应用：300类线迹结构简单、牢固，线迹不容易脱散，用线量最少，线迹整齐，正反面一致。但线迹弹性差，容易被拉断，因而不用于针织等弹性面料。300类线迹在梭织服装生产中的应用非常广泛。如301线迹适用于缝制需要定型的普通面料和部件，如机织物的拼缝、口袋、领、门襟等。

4. 400类线迹应用

400类线迹：多线链式线迹。

400类线迹应用：400类线迹的特点是用线量较多，正面线迹与锁式线迹相同，拉伸性和强度高于锁式线迹，缝线断后不易脱散，广泛用于针织服装。400类线迹在机织服装特定部位的使用也越来越广泛，如直线型双线链式401线迹，目前普遍用在牛仔裤的内侧缝、后裆缝等部位。

5. 500类线迹应用

500类线迹：包缝线迹。

500类线迹应用：500类线迹通常被称为包边、锁边、包缝。500类线迹拉伸性较好，主要作用是防止缝料边缘脱散，在服装中应用非常广泛。如最常用的三线包缝504线迹，由一根针线和两根弯针线组成，线迹弹性好，线迹牢固可靠，是最常用的衣片边缘的包缝线迹；514线迹又称为保险缝，常用于男式衬衫侧缝等。

6. 600 类线迹应用

600 类线迹：覆盖线迹。

600 类线迹应用：600 类线迹为覆盖链式线迹，线迹强力大，拉伸性好，缝迹平整，在缝料上覆盖的装饰线，如果配以不同色彩和线的类型，能使服装表面呈现很好的外观效果。该线迹适用于衣片的拼接装饰。

第二节 印 花

服饰印花指在服装及其饰品上用着色剂印制图案的装饰过程。它能增强服装美感，强化服装个性。

一、服饰印花工艺

1. 手绘

现在手绘服装以其艺术品味高、个性特点强烈和自由洒脱的风格，受到人们的喜受，最能体现着装者追求个性的心理。

2. 蜡染

蜡染古称“蜡撷”，属于防染印花，是传统的服饰印花方法之一。蜡染服饰品粗犷质朴，有浓郁的乡土气息，如图 7-8 所示。

3. 扎染

扎染古称“绞撷”，也属防染印花，是通过线、绳、布料等的扎结，达到防染的目的。服饰品因线绳捆、缝或布料折叠手法不同，而风格各异。

图 7-8 蜡染

4. 丝网印花

丝网印花是现代服装印花机最普遍采用的印花方法，也适宜于手工服饰印花方式。

5. 型纸版印花

型纸版印花就是通过镂刻的型纸印花版在服饰上印花，印花成本低廉，印花图案规整、简洁、明快，装饰方法灵活。

6. 转移印花

转移印花是用印刷机械，把服饰图案印在某种特殊的“纸基”上，然后在压力、温度、时间等条件下，印花纸上的图案再转印到服饰面料上。

7. 喷印印花

喷印印花是近来才兴起的一种服饰印花方式，它是用喷笔或喷枪，将不同的色液经图纹模板或借助于操作者的经验，喷于服装面料或其饰品上，形成图案。

二、服饰印花应用

1. 导游职业装印花应用

导游印花职业装通常选择锦纶混纺面料，耐磨、吸湿性好。导游蓝印花布职业装穿着对象大多为女性，服饰中有镶边、同色系不同明度面料的拼贴，腰线较高，导游的蓝印花布裙装的裙摆较大，或两侧的开衩较高，便于行走，如图 7-9 所示。

图 7-9　导游职业装

2. 餐饮职业装印花应用

餐饮印花职业装针对餐饮业蓝印花布服装的个性需求，结合时尚设计理念进行设计，例如蓝印花布旗袍、渔家装、局部烫钻的蓝印花布西装搭配荷叶边装饰的小洋装等。对于高层的餐饮店人员的职业装，颜色选择稳重大方的素色无印花图案，或者领口、袖口等处有小量花纹的面料，如图 7-10 所示。

图 7-10　餐饮职业装

第三节　绣　花

绣花又称刺绣，就是指用针和线在纺织品上进行绣制，使之获得各色花纹图案的加工过程。刺绣的一个重要作用就是装饰服装，提高服装的附加值，使本来具有实用功能的服装更具审美功能。

一、四大名绣

1. 苏绣

苏绣是以江苏省苏州地区为中心囊括整个江苏的刺绣绣作的总称。苏绣之中的仿画绣以及写真绣所体现出来的艺术效果闻名于世，常以“平、齐、密、细、句、和、顺、光”这八个字来进行表述，如图 7-11 所示。

2. 粤绣

粤绣是以广东地区的广州市为中心的刺绣绣作的总称。用色上较为艳丽，对比明显，大都采用金线作为轮廓线，花纹较为稠密丰富。绣工大都是男性，一般采用百鸟朝凤、鱼虫以及佛手瓜等一些具有地方特点的物象来作为题材，如图 7-12 所示。

图 7-11 苏绣

图 7-12 粤绣

3. 蜀绣

蜀绣又称作川绣，是以四川省成都市为中心的所有刺绣作品的总称。大都将花鸟虫鱼、民间流传的吉利语言以及传统的纹饰等作为题材，通常都绣于被面、枕套、衣、鞋以及画屏之上。针法较为整齐，花纹边缘就像刀切过一样非常齐整，如图 7-13 所示。

4. 湘绣

湘绣是以湖南省长沙市为中心的所有刺绣作品的总称。大都是将国画作为题材，有着生动切实的形态，风格豪放，如图 7-14 所示。

图 7-13 蜀绣

图 7-14 湘绣

二、刺绣工艺

刺绣工艺可分为手工刺绣、机器刺绣和电脑刺绣。

1. 手工刺绣

（1）手工刺绣受众群：手工刺绣是一针一针手工缝出的，应用群体分两种：一种是在较闭塞的山区乡村，交通不便，依然依靠手工刺绣装饰服饰；另一种是在高级定制中使用手工刺绣体现其奢华质感，复杂而反复的绣法只有靠手绣才能绣出精确和奢华的效果，每件作品都是独一无二、无法复制的，是表达较高地位与身份的一种方式。

（2）手工刺绣服饰风格

1）奢华风格

奢华风格手工刺绣可以显示出人们的身份地位，在现代，手工刺绣的服装可以显示出着装者的不俗的品味及身份，如图 7-15 所示。

2）田园风格：田园风格手工刺绣在现代刺绣当中受到推崇，简单、恬淡的图案，最原始的棉布、麻布面料以及接近自然的淡雅色调，体现着装者低调且追求个性的心理，如图 7-16 所示。

图 7-15 奢华风格刺绣服装

图 7-16 田园风格刺绣服装

3）现代风格：现代风格手工刺绣简洁的款式，强调性的点缀，体现着装者追求时尚与个性的心理，如图 7-17 所示。

4）民族风格：民族风格手工刺绣运用民族的色彩搭配、独特的造型，或者运用具有特色的材料进行简练后的刺绣技法，最终形成风格各异的民族造型，常用于女装和男装局部装饰，如图 7-18 所示。

图 7-17 现代风格刺绣服装

图 7-18 民族风格刺绣服装

5）优雅风格：优雅风格手工刺绣低调、含蓄，所选刺绣方式和图案符合整体风格，体现着装者追求时尚、雅致生活的心理，如图 7-19 所示。

图 7-19 优雅风格刺绣服装

2. 机器刺绣

机器刺绣就是用家用或工业机代替手工进行刺绣的工艺手段。基本一根线从头绣到底，针法相对固定、死板

机器刺绣受众群：机器刺绣应用于各类服饰，受众群广泛。

3. 电脑刺绣

电脑刺绣是将工艺简化、升级并与现代美共鸣，已发展为高效率、精工艺、品种花色丰富而多样的高科技刺绣工艺。

电脑刺绣受众群：电脑刺绣被广泛运用于礼服、时尚男女装、毛衫、牛仔装和童装中，受众群广泛。

三、刺绣服饰

1. 童装刺绣

（1）童装刺绣图案：童装刺绣图案活泼可爱，最常见的图案题材有卡通、花卉、玩具、水果、风景、建筑、几何、文字、传统图案等，如图 7-20 所示。

（2）童装刺绣位置：童装刺绣位置一般在领口、胸前、背部、口袋、门襟、脚口、下摆、裙边处，如图 7-21 所示。

图 7-20　童装刺绣图案

图 7-21　童装刺绣位置

（3）童装刺绣工艺

贴布绣是运用最广泛的童装图案绣花方式，将其他布料剪贴绣缝在服饰上。童装刺绣工艺成为童装设计中最常用的装饰工艺。根据图案利用所需的颜色和布料，剪成各种外形简练的图案贴在底布上，周围进行锁缝固定，如图 7-22 所示。

2. 女装刺绣

（1）女装刺绣图案：现代女装或刺绣小面积图案或大面积的中国吉祥图案，在传统刺绣图案内容的基础上，增加了人物、建筑、卡通、几何抽象纹样等题材，在羊绒女装上得到了丰富运用，如“雪莲”“鄂尔多斯”“春竹”“恒源祥”“珍贝”等，如图 7-23 所示。

图 7-22　童装刺绣工艺

图 7-23　女装刺绣图案

（2）女装刺绣位置：在领口、袖口、下摆等处饰以刺绣滚边，如图 7-24 所示，或是在棉布、牛仔布制作的裤子的侧缝、口袋、裤脚等处。

图 7-24　女装刺绣位置

图 7-25　珠片绣

（3）女装刺绣工艺：现代女装刺绣除了采用传统手工刺绣以外，大量采用了机绣和电脑绣。在刺绣材质选择上有很多创新，如珠绣、丝带绣、绳绣等，如图 7-25 所示，珠绣可产生珠光宝气、光泽华丽、耀眼夺目的效果，常用于舞台表演服上，也广泛用于女装、鞋面、腰带、提包等，如图 7-25 所示。

3. 男装刺绣

（1）T 恤刺绣：有绣花图案的男 T 恤衫，多以格调高雅的花卉与自然植物为图案，受众群主要是有个性的年轻男士，如图 7-26 所示。

（2）衬衣刺绣：领、肩、胸、门襟上的几朵绣花，会给略显严肃、庄重的男衬衣增添了几分靓色，受众群主要是追求时尚个性的年轻男士，如图 7-27 所示。

图 7-26　T 恤刺绣

图 7-27　衬衣刺绣

4. 服饰细节

（1）衣边：镶边是指用一种颜色或质地不同的面料、布条、花边、绣片等镶缝在衣片的缘边或嵌缝在衣身、袖子的某一部位，形成条状或块状装饰。装饰部位一般适用于衣身、领、袖、袋中间或缘边部位的装饰。此工艺常应用于女装或童装，可使服装变得高雅、别致，如图 7-28 所示。

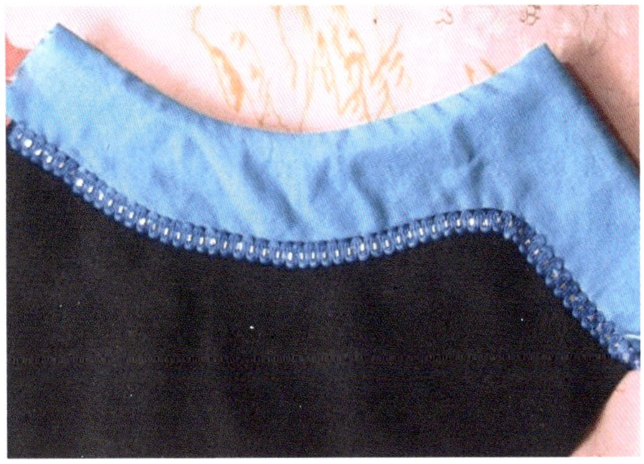

图 7-28　镶边

（2）扣子：

1）纽扣：材质为塑料制品或再以布包裹成布扣使用，工业化生产中应用较多，装饰性强。

2）盘扣：扣条为软性的、圆弧的，盘扣式服装是近代服装闭合系统的主要类型，常见于对襟褂和旗袍等服装，如图 7-29 所示。

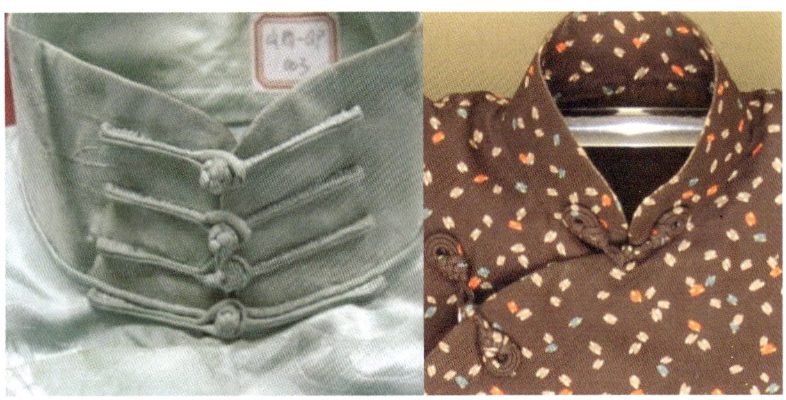

图 7-29　盘扣

案例："2006.7.9"抢劫强奸杀人抛尸案

一、案件展示

2006 年 7 月 9 日 9 时，巩义市涉村镇四坪村村民李永洁（男，13 岁）上山拾柴时在 102 电台公路，2km+300m 处，公路西侧的草丛中发现一具女尸。死亡时间约在 4d 前，由于天气炎热，案发时尸体已高度腐败，面部肌肉已经严重腐化、脱落，无法辨认。死者身高 1.71m，中等体态，上身穿粉红色背心，下身穿黑蓝色牛仔裙，如图 7-30 所示。

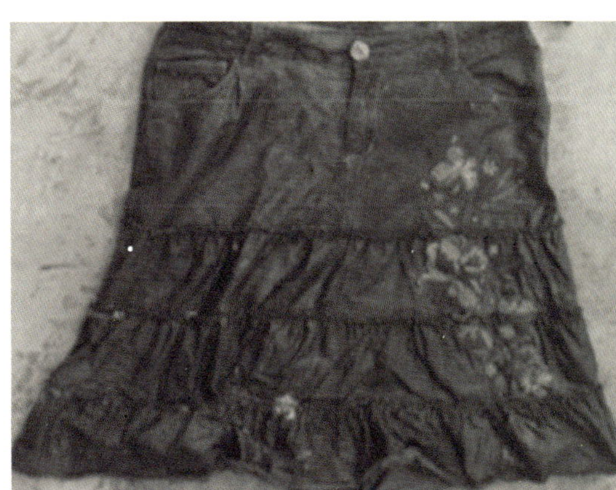

图 7-30　被害人牛仔裙

二、案件分析

1. 由裙子工艺质量推测价格

该裙在三个拼接处线迹匀称，止口均匀，没有多余线头，工艺细节完善，质量标准较高，市场价在 300 元左右，故推断被害人有经济来源，生活水平中等。

2. 由裙子刺绣装饰推测被害人性格

牛仔类女裙刺绣位置多在裙子的侧缝、口袋、裙摆处。该裙子上的刺绣为电脑刺绣，刺绣位置从口袋延至裙摆，面积大，装饰性强，提高了裙子的附加值和审美性，由此推断出被害人较爱美，注重穿衣搭配，结合案发地灯光昏暗、人烟稀少，被害人衣着华丽也是刺激犯罪行为人的诱因。

第八章　服装市场

服装市场分布全国各地，本章介绍了河南以及全国主要服装批发市场，以及终端店的销售形式。不同市场经营服装的种类和档次不同，针对的消费习惯也不同。

第一节　批发市场

服装市场的属性决定了服装的档次、质量和价格，人们消费一般会有固定模式，如批发市场消费群，大多为节俭务实型和保守追随型群体，该群人在高档商场所占比例较低。崇尚网络消费的今天，使服装越来越难以确定确切的来源，对公安干警来说，明确一些市场的地域和特征是必要的。

一、河南地区

1. 银基商贸城

银基商贸城位于郑州火车站附近，自1993年至今经过12年滚动发展，目前建筑面积达32万m^2，拥有商户近6000家，从业人员近5万人，年成交额约为200亿元人民币，来自全国各地的上万个服装品牌汇聚于此，市场辐射20多个省、市、自治区，成为引领中原服装业发展的龙头，在全国服装界享有很高的知名度和美誉度。银基商贸城以批发为主，兼及零售，三层以下主营低、中档服装产品，三层以上则为高档、精品品牌专营，常见品牌有以纯、卡丹路、鳄鱼、梦特娇、皮尔卡丹、花花公子、都彭、苹果等。

2. 郑州世贸商城

郑州世贸商城位于郑州火车站区域，建筑总面积近30万m^2，约有商户2000家、服装品牌5000个，是中原地区最大的羽绒服、内衣、家居服、童装及中老年女装批发市场。郑州世贸城M区及大户中心，主楼共30层、高达100m，是郑州服装批发商圈的地标建筑。

3. 郑州锦荣商贸城

郑州锦荣商贸城自2002年至今经过13年发展成为现代楼宇式商场和铺面式市场相结合的专业服装、服饰商贸中心。郑州锦荣商贸城经营品类涉及女装、裤业、毛织、男装、牛仔、衬衫领带、针织内衣、婚纱照材等八大品种。依托本地服装和商贸城的经营优势，市场客户逐渐辐射至新疆、甘肃、陕西、河北、东北地区，并有向广州、上海、杭州等传统服装强势区域扩展趋势。

二、其他地区

1. 广州白马服装市场

广州白马服装市场位于广州市越秀区，是广东地区规模最大、成交量较好的低、中、高档综合服装市场，其配套设施完善，管理规范。目前，该市场商户达约2000户，分别来自广东、浙江、福建、香港、台湾、韩国等地。广州白马服装市场既是中、高档服装的现货批发、零售中心，也是服装品牌连锁加盟中心，提供批发零售、看样下单、专卖代理、连锁加盟等多种交易方式。

2. 广东虎门富民服装批发市场

广东虎门富民服装批发市场隶属于虎门富民服务集团公司，是一家专注于批发市场开发与管理的专业化大型企业集团，创建于1992年。公司运转参照国际模式，建立规范的法人管理结构，实行集中决策、分级管理和专业化管理的经营体制。公司包括富民时装城、富民童装城、富民农副产品批发市场、富民鞋业市场、富民布料批发市场、富民第二市场、富民夜市、富民皮料皮具批发市场、富民进出口公司和富民时装网等众多子公司。在建的富民物流中心使富民集团逐渐成为虎门的商业航母，也使虎门成为华南地区拥有传统与现代物流相结合的商业名镇。

3. 杭州四季青服装市场

杭州四季青服装市场作为中国颇具影响力的一级服装批发与流通市场，创办于1989年，市场以批发为主（占80%以上），汇聚1200余家服装生产企业及900多个服装品牌，种类涉及服装成衣各种类型，且产品细分架构完善，其1~2楼档口区主营大众流行服装，3楼精品区集中加盟代理中、高档品牌服装。市场配套设施完善，拥有物流中心、大型电子屏幕信息发布中心、银行等商务机构以及餐厅、医疗站、图书室等服务机构，精品区接入光纤专线为商户展开电子商务提供高品质IT服务。市场在服装销售和信息流通方面具有明显优势，营销网络遍布全国各地，渗透至东南亚、欧洲、美洲地区。

4. 武汉汉正街服装批发商城

武汉汉正街服装批发商城位于湖北省武汉市区，以经营服装为主。1楼为散户批发，包括女装、内衣、男装等不同服装品类，价位便宜，但质量差，货物乱；2楼专营女装，环境相对较好，但产品档次偏低，品质一般，少见知名品牌；3楼、4楼经营精品男装，环境风格类似写字楼，既进行服装批发，又进行品牌展示，男装常见知名品牌如港士龙、帝牌、大红鹰、都彭等均可找见。

5. 北京大红门服装商贸区

北京大红门服装商贸区作为北京服装流通领域的重要交易市场，是华北乃至国内外闻名的以服装批发业为主导的服装商圈，自20世纪80年代至今实现由大棚经济到现代化市场的质的跨越，成为依托华北，面向全国，辐射亚欧的服装轻纺产品集散地。在北京重点发展的“两轴两带多中心区域”计划中占据重要地位，是丰台区重点发展的四大主体产业之一。商贸区内现汇集江、浙、闽、粤和港澳服装厂商、品牌的资金与货源，在北京南城北起三环木樨园南至四环路中轴路两侧聚集大红门服装商贸城、天雅大厦、京温市场和福城大厦等39家大型服装、纺织品市场，约有50 000家商户，货物日平均吞吐量达1600t，年交易额占全市同类商品交易额一半以上。

6. 北京动物园批发市场

北京动物园批发市场作为北方地区颇具实力的服装批发集散地，主要有东鼎、天乐、众合、天皓城、金开利德、世纪天乐等服装批发市场。因服装批发受季节因素影响较大，服装的款式及价格多随季节的变化而变化，因而商家尽量避免货物积压，积极占有市场，通常在季节交替前1个月左右抛售即将过季产品，主推新一季服装。主要顾客群体以个人服装零售商、淘宝网店或新潮外贸店的商户为主。其营业时间较其他市场前移，通常早晨6时左右开始营业，这个时间段多为批发商打货时间，购物量与人流量均很大，上午10时以后则多为散客购物的黄金时间。因其开门早，其关门也相应前移。

7. 成都九龙服装批发市场

成都九龙服装批发市场位于成都中央商务区的核心地带，是成都乃至西南地区极具现代风格的标志性建筑。试营业以来，经过创业、调整、稳定和发展，九龙广场服装批发市场从1999年至今形成以其地理位置为核心，以省内各市州为中心，辐射云、贵、渝、藏等西部11个省市区的城乡商贸一体化和国际化的服装产业链。市场约有商户1380家，经营品类涉及海内外7000多种男女品牌服装及鞋类、箱包、皮具等，现金流动达每年200多亿人民币。市场负2楼为大型停车场，负1楼经营中高档鞋类、箱包、皮具，1楼经营本地上乘品牌服装及全国各地品牌服装，2楼为时尚休闲女装，3楼为时尚前卫女装，4 楼经营品牌男装，5 楼经营品牌女装；6 楼为女装精品总汇，7 楼则是时尚前沿华装，8 楼为精品男装，9 楼为精品女装；10 楼为男女服装精品旗舰店和休闲服务中心。

9. 上海七浦路服装批发市场

上海七浦路服装批发市场以兴旺服装批发市场为入口，兴旺一期与二期两幢大厦中间以空中天桥相连。兴旺服装批发市场整体趋向年轻化，多经营潮人服装，以女装居多。与兴旺相连的新七浦服装批发市场多经营国内二、三线品牌，1 楼多为大众品牌，2 楼往上则以品牌展示档口为主，许多档口只进行品牌加盟不进行散客批发。

10. 江苏常熟服装城

江苏常熟服装城又称常熟招商城，市场分为服装服饰、面辅料及配饰等 5 个专业区域，拥有 28 家细分专业批发市场，店铺、摊位达 2 万个，被中国纺织品工业协会命名为“中国休闲服装名城”。经营范围涉及服装、针织品、鞋业等，服装由低档、中档、高档构成金字塔结构，强大的集纳和辐射功能使其形成“买全国货，卖全国货”的市场格局，并向品牌化、商场化、专营化、资讯化发展。

三、批发市场犯罪研究

划定侦查范围方法：服装批发市场人流量大，鱼龙混杂，属于犯罪行为的高发区，常用八看侦查法和五说侦查法划定侦查范围。

1. 八看侦查法

“八看”是相互联系、密不可分的，如表 8-1 所示，不能孤立地、割裂地、断章取义地看待和运用“八看”中的某一“看”。应该用科学的、联系的、系统的、动态的眼光看待和运用“八看”，准确地确定侦查范围，指明侦查方向。

表 8-1 “八看”侦查法

项目	内容
一看	看现场的大环境和小环境
二看	看发案时间和作案时机选择
三看	看进出口和进入方式
四看	看作案动机
五看	看发案区域的发案情况
六看	看惯技行为
七看	看犯罪行为人的语言特点
八看	看现场物证及其反映出的心理痕迹情况

2. 五说侦查法

“五说”既可以单独使用，也可以交叉使用，互为印证，如表 8-2 所示。就某个具体案件来说，有时可以用“划圆说”，也可以同时用“关系人说”，还可以并用“电磁信息痕迹交叉说”。既可以用于侦查初期的范围划定，为侦查指明方向，也可以用于侦查后期的抓捕。要坚持“因地制宜、因案施策”的原则，注意结合每个案件的具体特点加以应用。

表 8-2 “五说”侦查法

项目	内容
一说	划圆说
二说	划扇说
三说	关系人说
四说	点线关联说
五说	电磁信息痕迹交叉说

第二节 零售市场

零售市场消费群：讲究身份型群体在高档零售商场购买服装的比例相对较高，而在批发市场购买服装的比例最低，这类群体更倾向于去高档场所购买能体现自己身份、地位的服装。

1. 百货公司

百货公司亦称为百货商场或百货店，是一种以经营日用品为主的大型综合性零售商业模式，其产品类别众多，同时每类商品的款式、品种、规格齐全，如服装、化妆品、玩具、厨具、运动用品、家私、电器等，涉及衣、食、住、娱乐等不同领域。百货公司作为高度组织化企业形式，内部分设商品部或专柜，商品部相对独立，可自己负责商品进货业务，控制库存，安排销售计划。有些百货公司的收银处设置得较为分散，也有一些则会像超级市场一样集中在出入口。

2. 专卖店

专卖店作为以专门经营或授权经营某一主要品牌商品为主的零售业态，通常坐落于繁华商业区、商店街或百货店、购物中心内，以品牌化、品类化产品经营为主，采取定价及开放式销售等营销方式。专卖店产品结构专一，款式丰富，例如手袋、球衣、运动装备的专卖店；以品牌零售为经营理念的专门店，只贩售该品牌的商品。消费者通常对专卖店产品信任度、认知度较高，经营者具备丰富的专业知识，并针对产品销售到售后服务这一过程提供专业知识性服务，将企业研发的新产品以最快的速度传递到市场。

3. 街边店

街边店是分布在街道两旁的零售商店，其货品来源多由批发市场而来，也有自己加工销售的方式，供大众沿街步行时选购物品。

4. 超级市场

超级市场又称超市、量贩、自选商场，作为大型综合性零售商场，以经营食品、居家日用品为主，消费者则通过自选方式选购商品。超市通常采用连锁式经营模式，通过将大量的品牌、价格、种类的货品有序排列，以方便消费者在同一间店铺购买到全部所需。消费者选好货品后，到柜台排队付款，减低雇员的需求，节省成本。超级市场通常有手推车和篮子这类工具以便顾客选取物品，甚至有些超市提供送货服务。

5. 折扣店

折扣：指销售方将商品按原价一定百分比的减让出售给购买方，即在价格上给予适当优惠。

折扣店：通常以销售自有品牌、周转快或过季商品为主，限定销售品种，以有限的经营面积、低廉的经营成本，向消费者提供“物有所值”的商品为主要目的。时下，一些以专营各大奢侈品品牌过季产品为主的折扣村深受大众欢迎，例如比斯特折扣村在中国上海、苏州均设有其营业网点。

6. 社区店：是以方便大众生活为目的的零售商店，通常在社区附近选址，商品多以生活日用品为主。

7. 城镇集市：指城镇居民在城镇周边固定地点固定时间进行集中贸易的场所，商品多以纺织服装、食品等生活日用品为主。

8. 农村集市：指农村居民在固定时间、地点进行集中贸易的场所，其消费群体以农村集市所在地及其附近的农民、手工业者和近乡、村居民为主，这种买卖活动往往是生产者向消费者的直接出售，或生产者之间的商品交换，是一种较为简单的商品流通。以外，亦有小商贩定期参与不同乡镇集市贸易。

案例：“2000. 12. 9”系列抢劫银行案

一、案件展示

2000 年 12 月 9 日 16 时 50 分，郑州市银基商贸城一楼广东发展银行营业部（图 8-1）发生一起抢劫案。如图 8-1 所示，4 名蒙面歹徒持枪闯入银行营业厅，炸开银行柜台防弹玻璃，抢走 208 万元营业款，并在开枪打死保卫干部常玉杰后逃窜，现场遗留铁锤、马虎帽、吸盘、魔力毛掸纸盒、塑料袋、一只手套。

图 8-1　广东发展银行

二、案件分析

1. 案发地特点分析

银基商贸城位于郑州火车站附近，来自全国各地的上万个服装品牌汇聚于此，成为引领中原服装业发展的龙头。银基商贸城以批发为主兼零售，3 层以下主营低、中档服装产品，3 层以上则为高档、精品品牌专营，客流量很大，是容易涉黑涉恶的重点场所。

2. 划定侦查范围

银基商贸城位于郑州商业活动中心及交通枢纽地带，周围商业发达，根据现场遗留物的销售点划定作案范围，在该区域内查找与犯罪行为有关的人、物、事，如图 8-2 所示，从而更易摸准犯罪行为人的活动轨迹。

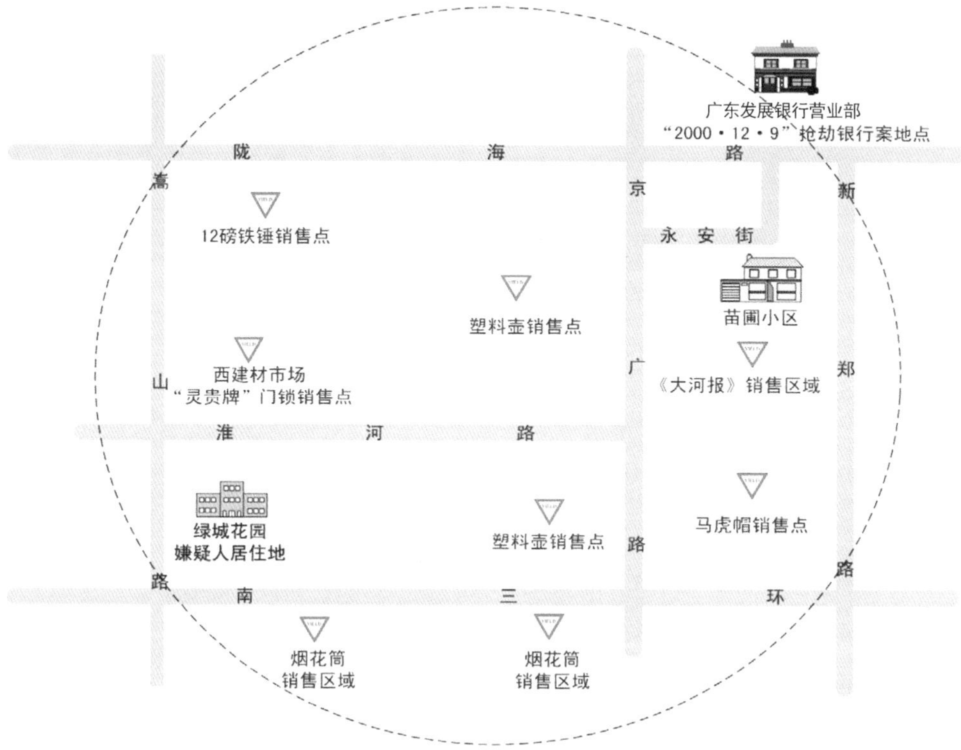
广东发展银行营业部
“2000・12・9”抢劫银行案地点
陇 海 路
嵩 山 路
京 广 路
新 郑 路
永 安 街
12磅铁锤销售点
塑料壶销售点
苗圃小区
西建材市场
“灵贵牌”门锁销售点
《大河报》销售区域
淮 河 路
绿城花园
嫌疑人居住地
塑料壶销售点
马虎帽销售点
南 三 环
烟花筒
销售区域
烟花筒
销售区域

图 8-2 作案活动范围

第九章　常见服装品牌

品牌是服装档次和质量的直观反映，干警通过服装品牌的查询，可以了解被侦察对象的衣着消费状况，可以对他的身份进行进一步的判断。

第一节　国内男装品牌

一、正装品牌

1. 杉杉

产品类别：西装、衬衫、休闲装、夹克、童装等服装、服饰、纺织品等。

产品价位：西装 539~6000 元，衬衫 119~1000 元，夹克 339~2000 元，休闲裤 169~1000 元，西裤 169~1000 元，童装 50~400 元。

产品定位：中高档。

目标消费群：以政界、商务精英为主要代表。

年龄定位：30~50 岁。

品牌简介：杉杉集团始创于 1989 年，是以服装、服饰、纺织品等产业公司为基础构建的时尚产业集团，生产和销售中高档服装，品类包括西服、衬衫、服饰等。作为中国名牌、中国驰名商标的杉杉品牌是杉杉集团旗下的核心品牌，是首家通过绿色环保认证的服装品牌，也是中国服装行业的代表品牌。品牌标识如图 9-1 所示。

图 9-1　杉杉品牌标识

2. 雅戈尔

产品类别：衬衫、西服、西裤、茄克、领带、T 恤等服装、纺织、房地产国际贸易为主体的经营格局。

产品价位：西装 1200~10000 元，衬衫 200~1880 元，夹克 368~2000 元，领带 68~680 元，西裤 199~1000 元，T 恤 138~588 元。

产品定位：中高档。

目标消费群：以政界、商务男士为主要代表。

年龄定位：30~50 岁。

品牌简介：雅戈尔集团公司旗下的雅戈尔服装品牌是其基础产业，雅戈尔拥有强大的设计开发能力、国际经营管理能力以及遍布美国的分销网络，形成全球最大的纺织服装产业链之一。其在设计、材质等方面注重提升品位，提高服装工艺，为“雅戈尔”品牌树立全新的高级服装品牌形象奠定基础。“雅戈尔”品牌朝着多品种、多档次、系列化、跨领域、跨行业的发展方向延伸，一是雅戈尔服装品牌的延伸，开发金标、蓝标、

图 9-2　雅戈尔品牌标识

绿标系列产品，形成不同的产品结构；二是品牌向上游纺织领域延伸，在发展服装品牌的同时，强化雅戈尔在纺织原料、服装面料和辅料的品牌；三是向非纺织服装领域的扩展，在经营好主业的同时，以“雅戈尔”品牌介入房地产、金融投资等产业，巩固发展扩大“雅戈尔”的品牌内涵。品牌标识如图 9-2 所示。

3. 新郎希努尔

产品类别：中高档西服、衬衣和服饰产品等。

产品价位：西装 1500~10000 元，衬衫 268~2000 元，西裤 138~998 元。

产品定位：中高档。

目标消费群：以商务男士为主要代表。

年龄定位：35~50 岁。

品牌简介：新郎希努尔集团是以服装、家具经营制造为主业，集房地产开发、酒店、国际贸易等一体化的大型企业。其旗下品牌希努尔男装集中、高档西服、衬衣和服饰产品的研发、制造及销售于一体，是目前最具实力的西服生产制造商之一。希努尔男装开辟了国内西装终身免费干洗的售后服务先例，并始终以顾客的需求为价值取向，不断地延伸售后服务内容，在行业内形成了独特的售后服务风格。品牌标识如图 9-3 所示。

图 9-3　希努尔品牌标识

4. 罗蒙

产品类别：中高档西服、衬衣和服饰产品等。

产品价位：西装 349~3000 元，衬衫 99~1000 元，西裤 159~900 元。

产品定位：中高档。

目标消费群：以政界、商务男装为主要代表。

年龄定位：30~45 岁。

品牌简介：罗蒙服饰隶属于罗蒙集团股份有限公司，以设计、生产和销售中高档西服、衬衫及系列服饰为主要业务，目前旗下有罗蒙、喜丽美狮、步云三个品牌。罗蒙集团是公安部、最高人民检察院、最高人民法院、海关总署等政府职业服装的定点生产企业。作为红帮文化重要的继承者罗蒙，获得大众“缝制精细，设计时尚、穿着舒适”的美誉，先后设计制作出绿色环保西服、纯手工经典西服、免烫商务衬衫、免烫休闲衬衫等著名产品。品牌标识如图 9-4 所示。

图 9-4　罗蒙品牌标识

5. 庄吉

产品类别：男装、女装、休闲装、衬衫、领带、皮鞋等系列服饰产品。

产品价位：西装 479~3000 元，衬衫 149~800 元，西裤 99~1000 元。

产品定位：中高档。

目标消费群：以都市精英男士量身打造的高端轻正装、新商务男装为主要代表。

年龄定位：35~45 岁。

品牌简介：庄吉服饰隶属于温州庄吉集团，注重产品技术研发，其研制的“一体化西装衣领”“带肩衬的胸衬”和“西装上衣的衬里结构”荣获得国家实用新型专利。在结构上采用意大利 X 形收身版，讲究人体线条、视觉效果、通透性，收腰部位利落、干净、平顺；袖型设计上采用欧洲流行羊腿袖袖型，整体饱满圆顺，有

图 9-5　庄吉品牌标识

立体感，上肥便于运动，下瘦显得合体、利落；其领子、串口、止口、口袋、下摆、袖口、开衩等处采用仿手工贡针处理，确保西服不起皱、变形。品牌标识如图 9-5 所示。

6. 培罗蒙

产品类别：西服、大衣、衬衫、T 恤、内衣、标夹、领带、皮鞋、袜品等。

产品价位：西装 2000～8000 元，衬衫 160～900 元，内衣 69～499 元。

产品定位：中高档。

目标消费群：商务精英、都市白领、时尚青年。

年龄定位：35～45 岁。

图 9-6　培罗蒙品牌标识

品牌简介：培罗蒙作为中华老字号服装品牌，以西服、大衣为代表，凭借面料、辅料品质优良，做工精湛、讲究，定制服装量体裁衣，经毛壳、光壳两次试样而享誉中外。培罗蒙服装以刀工、手工、车工、烫工的“四工”见长，根据制作的内因胖、窝、圆、服、顺，通过工艺的推、归、拔、结、沉达到外观上的平、直、戳、登、挺，并且根据中国人民的穿着习惯和民族风格，设计、制作肩胛薄、衬头软、胸脯小、腰身直的海派西服。品牌标识如图 9-6 所示。

7. 报喜鸟

产品类别：西服、衬衫、T 恤等男士系列服饰，经典、商务、新锐、女装、高尔夫、皮鞋六大系列。

产品价位：西装 2000～10000 元，衬衫 158～2000 元，T 恤 118～1990 元。

产品定位：中高档。

目标消费群：以商务男装、职业装为代表。

年龄定位：30～45 岁。

图 9-7　报喜鸟品牌标识

品牌简介：浙江报喜鸟服饰股份有限公司主要从事报喜鸟品牌西服和衬衫等男士系列服饰产品的设计、生产和销售。公司坚持走国内高档精品男装的发展线路，在国内率先引进专卖连锁特许加盟的销售模式。公司拥有高级商务装品牌报喜鸟（SAINT ANGELO）、高端经典男装东博利尼（TOMBOLINI）、高级职业装品牌 BONO、年轻时尚商务装圣捷罗（S. ANGELO）、英伦休闲服饰比卢特（BIG ROOSTER）、时尚商务休闲服饰法蘭·诗顿（FRANSITION）。在稳健经营自有品牌、不断扩大品牌规模的基础上，公司积极寻求海外合作，成功代理意大利经典男装索洛赛理（SOLOSALI）、巴达萨里（MAURIZIO BALDASSARI）及韩国哈吉斯（HAZZYS）等国际知名服饰品牌。品牌标识如图 9-7 所示。

8. 金利来

产品类别：男士商务正装、休闲服饰、内衣、毛衣、皮具、皮鞋、皮包及珠宝等。

产品价位：西服 3000～9000 元，衬衫 188～900 元，领带 48～1200 元。

产品定位：中高档。

目标消费群：以男士商务为代表。

年龄定位：30～50 岁。

图 9-8　金利来品牌标识

品牌简介：金利来由爱国、慈善大使曾宪梓博士于 1968 年在香港创立，公司业务包括服装服饰的销售及物业投资与发展。金利来（中国）有限公司创立于 1990 年，其产品消费群定位于年轻进取、活力、坚毅、睿智、崇尚个性的新白领阶层，全新塑造高雅气派的男人世界。公司旗下拥有“金利来”服装系列（正装系列）、“金利来”运动休闲系列（高尔夫系列）、“金利来”内衣系列（家居服及内衣系列）、“金利来”皮具系列。品牌标识如图 9-8 所示。

9. 海澜之家

产品类别：西服套装、休闲西服、茄克、棉褛、大衣、羽绒服、毛衫、针织衫、衬衫、T 恤、西裤、休闲裤、牛仔裤、内衣内裤，皮带、领带、围巾、袜子、皮鞋等。

产品价位：西服 288~5000 元，茄克 200~3800 元，衬衫 188~600 元，大衣 488~2000 元，羽绒服 488~2000 元，针织衫 188~1200 元，T 恤 118~599 元，西裤 150~499 元，领带 80~400 元。

产品定位：中档。

目标消费群：以男士商务、休闲为代表。

年龄定位：25~45 岁。

图 9-9　海澜之家品牌标识

品牌简介：海澜之家股份有限公司是一家大型服装企业，同时也是一个营销品牌，一个连锁零售品牌。公司下属“海澜之家”“EICHITOO”“百衣百顺 ”和“圣凯诺”四大服装品牌。“海澜之家”以男装自选连锁超市的营销理念通过全国连锁、超大规模、男装自选的全新模式，以其平价优质的市场定位，款式多、品种全的货品选择，无干扰、自选式购衣方式迅速赢得了广大消费者的欢迎，塑造了“海澜之家——男人的衣柜”的鲜明品牌形象。品牌标识如图 9-9 所示。

二、休闲装品牌

1. 劲霸

产品类别：茄克、T 恤、西服、休闲裤、衬衫、皮具等男士系列商务休闲服饰。

产品价位：茄克 500~6000 元，衬衫 158~800 元，休闲装 259~2000 元。

产品定位：中档。

目标消费群：以领先的商务休闲男装为代表。

年龄定位：25~45 岁。

图 9-10　劲霸品牌标识

品牌简介：劲霸男装创立于东亚文化之都泉州，总部位于上海，秉持“一个人一辈子能把一件事情做好就不得了”的核心价值观。作为中国高级时尚茄克领导品牌，劲霸男装将自己的品牌发展方向紧紧锁定在以茄克为主导的男装领域，化繁为简，款式设计领先，板型经验丰富，是中国茄克产业标准体系建设的有力推动者，同时引领茄克及配套服饰的研发设计，让休闲装更时尚。品牌标识如图 9-10 所示。

2. 七匹狼

产品类别：西服、茄克、衬衫（正统衬衫、休闲衬衫）、T 恤、毛衫、裤子（西裤、休闲裤）、皮具。

产品价位：茄克 500~6000 元，衬衫 200~1000 元，休闲装 300~2000 元，T 恤 180~800 元。

产品定位：中档。

目标消费群：以商务休闲男装为代表。

年龄定位：25~45 岁。

图 9-11　七匹狼品牌标识

品牌简介：七匹狼男装是中国男装行业开创性品牌，致力于为消费者提供满足现代多元化生活需求的高品质服装产品，实施“品牌多元化并轨发展”战略，产品包括国际设计师系列、经典商务休闲系列、时尚商务休闲系列、生活休闲系列、青春时尚系列、童装系列等，七匹狼男装产品款式新颖、面料精美、工艺精湛，素有“茄克专家”的美誉，连续13年在中国休闲男装茄克市场占有率第一。品牌标识如图9-11所示。

3. 柒牌

产品类别：茄克、衬衫（正统衬衫、休闲衬衫）、T恤、毛衫、裤子（西裤、休闲裤）、皮具。

产品价位：茄克289~3000元，衬衫139~800元，休闲装300~2000元，T恤199~999元，西服700~3000元。

产品定位：中档。

目标消费群：以时尚商务休闲男装为代表。

年龄定位：25~40岁。

品牌简介：柒牌集团是一家以服饰研究、设计和制造为主，集销售为一体的综合性集团公司。柒牌系列产品以风格时尚、款式经典、做工考究著称，成为大众焦点。柒牌男装系列主要有商务系列、都会系列、户外系列、柒系列、中华立领系列。柒牌通过完整的品牌文化与独特的精神内涵，创新推出的“中华立领”系列产品已成为男装时尚中国化的代表，受到越来越多成功男士的推崇。品牌标识如图9-12所示。

柒牌男装
让女人心动的男人

图9-12　柒牌品牌标识

4、利郎

产品类别：产品分为正统与休闲两大类，大衣、风衣、西裤、西服、茄克、衬衫、T恤等辅之皮鞋、领带、皮具等相配套的产品。

产品价位：茄克299~2900元，休闲装400~2800元，T恤169~899元，西服800~5000元。

产品定位：中档。

目标消费群：以都市白领、商务人士和成功人士等为代表。

年龄定位：25~45岁。

品牌简介：利郎男装是一个集设计、产品开发、生产、营销于一体的中国商务男装领军品牌，是国内首倡“商务休闲”男装概念的品牌。“简约不简单”是利郎的设计哲学，将融合中国智慧的简约哲学融汇成包容世界的简约新主张。利郎产品通过覆盖中国31个省份的广泛分销网络进行销售。现公司旗下拥有品牌：利郎LILANZ、子品牌L2。品牌标识如图9-13所示。

LILANZ 利郎

图9-13　利郎品牌标识

5. 九牧王

产品类别：商务休闲男装（男西裤、休闲裤、茄克、西服等）。

产品价位：茄克399~4900元，西裤600~4000元。

产品定位：中高档。

目标消费群：以都市白领、商务人士和成功人士等为代表。

年龄定位：30~45岁。

品牌简介：九牧王是中国商务休闲男装品牌的领军企业，公司核心产品九牧王男裤及茄克占据市场领导者地位。公司始终专注于以男裤为核心的中高档商务休闲男装的战略发展方向，秉承中国丝绸工业“精、巧、细”的优良传统，沿袭并创造西裤制造领域的独特工艺，致力于让男士拥有高性价比的精工时尚服饰，满足不同消费者在不同场合的着装需求。其特殊的仿手工定制工艺，即裤子上的所有纽扣均采用专机模仿手工缠线，使钮扣距离布面一定高度，在扣好后不会出现凹陷不平现象，确保了裤子细节的完美呈现。品牌标识如图9-14所示。

JOEONE

图9-14　九牧王品牌标识

6. 爱登堡

产品类别：毛衣、男装、衬衫、西裤、西服、夹克等。

产品价位：休闲装 499~5900 元，西裤 689~4999 元。

产品定位：中高档。

目标消费群：以时尚休闲有品位绅士等为代表。

年龄定位：35~45 岁。

品牌简介：爱登堡（中国）有限公司属于香港爱登堡国际投资集团，产品风格为英伦新经典风格，该品牌以其准确的市场定位，运用国际流行的“特许经营”营销理念，以新型的销售手法、高水平的店务流程及现代化的物流配送系统，占据中国男装市场较大份额。爱登堡男装倡导国际英伦新经典文化以及体现在冒险新经典与休闲中的派克文化、家的文化即家的生活方式，其产品分为时尚商务休闲、时尚都市休闲、时尚运动休闲、时尚户外休闲四个系列。品牌标识如图 9-15 所示。

图 9-15　爱登堡品牌标识

第二节　国内女装品牌

一、设计品牌

1. 例外

产品类别：女装服饰（大衣、外套、毛衫、衬衫、裤子、裙子、围巾、包袋等）及文化生活等。

产品价位：衬衫 300~1000 元，休闲装 500~2000 元。

产品定位：中档。

目标消费群：以舒适的休闲女性为代表。

年龄定位：25~45 岁。

品牌简介：广州例外服饰有限公司主要经营服饰及文化生活用品等，是一家具有先进经营理念的、集服装设计生产、销售于一体的企业，也是中国国内现存时间最长的设计品牌之一。例外秉承运用创新的价值追求与传承东方文化，创造和传播基于东方哲学的当代生活艺术的经营理念来诠释中国当代生活方式。旗下艺术品牌无用（WUYONG）进入巴黎时装周及巴黎高级时装周。2011 年创立方所文化（Fangsuo Commune），坐落于广州太古汇，通过服装、文化、生活与艺术搭建全新的文化艺术沟通平台。品牌标识如图 9-16 所示。

图 9-16　例外品牌标识

2. 渔

产品类别：大衣、外套、毛衫、T 恤、衬衫、针织衫、衬衫、裤子、裙子、围巾、包袋等。

产品价位：衬衫 200~800 元，休闲装 300~1000 元，针织衫 200~800 元。

产品定位：中档。

目标消费群：以时尚的休闲女性为代表。

年龄定位：25~40 岁。

品牌简介：“渔”牌服饰隶属于深圳衣典服饰设计有限公司，是中国知名原创设计女装品牌。“渔”牌秉承“共同体验东方文化”的品牌理念，将浓郁的东方色彩与西方元素融合，透过时尚与经典结合的图案文化来诠释服饰内涵，在自然生活中导入时尚休闲的生活理念。“渔”牌服饰关注细节、关注基本要素以及创意源头，致力于打造极具收藏价

图 9-17　渔品牌标识

值、无法复制的东方华服艺术品。品牌标识如图 9-17 所示。

3. 播牌

产品类别：女装成衣（东方系列、职场系列、休闲系列）。

产品价位：休闲装 300～1000 元，针织衫 300～800 元。

产品定位：中档。

目标消费群：以商务的白领女性为代表。

年龄定位：25～39 岁。

品牌简介："播"牌服饰隶属于上海日播服饰有限公司，"播"牌服饰产品注重搭配，强调产品之间的组合搭配，以此配合都市女性不同场合、不同心情和不同个性的着装要求。该品牌将西方流行元素与东方文化完美结合，浪漫略带中性，知性透着简约，体现了现代女性干练、优雅并存的气质。公司旗下目前有"播""PPT""CRAZY"等服饰系列。品牌标识如图 9-18 所示。

图 9-18　播品牌标识

4. 江南布衣（JNBY）

产品类别：服装、鞋类、箱包、帽子、围巾等。

产品价位：衬衫 200～700 元，休闲装 300～1000 元、T 恤 100～600。

产品定位：中档。

目标消费群：以追求舒适的休闲女性为代表。

年龄定位：25～45 岁。

品牌简介：JNBY 品牌是中国最有特征差异及综合影响力的品牌之一，推崇"自然、健康、完美"的生活方式。其设计风格浪漫、丰富、自然，色彩沉稳、雅致，多元化的设计语言是其一大特色，提倡与自然相融的款式设计理念，细节处理手法丰富，例如手工刺绣、机绣布料造型、手绘、胶印等形式，而枝叶花草更成为标志性的装饰纹样。材质多用不同肌理、风格的纯天然面料，如棉、麻、毛、丝等。江南布衣强调服饰搭配的再创空间，丰富的单品可随意搭配性强，为着装者提供了专业的服饰搭配概念。品牌标识如图 9-19 所示。

图 9-19　江南布衣品牌标识

5. 天意（梁子）

产品类别：服装、鞋类、帽子、围巾等。

产品价位：衬衫 200～800 元，休闲装 500～1500 元、T 恤 400～800。

产品定位：中档。

日标消费群：以追求复古风的休闲女性为代表。

年龄定位：25～55 岁。

品牌简介：深圳市梁子时装实业有限公司，一直遵循生态、健康的经营方式，从而树立鲜明的企业品牌形象。公司旗下品牌"天意 TANGY"将中国文化精髓"天人合一"的和谐境界与其"平和、健康、美丽"的品牌理念融合贯穿其服装开发的各个环节，款式时尚，面料质朴，色彩宁静，细节精致。同时，公司崇尚环保，坚持自身风格，在服装设计中大量运用麻、棉、丝、毛等天然面料，尤其是"莨绸"。其研制开发出"天意彩莨""天意生纺莨""天意柯莨"等新品种，结束了莨绸 500 多年来单调的面貌，赋予其更丰富的时尚蕴涵。品牌标识如图 9-20 所示。

图 9-20　天意品牌标识

二、传播品牌

1. 阿玛施

产品类别：礼服、大衣、外套、毛衫、衬衫、T 恤、连衣裙、裤子、半裙、丝巾、配饰等。

产品价位：衬衫 200~500 元，休闲装 300~1000 元、T 恤 200~500 元。

产品定位：中档。

目标消费群：以追求舒适的商务女性为代表。

年龄定位：25~35 岁。

图 9-21　阿玛施品牌标识

品牌简介：阿玛施（AMASS）隶属于广东哥弟时装实业有限公司，是公司旗下侧重休闲个性品味的高端品牌，秉持物有所值、物超所值的诚信经营理念在女装市场占据相当份额。阿玛施产品系列组合多元化，设计师将时尚理念融入其中，设计线条柔和、随意；色彩稳重、质朴；采用欧洲进口高科技环保面料，材质丰富、活泼。品牌标识如图 9-21 所示。

2. 哥弟

产品类别：大衣、外套、毛衫、衬衫、T 恤、连衣裙、裤子、半裙、丝巾、配饰等。

产品价位：衬衫 400~800 元，休闲装 300~800 元、T 恤 200~500 元、针织衫 400~800 元、西装 200~1000 元。

产品定位：中档。

目标消费群：以追求舒适的商务女性为代表。

年龄定位：25~45 岁。

图 9-22　哥弟品牌标识

品牌简介：哥弟（Girdear）服饰隶属于广东哥弟时装实业有限公司，是公司旗下面向中青年白领阶层的全方位品牌，也是应用市场细分化策略比较成功的服装品牌之一。哥弟服饰以“儒文化”作为品牌追求的精神内涵，产品策略倾向于多元化，裤装尤负盛誉，色彩稳重、大方，剪裁工艺讲究，价格定位合理。品牌标识如图 9-22 所示。

3. 玖姿

产品类别：大衣、棉衣、套装、毛衫、衬衫、T 恤、连衣裙、裤子、半裙、丝巾、配饰等。

产品价位：衬衫 400~800 元，休闲装 300~1500 元、针织衫 400~800、西装 700~1500。

产品定位：中档。

目标消费群：以追求时尚的商务女性为代表。

年龄定位：25~40 岁女性。

图 9-23　玖姿品牌标识

品牌简介：玖姿服饰为安正时尚集团股份有限公司旗下品牌，致力于追求时尚、精致与实用美学的完美平衡。玖姿服饰将目标顾客定位于追求优雅含蓄、崇尚完美精致生活的都市白领女性，秉承“优雅、大气、经典、时尚”的设计理念，其产品分为经典雅致系列、都市风尚系列、时尚休闲系列，将欧洲最新流行面料、巧妙的立体剪裁工艺、精致的细节装饰、优雅的色彩和图案，强调面料的质感与精致的制作工艺完美结合。品牌标识如图 9-23 所示。

4. 歌力思

产品类别：外套类、裙类、上衣类、裤类、女鞋及配饰六大类。

产品价位：衬衫 600~1200 元，休闲装 1000~3000 元、针织衫 400~1500 元。

产品定位：高档。

目标消费群：以追求时尚的女性为代表。

年龄定位：25~40 岁。

品牌简介：歌力思（Ellassay）女装是一家集服饰研发设计、生产、连锁经营和服务为一体的国内知名品牌服装实业有限公司，产品细分为正装、休闲和高级三大系列，服务于中高收入、讲究优雅、时尚、品味、成熟的都市中产阶级女性。该品牌将休闲装与职业装高度融合，风格定位为“时尚、优雅”，含蓄而不张扬，在设计上强调服装的功能和舒适性，轮廓造型纤秀，细部处理考究，色彩搭配柔和，所采用的面、辅料主要来自于日、韩、欧美，质地经典高档，花型简洁优雅。品牌标识如图 9-24所示。

ELLASSAY
歌力思

图 9-24 歌力思品牌标识

5. 欧时力

产品类别：晚装、大衣、棉衣、套装、毛衫、衬衫、T 恤、连衣裙、裤子、半裙、丝巾、配饰等。

产品价位：衬衫 300~800 元，休闲装 600~6000 元、针织衫 300~1000 元、T 恤 300~800 元。

产品定位：中高档。

目标消费群：成熟、自信、独立、高贵、大方的时尚女性。

年龄定位：25~38 岁。

品牌简介：欧时力（Ochirly）隶属于赫基国际集团，2012 被 LVMH 集团所收购，是最早打破常规、运用混搭概念的时装品牌。“时尚专家，美丽顾问”是欧时力一贯的形象定位，产品将独特的经典高贵风格与自由主义的矛盾元素融合于一体，从设计到工艺、从颜色到板型、从细节到搭配，优雅时尚地混搭在一起。品牌标识如图 9-25 所示。

ochirly

图 9-25 欧时力品牌标识

6. 宝姿

产品类别：大衣、棉衣、套装、毛衫、衬衫、T 恤、连衣裙、裤子、半裙、丝巾、配饰等。

产品价位：衬衫 400~5000 元，休闲装 400~7800 元、针织衫 1000~6000 元、T 恤 300~4000 元、套装 1000~18000 元。

产品定位：中高档。

目标消费群：成熟、自信、独立、高贵、大方的时尚女性。

年龄定位：25~45 岁。

品牌简介：宝姿（Ports）作为最早进入中国的高档时装品牌，以其简约优雅的时装风格服务于职场成功女性。宝姿“Less is more（寓丰富于简洁）”的设计理念和“出类拔萃、高贵大方”的品牌形象，使其成为身份、素养和地位的象征。其产品线条简练流畅，面料讲究，工艺精湛，强调于精致细节处展现优雅。2012 年，其米兰男装时装秀成功发布。品牌标识如图 9-26 所示。

PORTS®
INTERNATIONAL

图 9-26 宝姿品牌标识

7. 玛丝菲尔

产品类别：大衣、毛衫、衬衫、T 恤、连衣裙、裤子、半裙、丝巾、手袋、鞋靴等配饰。

产品价位：休闲装 400~5000 元、针织衫 400~6000 元、T 恤 300~4000 元。

产品定位：中高档。

目标消费群：以舒适的个性女性为代表。

年龄定位：25~35 岁。

品牌简介：深圳玛丝菲尔时装有限公司隶属于恩情投资发展有限公司，是中国本土女装品牌之一。时尚、优雅、经典、大气是 Marisfrolg 一直推崇的设计理念，在充分了解亚洲女性体形特征和审美的基础上，产品以其精湛的剪裁工艺营造出绝妙的比例和线条。该品牌极其注重着装者的舒适性，在面料选择方面坚持使用丝、棉、羊毛等天然材质的高级面料。品牌标识如图 9-27 所示。

图 9-27　玛丝菲尔品牌标识

8. 白领

产品类别：服装（高级时装、运动装、休闲装）、服饰、箱包、家居产品。

产品价位：衬衫 680~3000 元，休闲装 800~4000 元、针织衫 1000~3000 元、T 恤 400~2000 元、西装 800~3000 元。

产品定位：中高档。

目标消费群：商务精英、都市白领女性。

年龄定位：25~35 岁。

品牌简介：北京白领（White Collar）时装有限公司始终致力于时尚文化事业的传播与创新，本着“为生活而设计”的设计理念，其倡导的“白领生活情景方式店”将时装、建筑、园艺、视觉等艺术形态与生活紧密结合，受到白领阶层女性的喜爱。作为中国高级成衣的领军品牌，将品牌定位为“文化、时尚、一流”，目前旗下有白领，SHEES，K. UU，GOLDEN COLLAR 等子品牌，产品采用来自欧洲的高档纯天然面料，以职业时装为准确的风格特征，力求表达出典雅、时尚、庄重、简约的文化内涵。品牌标识如图 9-28 所示。

图 9-28　白领品牌标识

9. 歌莉娅

产品类别：裙装、上衣、外套、休闲装、针织衫、T 恤、裤装、配饰等。

产品价位：休闲装 300~1500 元、针织衫 300~800 元、T 恤 200~600 元。

产品定位：中档。

目标消费群：以追求舒适的女性为代表。

年龄定位：25~35 岁。

品牌简介：歌莉娅（Gloria）隶属于广州格风服饰有限公司，公司旗下有“歌莉娅”“格风”“Orange 橘子”三个子品牌，是集女装研发、生产、专卖销售为一体，专业生产销售女性时尚服饰的大型综合性企业。歌莉娅贯彻品牌的定位，将鲜花、植物、产品与环境有机结合，传递一种时尚、柔美、自然的品牌理念，产品品类丰富，以优良面料、精致工艺为根基的高性价比产品，可供中高端消费者选择。品牌标识如图 9-29 所示。

图 9-29　歌莉娅品牌标识

10. 曼娅奴

产品类别：连衣裙、毛呢外套、针织衫、上衣、衬衫、半裙、裤子、围巾、手套、大衣、棉衣等。

产品价位：毛呢外套 300~2000 元，休闲装 300~1000 元、针织衫 200~900。

图 9-30　曼娅奴品牌标识

产品定位：中档。

目标消费群：以追求舒适的女性为代表。

年龄定位：25~40 岁。

品牌简介：曼娅奴（MIGAINO）隶属于深圳凯信时装有限公司，是一家集设计、生产、销售及高效管理为一体的专业女装品牌公司。曼娅奴以“时尚”“休闲”“舒适”的设计理念营造出高性价比、快速与时髦的大众时尚，注重服装的细节处理与品质，以清新、浪漫、个性为主体设计风格，打造出杏、粉红、果绿 、鹅黄、蓝五大色系为主的服装款式，在设计手法上则融入了大量装饰元素比如蕾丝、手工刺绣、印花、烫钻、织带花边、流苏、珠饰等，尤其是蝴蝶与花卉等图案被反复运用。品牌标识如图 9-30 所示。

11. 斯尔丽

产品类别：连衣裙、针织衫、毛呢外套、衬衫、半裙、裤子、围巾、手套、大衣、棉衣等。

产品价位：衬衫 500~2000 元，休闲装 500~3000 元、针织衫 600~2000 元、毛呢外套 500~3000 元。

产品定位：中高档。

目标消费群：以追求舒适的女性为代表。

年龄定位：25~40 岁。

SIERLI . COLLECTION

图 9-31　斯尔丽品牌标识

品牌简介：斯尔丽（Sierli）服饰产品以“彰显时代风采，铸造经典韵味”为设计理念，遵循时尚优雅、简洁大方、奢华高贵的设计风格，经营产品主要为四季中高档女装，主打产品为女装大衣，是一家集服装设计、生产、销售于一体的具有先进经营理念的私营企业。斯尔丽产品以一流的面料、做工以及时尚的款式造型，在消费者心目中树立了优良的形象。它通过以系列、多价位来满足不同消费群体的需求，开创了面向石油化工、金融、邮电、宾馆、烟草、教师体系的职业服饰。品牌标识如图 9-31 所示。

12. 声雨竹

产品类别：连衣裙、针织衫、西装、衬衫、半裙、裤子、围巾、手套、大衣、棉衣等。

产品价位：衬衫 400~1200 元，休闲装 500~2000 元、针织衫 400~1200 元、西装 660~1980 元。

产品定位：中档。

目标消费群：以追求舒适的女性为代表。

年龄定位：25~40 岁。

声雨竹®

Shengyuzhu

图 9-32　声雨竹品牌标识

品牌简介：声雨竹隶属于广州喻丝圆实业有限公司，是一家集服装企划、制造、营销与一体的实业化企业，目前公司旗下有品位女装“声雨竹”，时尚女装“EI · GI 尹久”，高雅女装“声雨竹精品”等品牌。声雨竹定位于高级淑女装，款式浪漫、丰富、多变、细腻，线条简洁、流畅，剪裁方式干脆、利落，采用日本及欧洲优质材料，做工精细，以开发单品形成整体的搭配和组合为诉求，使消费者不受套装的束缚。品牌标识如图 9-32 所示。

13. 夏姿 · 陈

产品类别：休闲装、衬衫、针织衫、西装等高级女装、高级配件以及高级家居饰品等。

产品价位：衬衫 400~1200 元，休闲装 600~2000 元、针织衫 400~1200 元。

产品定位：中档。

目标消费群：以追求个性品质的女性为代表。

年龄定位：25~45 岁。

品牌简介：夏姿 · 陈是第一个进驻欧洲的台湾时尚品牌，专注于设计与生产高级时装，现隶属于

Cha Cha The 集团。夏姿·陈以“秉承华夏遗风，创造时尚新姿”为设计理念，产品从自然获取的鲜黄、桃红、湛蓝与牙白等颜色组合成既复古又摩登的色彩节奏，以孔雀羽毛绣织乌干、五谷农收提花、孔雀印花、半透明提花布等特制布料为主题，将中国美学元素和西方立体剪裁融为一体。服装中大量运用雕刻、镂空、精准对称的线条，以精湛的剪裁工艺搭配经典的手工刺绣，呈现出兼具东方民俗色彩与西方时尚语汇的鲜明组合。品牌标识如图 9-33 所示。

图 9-33　夏姿·陈品牌标识

第三节　河南本土品牌

1. 梦舒雅

产品类别：女裤、职业套装（长短）、优雅大衣（风衣、大衣）、针织毛衣、衬衫、裙装、配饰等。

产品价位：衬衫 100~300 元，裤 100~500 元、西装套装 300~800 元。

产品定位：中低档。

目标消费群：以追求舒适的女性为代表。

年龄定位：25~45 岁。

品牌简介：梦舒雅品牌以女裤为优势产品，占总产品结构的 40%以上，以“时尚简约、知性优雅”的特征被誉为女裤专家。产品采用优质流行面、辅料且做工精致，板型舒适修身、精致，塑造曲线且适穿性强，不紧绷，适宜已经变化的体型；使设计满足顾客不同场合的不同需求。梦舒雅品牌活跃于城市百货和主要商业街，其产品被女性频繁地穿着于工作、社交和休闲场合，彰显其自信和成熟之美。品牌标识如图 9-34 所示。

图 9-34　梦舒雅品牌标识

2. 娅丽达

产品类别：休闲裤、直筒裤等。

产品价位：休闲裤 100~300 元、直筒裤 100~300 元。

产品定位：中低档。

目标消费群：以追求时尚独立的女性为代表。

年龄定位：25~45 岁。

品牌简介：郑州市娅丽达服饰有限公司是以裤装为核心主打产品、以上装为优势产品的系列化整装品牌，集服装技术研发、生产制造、市场销售和品牌运作于一体。娅丽达锁定成熟优雅女性顾客群，传承对女裤产业的专注与执着，突破单品女裤的经营瓶颈，塑造了品牌简约、修身、舒适、时尚的独特风格，以前沿设计与高端工艺结合，提供专业化女裤，360°打造女性完美身材。品牌标识如图 9-35 所示。

图 9-35　娅丽达品牌标识

3. 隆庆祥

产品类别：定制西服、中山装、青年装、大衣、衬衫、成品衬衫、服饰配件、皮具等。

产品价位：西装套装 2850~10800 元，衬衫 588~6688 元，西裤 1060~2272 元。

产品定位：高档。

目标消费群：都市白领、政商成功人士、时尚青年等。

年龄定位：30~65 岁。

品牌简介：隆庆祥集团集科研、设计、生产、销售和服务于一体，以量身定制个人及团体客户西服为主要业务，辅以多种服饰用品。作为量身定做服装品牌，隆庆祥把“400 年量身定做的私人裁缝”、实行“1+1”量身定做的贴身服务作为“隆庆祥”系列产品的核心竞争力，与国内外知名面料品牌保持稳定的合作关系。“隆庆祥”西服用料考究，量体准确，工艺精湛，交货快速，款式新颖，板型庄重典雅，服务完善。时下，“隆庆祥”已成为河南及周边省市出国访问、国际会议、新婚嫁娶、大型交易会及各种节庆活动量身订制西服首选品牌。品牌标识如图 9-36 所示。

图 9-36　隆庆祥品牌标识

第四节　内衣、家居服品牌

一、女性内衣品牌

1. 维多利亚的秘密

产品类别：内衣、睡衣、美妆、泳衣、鞋履、配饰等。

产品价位：文胸 500 ~ 3000 元，内裤 500 ~ 1000 元、泳衣 1000 ~ 3000 元等。

产品定位：中高档。

目标消费群：以追求舒适的女性为代表。

年龄定位：18 ~ 35 岁。

品牌简介：维多利亚的秘密（VICTORIA’S SECRET）是美国的一家连锁女性成衣零售店，也是全球最著名的、性感内衣品牌之一，现隶属于 Limited Brands 集团。其产品以性感美艳著称，成为神秘、魅力、奢侈、纵容的代名词。维多利亚的秘密内衣在材质上探索多种可能性，充满浪漫梦幻色彩的羽毛、蕾丝、花边、亮片、纱绸等元素是其常见材质，代表性产品有采用“第二层皮肤缎面”（Second Skin Satin）、棉制材质的“性感形体服”及“完美外形”内衣产品。品牌标识如图 9-37 所示。

图 9-37　维多利亚的秘密品牌标识

2. 爱慕

产品类别：爱慕（Aimer）服饰品类包括文胸、内裤、塑身、家居服。

产品价位：内衣 100 ~ 300 元、内裤 40 ~ 150 元、塑身 100 ~ 800 元、家居服 100 ~ 400 元。

产品定位：中档。

目标消费群：以追求舒适性感的女性为代表。

年龄定位：25 ~ 40 岁。

品牌简介：北京爱慕（Aimer）内衣有限公司是专业从事品牌内衣设计、生产和营销的现代化企业，爱慕秉承“创造美，传递爱”的品牌理念和“精致、时尚、优雅”的品牌定位，在风格上追求东方元素与国际流行的有机融合，以精致、时尚、高雅并融合东西方文化的原创设计为女性创造美、传递爱。集团旗下拥有的品牌及产品线包括：“爱慕女士”（Aimer women）、“爱慕先生”（Aimer men）、“爱慕儿童”（Aimer kids）、MODELAB、爱美丽（imi’s）、兰卡文（LA CLOVER）、郡是（GUNZE）、心爱（Shine Love）、皇锦，代理海外高端品牌 Bechic 集合店，泳衣，以及个性化内衣和礼服定制工作室。品牌标识如图 9-38 所示。

图 9-38　爱慕品牌标识

3. 曼妮芬

产品类别：内衣、文胸、内裤、塑身、家居服、保暖内衣等。

产品价位：内衣 79~298 元、内裤 49~236 元、塑身 49~998 元、家居服 99~988 元、泳装 100~1000 元。

产品定位：中档。

目标消费群：以追求舒适性感的女性为代表。

年龄定位：25~40 岁。

图 9-39　曼妮芬品牌标识

品牌简介：曼妮芬（Maniform）隶属于深圳汇洁集团，是一家专业从事内衣人体工学研究、工艺技术研究、品牌策划推广、开发设计、生产制造、市场营销的综合性内衣企业，旗下拥有“曼妮芬”“伊维斯”“兰卓丽”“BOBY BEAUTY”、乔百仕和“COYEEE”六个品牌。曼妮芬秉承“融合创新和时尚，以升华女性魅力”的品牌使命，通过将中国特有的民族文化“龙凤”元素融入到内衣的设计理念中，奠定了其在中国内衣界的原创地位。同时，曼妮芬首创女性保暖新概念，率先推出修身保暖系列，使美体与保暖功能完美结合。品牌标识如图 9-39 所示。

4. 安莉芳

产品类别：内衣、泳衣、睡衣、棉毛衫、束身衣、运动服。

产品价位：内衣 156~998 元、内裤 96~258 元、家居服 288~988 元、泳装 280~888 元。

产品定位：中档。

目标消费群：以追求舒适性感的女性为代表。

年龄定位：25~40 岁。

品牌简介：安莉芳（Embry）集团旗下有“Embry Form（安莉芳）”“Fandecie（芬狄诗）”“Comfit”“Liza Cheng”“E-Bra”等内衣品牌系列。安莉芳产品多元化，具有多处智慧、人性化的的设计，如智慧肩带、隐形无感钢圈、性感系列的超低心位设计、内置独创 360°立体无痕胸围的运动背心及 T 恤等，在面料选择上采用欧洲高级花边面料、精美的水晶配饰等，以其高雅、时尚的风格，舒适、健康、不断创新的功能，服务于不同年龄段的女士。品牌标识如图 9-40 所示。

图 9-40　安莉芳品牌标识

5. 欧迪芬

产品类别：文胸类、底裤类、家居类、保暖类、塑身类、袜品类、背心类、打底类、内衣配件类、泳装类等。

产品价位：内衣 100~500 元、内裤 96~258 元、家居服 188~688 元、泳装 100~600 元。

产品定位：中档。

目标消费群：以追求舒适性感的女性为代表。

年龄定位：25~40 岁。

图 9-41　欧迪芬品牌标识

品牌简介：欧迪芬（Ordifen）是一家专业生产、经营女性内衣的公司，倡导优雅、时尚、舒适的穿衣理念，用时尚设计内衣，用艺术呈现内衣，用文化衬托内衣，同时将关怀投入内衣，是实用主义和时尚生活交融的内衣品牌，以中青年女性作为消费群体。其产品从水袋文胸、到中国红系列深受消费者喜爱，并革命性地提出内衣外穿的概念。材质上，欧迪芬采用负离子、洞洞棉等抗菌、除臭、提高人体免疫力，并且透气舒适的高科技创新材质。目前公司旗下有法式年轻内衣品牌“Rubii（璐比）”和法国高端品牌“Ilsée（伊夏）、代理美国尖端隐形内衣品牌“NuBra”、男装品牌“ordifen—man”、电视购物品牌“body—s”等。品牌标识如图 9-41 所示。

6. 古今

产品类别：文胸、内衣裤、泳衣、睡衣、沙滩装、调整型衣裤、家居服、保暖衣等八大系列产品。

产品价位：内衣 79~288 元、内裤 30~98 元、家居服 60~368 元。

产品定位：中档。

目标消费群：以追求舒适性感的女性为代表。

年龄定位：25~40 岁。

图 9-42　古今品牌标识

品牌简介：古今（Gujin）被予为“中华老字号”，主要经营各种做工精细、款式精美、面料讲究、款式符合女性人体功能及力度原理的内衣。古今旗下有 4 个品牌：古今、尚十六、古今男士、美慕莎。古今产品以棉质面料为主，其中尚十六根据少女不同发育阶段设计开发出微微隆起、初显曲线、楚楚动人三个系列；“古今男士”内衣从面料的透气性、舒适性、抗菌性，剪裁的合体等方面出发，制作出适合男士穿着的内衣。“美慕莎”是古今旗下的高端内衣品牌，产品采用了蕾丝、刺绣等设计，具有奢华风格。品牌标识如图 9-42 所示。

7. 黛安芬

产品类别：文胸、内裤、塑身内衣、暖衣、家居服、泳衣。

产品价位：内衣 119~450 元、内裤 38~128 元、家居服 90~460 元、塑身 199~468 元。

产品定位：中档。

目标消费群：以追求舒适性感的女性为代表。

年龄定位：25~40 岁。

图 9-43　黛安芬品牌标识

品牌简介：黛安芬（Triumph）是德国著名的内衣品牌，也是世界上最大的内衣制造商之一，旗下有 triumph、Sloggi、VALISERE、HOM 四个品牌。黛安芬以其时尚流行款式、舒适的感觉、先进的面料、精致的做工、科学的剪裁获得消费者青睐。品牌发展遵循多元化策略，魔术文胸、T 恤文胸、美肤文胸、仙乐娇系列、FashionStyle 及 BeeDee 少女内衣系列等产品涉及普通型、古典型、功能型、睡衣型、生理型、运动型等各个领域。品牌标识如图 9-43 所示。

8. 仙乐娇

产品类别：文胸、内裤、家居服、塑身、泳衣等。

产品价位：内衣 168~680 元、内裤 78~298 元、家居服 198~680 元、塑身 299~880 元。

产品定位：中高档。

目标消费群：以追求舒适性感的女性为代表。

年龄定位：25~40 岁。

图 9-44　仙乐娇品牌标识

品牌简介：仙乐娇（Sloggi）是黛安芬国际集团旗下的年轻时尚品牌，以具有活力、舒服的蓝色为品牌标识色。其产品以年轻人的生活为创作出发点，秉承自然、纯净、舒适、简洁的设计理念，从纯净设计想法出发，以舒适的穿衣哲学作为基本的需求，并注入年轻活力的流行因子，如选用俏皮的图案、动感的条纹或者率性的配饰。Sloggi 在材质上强调柔软舒适，色彩则呈现五颜六色的形式，以简单基本的短裤深受女性的青睐。品牌标识如图 9-44 所示。

9. 华歌尔

产品类别：文胸、束裤、全身束衣、内裤、睡衣、保暖衣、衬裙等。

产品价位：内衣 190~398 元、内裤 60~200 元、家居服 160~898 元、塑身 136~888 元。

产品定位：中高档。

目标消费群：以追求舒适性感的女性为代表。

年龄定位：25~40 岁。

品牌简介：华歌尔（Wacoal）是日本内衣著名品牌，公司秉承美丽、舒适、健康的品牌理念，设立华歌尔人体科学研究所，并将各项研究成果充分运用到所有产品的开发制造上。华歌尔产品选用高品质材质，日本的荣花边、西班牙的DOGI、美国杜邦公司的莱卡、Tactel等高品质纤维广泛应用于其产品。色彩方面，采用金银两种颜色制成金影银光胸围，金影银光胸围有八分五杯及全杯两款设计，具丰胸及向上托的功能，金色和银色布料分别采用反金线和反银线设计。图形方面则以格子条纹、动物图案、迷彩花纹、花卉图案为主。品牌标识如图9-45所示。

图9-45　华歌尔品牌标识

10. 黄金身段

产品类别：文胸、内裤、家居服、塑身内衣、睡衣等。

产品价位：内衣78~398元、内裤45~168元、家居服98~398元、塑身136~688元。

产品定位：中档。

目标消费群：以追求舒适性感的女性为代表。

年龄定位：25~35岁。

图9-46　黄金身段品牌标识

品牌简介：黄金身段隶属于汕头时佳实业有限公司，旗下有“奥丝蓝黛”“黄金身段”“丝芙丽”“新海花边”四个品牌。黄金身段秉承“让高雅走向大众”的品牌理念，坚持以传播内衣文化为己任，将产品定位为快时尚平价内衣专营连锁，以优异的生产工艺，舒适美观的造型，鲜明时尚的个性获得大众认可。公司侧重高科技功能性产品的研发，开发了如魔术胶到骨、精油袋中袋、草本养护胸垫等专利产品。品牌标识如图9-46所示。

11. 6IXTY8IGHT

产品类别：女性内衣、内裤、家居服、塑身内衣、泳衣、休闲运动系列。

产品价位：内衣78~398元、内裤45~168元、家居服98~398元、塑身136~688元。

产品定位：中档。

目标消费群：以追求舒适年轻的女性为代表。

年龄定位：25~35岁。

图9-47　6ixty8ight品牌标识

品牌简介：6ixty8ight隶属于香港合隆国际时装有限公司，公司产品定位为可爱甜美的萝莉风格，打破内衣的传统销售模式，将内衣搭配休闲运动的衣服以独特的搭配方案概念推向市场。产品设计以粉色为主色调，运用大量的装饰效果堆叠，如花朵、蝴蝶结、荷叶花边、波点、条纹及可爱的腰带等元素。品牌标识如图9-47所示。

12. 康璐妮

产品类别：文胸、美体内衣、家居服、保暖内衣、情趣睡衣、背心、盒裤/短裤、泳装、袜品。

产品价位：内衣98~498元、内裤60~268元、家居服198~598元、塑身236~688元。

产品定位：中高档。

图9-48　康璐妮品牌标识

目标消费群：以追求舒适的女性为代表。

年龄定位：25~35岁。

品牌简介：深圳市康璐妮（Color night）内衣服饰有限公司前身为广东汕头宏升内衣实业有限公司，拥有“波比滳”“金澳芬”“凡瑟妮”等系列内衣品牌。公司倡导自然健康的内衣穿着理念，致力于环保健康美体产品的研发和推广，采用高科技面料（棉、竹炭纤维、莫代尔、莱卡等原料）及科学设计剪裁，管理并引导脂肪流向，将流失的脂肪归位罩杯中，达到美胸美体目的。产品多元化，设计时尚，制作精巧。品牌标识如图 9-48 所示。

13. 蕾特琳娜

产品类别：文胸、内裤、塑身功能性内衣。

产品价位：内衣 138~680 元、内裤 78~398 元、家居服 198~798 元、塑身 236~888 元。

产品定位：中高档。

目标消费群：以追求舒适的女性为代表。

年龄定位：25~35 岁。

图 9-49　蕾特琳娜品牌标识

品牌简介：蕾特琳娜（leitelinna）隶属于北京舒漫德亿服饰有限公司，是一家专业从事“功能型内衣”研发设计、生产配送、连锁运营以及门店售后服务为一体的内衣品牌公司。蕾特琳娜致力于改善女性形体问题，倡导女性通过塑形内衣的穿戴，被誉为“完美 S 形曲线缔造者”，其内衣设计依据人体学、脂肪学的科学理论，延续国外功能塑形制作工艺，并结合亚洲女性的形体特点，以精湛的制作工艺及优质面料，通过零售店的“塑形体验”模式，向公众传播着“专业美体塑形”的理念。品牌标识如图 9-49 所示。

14. 莱特妮丝

产品类别：内衣、塑型文胸、功能性内衣、家居服等。

产品价位：塑型内衣 288~2600 元，家居服 199~1999 元、塑型文胸 288~2600 元、内裤 199~398 元、塑身衣 1688~9998 元。

产品定位：高档。

目标消费群：以追求时尚舒适的女性为代表。

年龄定位：18~38 岁。

图 9-50　莱特妮丝品牌标识

品牌简介：莱特妮丝（Lightness）隶属于欧洲 Lightness 国际时尚集团，是一家专门生产以功能型内衣为主的国际企业。公司提倡优雅、时尚、健康的内衣生活概念，产品根据亚洲女性的身体特征及审美需求，注重人体工学力学原理，强调舒适与健康，采用高科技、高品质的国际新型面料与顶尖的时尚流行设计，坚持以高品质的缝制工艺标准服务于消费者。品牌标识如图 9-50 所示。

15. 婷美

产品类别：塑型美体内衣、瘦暖发热内衣、丰胸防垂内衣、翘臀瘦腿内衣、产后恢复内衣、防辐射衣、化妆品等。

产品价位：塑型内衣 189~999 元，塑型套装 399~1699 元、塑型文胸 259~999 元。

产品定位：中档。

目标消费群：以追求时尚舒适的女性为代表。

年龄定位：18~38 岁。

图 9-51　婷美品牌标识

品牌简介：婷美隶属于北京婷美集团，是中国深具生产与品牌实力的专业内衣制造企业，专门从事高品质、系列化内衣产品的设计、研发、生产和销售。婷美保健修形内衣将中医针灸理论为主导的保健功能与美体修形的塑身功能创造性地统一，给予女性身材内外双重的优化效果。此外，婷美进驻基础文胸、保暖内衣等其他内衣细分市场，并且以良好的塑形效果与保健功能深受顾客喜爱。品牌标识如图 9-51 所示。

二、保暖内衣品牌

1. 三枪

产品类别：T 恤、内衣、家居服、抗寒内衣、弹性内衣、保养内衣、羊毛内衣。

产品价位：内衣 199～1999 元，家居服 99～899 元。

产品定位：中档。

目标消费群：大众男女、寒冷气温地带的人群。

年龄定位：25～40 岁。

图 9-52 三枪品牌标识

品牌简介：上海三枪集团主要生产三枪牌中高档内衣系列产品，形成以棉、麻、丝、毛、混纺、化纤等为主要原料的织造、染整、服装加工一条龙配套生产系，旗下品牌包括三枪牌、鹅牌、菊花牌、金杯（袜品）。三枪产品兼有休闲、舒适的产品特性，在传统的风格中融入了时尚元素，其产品要素聚集在材质上，有柔暖棉毛衫裤系列、全棉凉爽麻纱内衣系列、薄型羊毛内衣系列、牛奶丝内衣系列、少儿内衣系列、三枪 T 恤系列、柔棉莱卡内衣系列等。品牌标识如图 9-52 所示。

2. 宜而爽

产品类别：保暖内衣、男士内裤、女式内衣、棉毛衫、内裤、背心、吊带衫、短袖衫、家居服/裙、沙滩裤、袜子等。

产品价位：保暖内衣 69～259 元，背心 19～66 元。

产品定位：中档。

目标消费群：大众男女。

年龄定位：18～45 岁。

图 9-53 宜而爽品牌标识

品牌简介：宜而爽隶属于台湾中兴集团，拥有 15 个系列的近 200 种商品，以其精选的面料、合体的裁剪、经典的款式、清新的颜色，吸引着各个层次的众多消费者。宜而爽内衣注重新材料、新技术的持续开发与应用，主导产品包括厚棉内衣、暖棉内衣、羊毛内衣、远红外内衣、保健系列内衣、莱卡系列内衣、超保暖内衣、导汗系列内衣、精致棉系列内衣等。品牌标识如图 9-53 所示。

3. 铜牛

产品类别：女士内衣、男士内衣、家居服、儿童内衣等。

产品价位：保暖内衣 100 元左右。

产品定位：中高档。

目标消费群：大众男女。

年龄定位：18～35 岁。

图 9-54 铜牛品牌标识

品牌简介：铜牛品牌针织服装产品以“绿色、自然、健康”为主题，注重高科技含量，体现人文关怀，产品涉及内衣、居家、休闲及童装等针织服装产品，承接工装团购、特体定制等专业化加工制作业务，其“TOPNEW”梭织服装产品远销俄罗斯等东欧国家。铜牛内衣与航天牵手，成为中国航天员中心行业唯一科技战略合作伙伴，持续为航天员研发航天内衣等高科技产品服务，“铜牛内衣、航天品质”是铜牛高品质的最佳诠释。品牌标识如图 9-54 所示。

4. 俞兆林

产品类别：薄型、中薄型保暖内衣、家居服、内裤、保暖衬衫等。

产品价位：保暖内衣 69～219 元。

产品定位：中高档。

目标消费群：大众男女。

年龄定位：18～48 岁。

品牌简介："俞兆林"作为中国保暖内衣十大优势品牌之一，以其独特的抗风、保暖效果获得消费者的青睐。产品的高科技性是其一大特色，从金属棉、太空棉到羽绒、羊毛绒再到以仿生学的原理发明的导湿保暖复合绒，集棉的舒适、丝的轻柔、麻的强度与毛的保暖性与吸湿性融为一体，具有优异的保暖、透气、抗风、导湿的性能。同时，增加印花、提花等花型工艺，注重产品的功能性，在膝、肩等关节部位增加护膝、护肩功能的保暖内衣等。品牌标识如图 9-55 所示。

图 9-55　俞兆林品牌标识

5. 顶呱呱

产品类别：内衣、线衫、童装、T 恤、衬衫、家居服、家纺、袜子。

产品价位：内衣 29~240 元。

产品定位：中低档。

目标消费群：有生活品位的人士。

年龄定位：6~35 岁。

图 9-56　顶呱呱品牌标识

品牌简介：顶呱呱彩棉服饰有限公司是国内最早从事天然彩棉种植、培育和纺织加工技术研究及技术推广应用的高新技术企业，公司拥有大面积的彩棉种植基地，为其开发高档彩棉服饰提供强有力的科技保障和原料保障。"顶呱呱"内衣本着舒适、健康、环保的发展理念，运用纯天然彩色棉花作为原料，做到种植、纺纱、织布至成衣整个生产过程中无污染，使得其产品具天然特性，色彩柔和淡雅，洗后鲜靓。品牌标识如图 9-56 所示。

6. 猫人

产品类别：时尚暖衣、家居服、内衣、泳装、瑜伽服、内裤、时尚裤袜等。

产品价位：保暖内衣 129~1699 元，羊绒内衣 1988~4109 元，内裤 49~100 元。

产品定位：中档。

目标消费群：有生活品位的大众男女。

年龄定位：20~45 岁为主。

图 9-57　猫人品牌标识

品牌简介：猫人内衣是猫人国际（香港）股份有限公司旗下的主打品牌，是一家致力于专业研发、经营时尚内衣、潮流女装和运动休闲服饰的现代化大型品牌运营集团。公司秉承"追求性感生活方式"的品牌理念，致力于打造中国式性感时尚暖衣。公司旗下现有 MIIOW CLASSIC（猫人经典）、MIIOW SECRET（猫人秘密）、Miiow Sexyzone（猫人性感地带）、MIIOW KIDS（猫人儿童）、Miiow Sparkpie（猫人活力派）等子品牌。品牌代表性产品猫人热力卡保暖内衣采用正反两面面料不同色彩、不同材质的设计手法，里层为本身不能产生热量，但能够吸收人体体温所产生热量的日本三菱新兴材料，外层为质地光滑的高科技澳洲羊毛，且加入弹性莱卡。品牌标识如图 9-57 所示。

7. 桑扶兰

产品类别：文胸、三角裤、束身衣、衬裙、家居服、泳装。

产品价位：文胸 100~220 元。

产品定位：中档。

目标消费群：有生活品位的大众男女。

年龄定位：15 岁以上。

品牌简介：桑扶兰是大连桑扶兰时装有限公司旗下品牌，是专业从事女士内衣设计、生产与销售的知名企业。公司秉承"时尚、优雅、人文"的品牌理念，致力于传播女性内衣文化，品类涉及内衣、塑形、保暖、家居等系列。产品融合现代元素与东方柔美于一

图 9-58　桑扶兰品牌标识

体，将流行元素锁定在细节和品质，采用艳丽而明快的色调、多层次的造型、内外优质时尚的面料及根据人体结构特制的板型，使其以卓越的品质、出众的舒适性和功能性引领国内内衣时尚。品牌标识如图 9-58 所示。

8. 舒雅

产品类别：内衣、线衫、童装、T 恤、衬衫、家居服、家纺、袜子。

产品价位：内衣 60~1000 元。

产品定位：中高档。

目标消费群：追求时尚的都市人群。

年龄定位：20~35 岁。

品牌简介：舒雅（SCHIESSER）是德国有着百年历史的著名内衣品牌，堪称内衣之母，以精细制造和严格品控各个环节和细节著称，市场定位为高端内衣，并且注重功能性运动内衣的开发。舒雅产品运用最新高品质面料，工艺精湛，风格选择丰富，如基础系列为经典、简洁的风格，以黑白灰为主色；时尚系列则包括更多的潮流设计。目前旗下有 PLATINUM 铂雅高端系列。品牌标识如图 9-59 所示。

图 9-59　舒雅品牌标识

三、家居服

1. 美标

产品类别：高级睡衣、针织内衣、休闲服、绣衣、睡衣、内衣、内裤、手帕、围巾、家居服。

产品价位：睡衣 100~400 元。

产品定位：中档。

目标消费群：都市女性。

年龄定位：18~35 岁。

品牌简介：美标服饰隶属于广东美标服饰实业有限公司，是一家集设计研发、规模生产品牌经营为一体的企业。美标注重艺术美与自然美的结合，注重款式、图案、色彩、板型的完整性，其品质精良、高贵典雅，深受消费者的喜爱。美标产品拥有很强的设计、绘制、手工刺绣能力，采用立体原形剪裁技术与缝制工艺，其缝制部分由专业技师缝制而成，每处细节均体现着精湛工艺与动人美感。品牌标识如图 9-60 所示。

图 9-60　美标品牌标识

2. 秋鹿

产品类别：高级睡衣、针织内衣、休闲服、绣衣、睡衣、内衣、内裤、手帕、围巾、家居服。

产品价位：秋季睡衣 169~269 元，夏季睡衣 99~399 元。

产品定位：中档。

目标消费群：追求时尚，注重生活品质的都市消费人群。

年龄定位：25~45 岁。

品牌简介：广东秋鹿实业有限公司集设计研发、生产供应、营销管理一体化运作，是家居服产、销量最大的大型专业公司，致力于生产与销售中、高档家居服系列产品。旗下拥有“秋鹿”“梦伴”“JENIZE”“依媚儿”等子品牌。秋鹿产品款式新颖、做工精细，将国际流行元素与公司品牌形象结合，设计推出了合家欢家庭生活系列、浪漫情侣系列、健康概念的运动休闲系列、男装系列、阳光少女系列、童装系列、高档真丝系列。品牌标识如图 9-61 所示。

图 9-61　秋鹿品牌标识

3. 芬腾

产品类别：传统睡衣、时尚睡衣、时尚家居服、休闲家居服、浴用家居服及单件花裤等。

产品价位：睡衣 139 元。

产品定位：中高档。

目标消费群：注重生活品质，向往和谐家居生活的成熟人士。

年龄定位：20~50 岁。

图 9-62 芬腾品牌标识

品牌简介：“芬腾”家居服隶属于广东洪兴实业有限公司，是一家集面料开发、产品设计、生产、销售为一体的大型家居服饰企业。“芬腾”产品多采用棉、麻、丝、莫代尔等纯天然和高科技合成环保面料为生产原料，配合一流的 CAD 服装设计体系和现代计算机管理系统，秉承东方传统服饰文化、生活习惯及中国人的体型特征精心设计。产品分春、夏、秋、冬四个季节，每季推出多个系列 300 余款，全面覆盖每个细分家居场所。品牌标识如图 9-62 所示。

4. 康妮雅

产品类别：内衣、家居服。长袖套装、短袖套装、吊带套装、背心套装、裙装、夹棉套装。

产品价位：睡衣 139~250 元。

产品定位：中档。

目标消费群：追求时尚，注重生活品质的都市人群。

年龄定位：18~35 岁。

图 9-63 康妮雅品牌标识

品牌简介：康妮雅是一家集设计、生产、国内零售、出口贸易于一体，业务遍及全球的大型服装企业。“康妮雅”（CONLIA）锁定高端家居服品牌定位。时尚、经典、优雅、高品位的产品风格，引领家居服时尚潮流。其产品追求功能性生活，强调自由组合，尤其着重多功能服饰的互相配搭，色彩鲜艳夺目，以优质的针织棉、梭织棉、麻棉、MODAL、真丝、纯天然纤维为主，配合国际时尚高科技创新面料，以活力、浪漫的感觉诠释其健康、优雅、时尚的生活理念。品牌标识如图 9-63 所示。

第五节 童装品牌

1. 小猪班纳

产品类别：短袖/长袖 T 恤、衬衫、外套、棉衣、羽绒衣、马甲、短裤、单长裤、夹长裤、棉长裤、短裙、连身裙/裤、毛织产品、套装、袜、鞋、帽、包、饰品。

产品价位：夏装 50~150 元，冬装 100~200 元。

产品定位：中高档。

目标消费群：全国各大中型城市的中高收入家庭。

年龄定位：0~16 岁婴幼儿及儿童。

图 9-64 小猪班纳品牌标识

品牌简介：小猪班纳服饰隶属于香港良发企业集团有限公司，定位于全国各大中型城市的中高收入家庭。小猪班纳坚持“时尚、运动、休闲、健康、活力”的品牌风格，强调北欧原生态设计风格，无个性即个性的表现形式，力求通过原创的设计手法，诠释儿童的自然舒适的生活状态。其产品在保持简洁、实用、自由风格的同时，注重面料的品质及服装细节的变化，产品裁剪精细，做工考究，以颜色丰富、线条简洁、款式新颖、穿着舒适吸引众多消费者。品牌标识如图 9-64 所示。

2. 巴拉巴拉

产品类别：上衣、裤子、套装、袜子、包、帽子、内裤、内衣、饰品、围巾、手套、童鞋。

产品价位：夏装 50~200 元，冬装 100~400 元。

产品定位：中档。

目标消费群：80 后乃至 85 后年轻的都市妈妈群体。

年龄定位：0~16 岁儿童。

图 9-65　巴拉巴拉品牌标识

品牌简介：巴拉巴拉童装隶属于中国著名休闲品牌森马集团，倡导“童年不同样”的品牌理念，产品定位为“休闲，时尚，运动，健康”的都市化风格，致力发掘中国特色的时尚元素，提供多样化的风格选择和摩登造型，通过趣味、欢乐、多彩的产品及充满惊喜的品牌体验，激发、释放孩子们的探索、好奇的天性。公司采用多元化品牌集合销售模式及一站式零售空间提供多样的专业时尚产品的方式，使其赢得众多消费者的支持。品牌标识如图 9-65 所示。

3. 迪斯尼

产品类别：中高档童装、鞋帽、书包、文化用品、各类玩具、生活用品。

产品价位：夏装 39~350 元，冬装 139~738 元。

产品定位：中高档。

目标消费群：城市中高收入家庭。

年龄定位：0~16 岁儿童。

图 9-66　迪士尼品牌标识

品牌简介：迪士尼童装源自美国迪士尼公司，其时尚、新颖、健康的卡通形象如迪士尼“狮子王”“米老鼠”“唐老鸭”“小熊维尼”“公主”等衍生产品深受儿童喜爱。产品品种多元化且系列感强，在追求个性经典的同时强调单品之间的可搭配性，从设计、选料和用色上一脉相承，服装和饰品可自由选择，随意组合，突显个性、流行、经典的产品风格。迪士尼童装做工考究，在面、辅料的选择上完全符合国际生态纺织品标准要求。品牌标识如图9-66所示。

4. 巴布豆

产品类别：童装、童鞋、文具用品、生活用品及饰品。

产品价位：童鞋 50~200 元，夏装 40~350 元，冬装 100~400 元。

产品定位：中高档。

目标消费群：一二线城市的中高收入的家长。

年龄定位：0~16 岁（4~16 岁以内衣，居家服为主）。

图 9-67　巴布豆品牌标识

品牌简介：巴布豆童装隶属于上海巴布豆儿童用品有限公司，公司坚持“时尚、快乐、梦想、缤纷、健康”的品牌理念，产品设计构思新颖，卡通造型独巨匠心，色彩亮丽和谐，工艺精湛。巴布豆提供全方位品质与贴心的服务，用其创意、舒适、缤纷与多样化的产品满足儿童生活成长过程中不同性别与年龄段的需求与生活方式，带给消费者与孩子充满幻想与惊喜的品牌体验。同时，巴布豆紧跟潮流时尚前沿，整合强势动漫资源，打造时尚动漫文化儿童用品。品牌标识如图 9-67 所示。

5. 安奈儿

产品类别：礼盒、上衣、裤子、套装、袜子、包、帽子、内裤、内衣、饰品、围巾、手套、童鞋。

产品价位：上装 79~289 元，下装 85~350 元。

产品定位：中高档。

目标消费群：中高收入家庭。

年龄定位：0~12 岁儿童。

品牌简介：安奈儿童装隶属于深圳岁孚实业有限公司，专业从事绿色环保健康的中高档休闲童装的设计、制造与销售。服装风格定位为优雅与流行兼具，精致与舒适并重，用简约雅致的设计，考究的面料与裁剪，沉淀温婉、纯净、绅士的产品本质和文化内涵打造公司产品。在面料选择上，安奈儿童装以舒适的全棉为主，其他丝、羊毛、混纺面料为辅，并率先改进印染技术，利用水浆、粉浆等先进的图案印染工艺。品牌标识如图 9-68 所示。

图 9-68　安奈儿品牌标识

6. 派克兰帝

产品类别：男女童装、婴儿装、童鞋、配饰。

产品价位：夏装 28~200 元，冬装 39~500 元。

产品定位：中高档。

目标消费群：中高档收入的家长。

年龄定位：2~12 岁儿童

品牌简介：北京派克兰帝有限责任公司是一家集设计、研发、生产、销售于一体的专业儿童服饰及用品公司，是面向年轻都市中产阶级家庭的专业童装顾问。产品分为春夏秋冬和节日 5 个风格，种类覆盖全面，产品百搭、轻松、随意。派克兰帝童装用全新的色彩和审美哲学引领家长和孩子的选择，设计追求时尚、休闲与运动的完美融合，诠释着简洁、自然的国际理念，注重细节与品质，强调舒适的穿着体验。品牌标识如图 9-69 所示。

图 9-69　派克兰帝品牌标识

7. 丽婴房

产品类别：童装、童鞋、玩具、童床等儿童用品。

产品价位：裤子 40 ~ 300 元，外套 100 ~ 300 元，西裤 149 ~ 1000 元。

产品定位：中高档。

目标消费群：中高档收入的家长。

年龄定位：0~6 岁。

品牌简介：丽婴房隶属于上海丽婴房婴童用品有限公司，是中国母婴生活馆领导品牌。丽婴房以母婴生活馆的方式提供一站式购物，包含从奶瓶奶嘴到童车童床，从清洁护肤到成长训练，从内衣到寝具等各个阶段的婴幼儿用品。丽婴房服饰本着以人为本的文化核心，贴心考虑婴幼儿活动需求，以甜美、精致、典雅的风格，多样的品牌选择，丰富的商品组合，强调功能性与高品质的设计剪裁，使其深受大众喜爱。品牌标识如图 9-70 所示。

图 9-70　丽婴房品牌标识

8. 嗒嘀嗒

产品类别：婴童服装、小童服装、中大童服装、童鞋、婴幼儿用品、配饰品。

产品价位：夏装 40~300 元，冬装 30~500 元。

产品定位：中高档。

目标消费群：25~40 岁的家长。

年龄定位：0~15 岁。

品牌简介：嗒嘀嗒童装隶属于福建格林集团，产品以“绿色、环保、舒适”为人文主题，突出时尚潮流的风格表现，设计新颖，色泽素雅，做工精细，个性鲜明，注重产品组合配套的开发。嗒嘀嗒童装将产品定位会讲故事的童装，定

图 9-71　嗒嘀嗒品牌标识

期推出生动有趣且具教育意义的主题故事，制作成故事书和动画片 DV 光盘，在终端派送给消费者，故事主要元素及图案则被运用到产品设计开发中，为孩子们打造独特的故事装。品牌标识如图 9-71 所示。

9. 博士蛙

产品类别：男女童装、鞋具、护理产品和哺乳产品及配饰。

产品价位：幼童装 100~300 元，儿童装 200~1000 元。

产品定位：中高档。

目标消费群：中国大中型城市中高阶层主流消费群体。

年龄定位：0~14 岁。

图 9-72　博士蛙品牌标识

品牌简介：博士蛙童装隶属于上海荣臣博士蛙集团，公司秉承“健康向上，快乐活泼”品牌理念，采取多元化的品牌和丰富的产品相组合方式，将目标顾客锁定在大中型城市中高阶层消费群体，倡导健康环保的童装消费。博士蛙秉承文化设计的理念，致力打造以热门电影、卡通角色和体育赛事主题为主的儿童消费品设计、开发及销售的综合平台，目前旗下有博士蛙、Baby2 和 Dr. Frog 以及各种取材自热门电影、动漫人物及体育赛事，广受市场欢迎的授权品牌如哈利波特等。品牌标识如图 9-72 所示。

10. ABC

产品类别：儿童运动鞋、皮鞋、布鞋、服装、配件等儿童用品。

产品价位：童鞋 15~200 元，上衣 100~500 元。

产品定位：中高档，城市及城镇市场。

目标消费群：追求时尚、品位、进步的少年儿童及其父母、亲友。

年龄定位：3~13 岁。

图 9-73　ABC 品牌标识

品牌简介：ABC 童装隶属于台湾 ABC 童装时兴企业集团，秉持“因为爱”的品牌文化精神，倡导“儿童时装”的概念，开发设计从儿童休闲服到儿童西服洋装四季全系列 ABC 童装及延伸产品。ABC 童装产品款式多样，以灵动简约的风格，汇纳国际市场流行的花型、色调和风格于每款设计中，并将 ABC 品牌独特的艺术与文化品味植根于内，诠释出清新、帅气、阳光的儿童形象。品牌标识如图 9-73 所示。

11. 好孩子

产品类别：婴儿推车、儿童汽车安全座、襁褓座、学步车、电动车、自行车、扭扭车、三轮车、滑板车、餐椅、秋千、童床、安全门、游戏中心等耐用品，哺育用品、洗护用品、卫浴用品、湿巾尿布、口腔护理、安抚玩具、婴童服饰。

产品价位：夏装 16~700 元，冬装 100~1000 元。

产品定位：中高档。

目标消费群：中高收入家庭。

年龄定位：0~9 岁。

图 9-74　好孩子品牌标识

品牌简介：好孩子是中国最大的母婴产品供应商、零售商和分销商，世界儿童用品行业的杰出领导者，专业从事全方位母婴产品的研发、制造、分销和零售。好孩子同时是全方位的育儿专家，为广大育儿家庭提供从儿童出行用品、居家用品、乘玩用品、服装鞋帽、护理用品、育儿资讯和咨询、零售等全程育儿用品和服务。好孩子的全球化研发体系集市场调查、产品设计、工艺技术、标准研究于一体，以融合科技创新与艺术时尚的方式，开发每一款产品。集团下面目前拥有自有品牌好孩子、小龙哈彼以及 gb、Geoby、Goodbaby。作为零售商，好孩子集团提供一站式购物平台“好孩子专卖店”

“mothercare”“妈妈好孩子”，通过实体门店和互联网直接为消费者提供产品与服务。品牌标识如图 9-74 所示。

第六节 青年品牌

一、青年男装品牌

1. 杰克·琼斯

产品类别：外套，羽绒服、呢子大衣、棉服、皮衣/仿皮、夹克、西装、风衣；上装，卫衣、长袖衬衫、长袖 T 恤、背心/马甲、针织衫、翻领 T 恤；下装，牛仔裤、休闲裤、正装裤；配饰，太阳镜、皮套、包、帽子/围巾/手套、内衣、袜子。

JACK & JONES®

图 9-75 杰克·琼斯品牌标识

产品价位：T 恤衬衫约 299 元，西装约 599 元，裤子大概在 399 元左右。

产品定位：中档。

目标消费群：关注世界动向，勇于接受挑战的现代男性。

年龄定位：30 岁左右。

品牌简介：杰克琼斯（Jack & Jones）是代表欧洲时尚潮流的服饰品牌，同时也是都市风格服装的典范品牌，是丹麦 BESTSELLER（绫致时装集团）集团旗下的主要品牌之一。Jack & Jones 以其简洁纯粹且独特、轮廓鲜明且朴实的风格吸引全球时尚男士的注意力。同时 Jack & Jones 强调设计理念的个性化，采用高品质、时尚、新颖的面料制作服装，服装整体感觉富有内涵。其产品细分为黑标系列（正装系列，注重利落的剪裁、流畅的线条和精良的质感）、白标系列（正装系列产品分支，强调轻松写意、自由优雅的风格）、休闲系列（牛仔休闲产品系列）、紫标系列（英伦摇滚风格，强调个性的张扬）、复古系列（为追求复古独特风格的人士而设计）、金标系列（强调细节和精湛的工艺，具有强烈个性的意大利风格）。品牌标识如图 9-75 所示。

2. 马克华菲

产品类别：羽绒服、大衣、棉服、夹克、西装、风衣、卫衣、衬衫、T 恤、马甲、针织衫、牛仔裤、休闲裤、正装裤、配饰等。

MARK FAIRWHALE
NEW MODERN GENTLEMEN

图 9-76 马克华菲品牌标识

产品价位：冬季羽绒服价格在 1000~2000 元之间，衬衫在 200~600 元之间。

产品定位：中档。

目标消费群：商务精英、城市潮流男性、独立自信拥有独特个性的年轻男性。

年龄定位：新绅士男装（30~45 岁）、FJ 男装（20~35 岁）、创意都市女装（25~35 岁）、后兴格（17~25 岁）。

品牌简介：马克华菲（Mark Fairwhale）是设计师张肇达开发的中国原创设计时尚品牌，其服装产品在优雅、讲究绅士风度中增添随意的情调，服装分割线的改变，细节组合及比例调配，营造出具有幽默感和惊喜的极简主义风格。公司旗下有新绅士男装、创意都市女装、Jeans 男装、华菲·型格、M-Idea Forever 以及潮流概念店——MF ART+。品牌标识如图 9-76 所示。

3. 卡宾

产品类别：羽绒服、大衣、棉服、夹克、风衣、卫衣、衬衫、T 恤、马甲、针织衫、牛仔裤、休闲裤、配饰等。

产品价位：裤子 119～1300 元，衬衫 70～700 元，外套 200～3000 元。

产品定位：中档。

目标消费群：热爱时尚与休闲的都市高级白领及追求高品质生活的时尚男士。

年龄定位：18～40 岁。

Cabbeen®

图 9-77　卡宾品牌标识

品牌简介：卡宾服饰是一家集研究、设计、生产、销售于一体的时尚男装企业。品牌坚持“舒适与原创”的设计理念，卡宾男装以张扬个性的原创设计为核心优势，通过独具匠心的别致剪裁以及对面料的开发与创造性运用使得服装呈现先锋与传统并重的美学结构。同时，卡宾男装以对细节的完美追求与多元化的创意精神，为时尚男装注入艺术性的审美特质。品牌标识如图 9-77 所示。

二、青年女装品牌

1. 艾格

产品类别：裙装、上衣、外套、裤装、配饰。

产品价位：T 恤 59～200 元，西装 134～350 元，连衣裙 150～500 元。

产品定位：中档。

目标消费群：时尚、独立的都市青年女性。

年龄定位：20～35 岁。

Etam

图 9-78　艾格品牌标识

品牌简介：有艾格周末系列 Etam WEEKEND、艾格运动系列 ES、艾格内衣系列 Etam Lingeri 等。以城市装为主的艾格服饰以其前卫复古的时尚风格，变化多样的款式，新颖别致的色彩，合理适中的价格，热情周到的服务赢得消费者喜爱。其产品线条简洁流畅，面料舒适流行，且不同质地面料的交叉搭配，加以精致的制作工艺打造出女性特有的“优雅、魅力、气质”，以适应正装休闲化趋势。品牌标识如图 9-78 所示。

2. 维莎曼

产品类别：裙装、上衣、外套、裤装、配饰。

产品价位：风衣 90～800 元，衬衫 100～400 元。

产品定位：中档。

目标消费群：都市年轻白领女性。

年龄定位：25～35 岁。

VERO MODA®

图 9-79　维莎曼品牌标识

品牌简介：维莎曼（VERO MODA）是丹麦国际时装公司 BESTSELLER 集团所创办的第一个品牌，产品定位为职业休闲装，于经典中渗透最新的时尚感觉，以简洁的款式突出优雅的女人味。维莎曼代表一种年轻人的独特风格，服务于拥有超强自我意识和独立性的女士，因其款式丰富、色彩醒目、时尚设计、合理价格以及全球供应链，从而成为全球上班族女性的首选品牌。品牌标识如图 9-79 所示。

3. Only

产品类别：裙装、外套、夹克、套衫、紧身针织上装、T 恤衫、衬衣、饰品（背包、帽子、手套等）。

产品价位：T 恤 200～4000 元，裤子 200～2000 元，连衣裙 200～500 元。

产品定位：中档。

目标消费群：大胆、独立的都市年轻女性。

年龄定位：15～35 岁。

品牌简介：ONLY 是丹麦国际时装公司 BESTSELLER 集团旗下知名品牌之一，它代表年轻人活力、有趣的生活方式，充满动感和浓厚的时代气息。其产品细分为 LUX 系列（luxury 奢华），CT 系列（city trend 都市），SW 系列（street wear 街头）。ONLY 服饰具有个性鲜明的设计与极具标识性的北欧流行风格，面料多选用来自欧洲和日本的高级面料，特别注重运用如富强纤维、氨纶等最新高科技面料，使衣物既有天然面料的舒适性，又容易清洗，保持良好形态。品牌标识如图 9-80 所示。

图 9-80　ONLY 品牌标识

4. EDC

产品类别：外套、连衣裙、套衫、紧身针织上装、T 恤衫、衬衣和其他饰品。

产品价位：外套 400~4000 元，针织衫 269~500 元。

产品定位：中档。

目标消费群：追求个性，喜欢运动的年轻女性。

年龄定位：18~25 岁。

品牌简介：EDC 是 Esprit 旗下的年轻系列衍生品牌，以朝气蓬勃、活泼开朗、独树一帜的年轻形象深受消费者喜爱。EDC 在产品中融入全球化潮流的设计理念，色彩大胆丰富，图案多为时下的流行元素，面料舒适易打理，是独具个性化、年轻化的服装系列。其女裤分为 FOUR 系列（直身，低腰，非弹性布料，微靴裤管）、FIVE 系列（贴身，低腰，弹性布料，微靴裤管）、PLAY 系列（松身，低腰，非弹性面料，宽裤管）、SKIN 系列（紧身，低腰，弹性面料，窄裤管）四个系列。品牌标识如图 9-81 所示。

图 9-81　EDC 品牌标识

第七节　休闲服装品牌

一、休闲装品牌

1. 美特斯邦威

产品类别：背心、马甲、T 恤、衬衫、针织衫、西装、大衣、长裤、短裤、腰带、围巾、手套、帽 、平底鞋、中跟高跟鞋、凉鞋、单肩包、斜挎和邮差包、手拎包、手拿包、短外套、长外套、钱夹/卡片夹、半裙、连衣裙、双肩包等。

产品价位：裤子 59~239 元，外套 100~500 元。

产品定位：中低档。

目标消费群：活力和时尚的年轻人群。

年龄定位：16~28 岁。

品牌简介：美特斯邦威隶属于上海美特斯邦威服饰股份有限公司，公司主要研发、采购和营销自主创立的 Meters/bonwe 和 ME&CITY 两大品牌时尚休闲服饰。美特斯邦威秉承"不走寻常路"的设计理念，倡导环保、自然、简约但又不失自我的创意生活态度，以多元化的产品、简洁的设计感、舒适与自然的素材、充满活力的色彩为消费者提供着品质优良、着重环保且价格合理的服装及生活用品。品牌标识如图 9-82 所示。

图 9-82　美特斯邦威品牌标识

2. 佐丹奴

产品类别：休闲男装、女装、童装、妇婴用品、服饰配件等。

产品价位：全棉 T 恤 50~150 元，衬衫 100~200 元，长裤 100~300 元，夹克 200~400 元。

产品定位：中低档。

目标消费群：休闲一派、上班一族、稚龄儿童。

年龄定位：6~45 岁。

品牌简介：佐丹奴隶属于佐丹奴集团，是一家集设计研发、生产制造和市场营销为一体的公司。产品定位于“时尚、休闲、前卫、个性”，以天然材质、简单与自由搭配、流行趋势、国际化的休闲品味为产品发展概念，力求集款式新颖、大方得体及功能实用于一体。公司研发的 Dry tech 商品，具有强力的吸水排汗功效；与杜邦合作推展的莱卡（Lycra）弹性织维，强调产品的延展性与舒适度。旗下有 Giordano（佐丹奴）、BSX（佐丹奴年轻潮流品牌）、Giordano Junior（佐丹奴童装）、Conceptsone（佐丹奴高级男装品牌）以及 Giordano Ladies（佐丹奴高级女装品牌）。品牌标识如图 9-83 所示。

图 9-83　佐丹奴品牌标识

3. 森马

产品类别：T 恤、毛衫、茄克、衬衫、风衣、马夹、牛仔、裙装、内衣、休闲包等系列。

产品价位：夏装 59~200 元，冬装 60~500 元。

产品定位：中低档。

目标消费群：时尚年轻族群。

年龄定位：16~30 岁。

品牌简介：浙江森马服饰股份有限公司是一家以虚拟经营为特色、以系列成人休闲服和儿童服饰为主导产品的品牌服饰企业，是中国领先的大众时尚服饰品牌。森马崇尚青春、活力、奔放、健康的品牌文化，追求个性化和独特的文化品位，品牌定位于年轻、时尚、活力、高性价比的大众休闲服饰，以系列化、丰富化、时尚化的产品为消费者打造款式丰富、舒适易搭、高品质感的时尚设计新品。品牌标识如图 9-84 所示。

图 9-84　森马品牌标识

4. 真维斯

产品类别：男女装休闲服、T 恤、牛仔裤等配饰。

产品价位：T 恤 30~200 元，外套 80~500 元。

产品定位：中档。

目标消费群：健康、上进的年轻一族。

年龄定位：18~25 岁。

品牌简介：真维斯隶属于香港旭日集团，是中国最大的休闲服饰品牌之一。作为一个年轻、健康、向上的服饰品牌，倡导真诚、乐观的生活态度，强调“名牌大众化”的理念，为大众提供“物超所值”的品牌服饰。真维斯服饰定位大众潮流的休闲风格，将每季最新的潮流元素融入服装当中，以易穿、易搭配的款式吸引着顾客。品牌标识如图 9-85 所示。

图 9-85　真维斯品牌标识

5. 以纯

产品类别：童装和成衣两大系列，款式有外套、羽绒服、针织衫、T 恤、牛仔裤等。

产品价位：夏装 200 元左右，春秋装 400 元左右，冬装 600 元左右。

产品定位：中等档次。

目标消费群：年轻一族。

年龄定位：18~30 岁。

品牌简介：“以纯”隶属于东莞以纯集团，集设计、采购、生产、营销及服务于一体。作为国内时尚休闲服饰领先品牌，秉承“物超所值的优质时装”理念，以其精湛的手工、优质的面料、款式、花样、品种的时尚多样性、销售方式的零活性以及价格的大众化深受大众喜爱。以纯产品分时尚 TRENDY 系列、青春 Y：2 品牌、都市商务 URBAN 系列、童装 KIDS513 系列、YISHION 1 JEANS 系列五大产品系列。此外，新推出的年轻创意街头潮流品牌 TEEBOX，以印花 T 恤、卫衣等为主，专门收集全球新锐设计师和画家的作品，转化为年轻人触手可及的时尚潮流单品。品牌标识如图 9-86 所示。

图 9-86　以纯品牌标识

6. 唐狮

产品类别：T 恤、毛衫类、夹克类、风衣类、羽绒服类、裤类及饮品等。

产品价位：夏装 50~300 元，冬装 100~800 元。

产品定位：中档。

目标消费群：追求时尚个性的年轻消费者。

年龄定位：18~25 岁。

品牌简介：唐狮服饰隶属于浙江博洋集团，集团主要经营面料、家用纺织品、服装等的制造与贸易。定位于年青时尚休闲风的唐狮，坚持“我有我方式”的品牌理念，定位于年轻、休闲、简约、时尚，以热情洋溢的色彩，具有跳跃感的印花图案诠释活力、前卫的服饰主题，为中国年轻潮人打造属于他们的潮流风尚服饰品牌。品牌标识如图 9-87 所示。

图 9-87　唐狮品牌标识

7. 班尼路

产品类别：男、女、中性的休闲服，针织服装。

产品价位：春秋装 199~599 元，冬装 399~1999 元。

产品定位：中低档。

目标消费群：大众人群。

年龄定位：18~40 岁。

品牌简介：班尼路服饰隶属于香港德永佳集团有限公司，公司旗下有班尼路、生活几何（S&K）、互动地带（I. P. ZONE）、纯真传说（BAMBINI）、水虹（Baleno Attitude）、衣本色（ebase）等品牌。班尼路以“大众化、物有所值”的品牌文化深入民心，产品强项为基础休闲服及针织类衣料，如 T 恤等。班尼路以舒适、自然、物超所值的大众服饰服务于较为含蓄、注重质料且又追逐时尚的顾客，其产品善于集合当季流行元素，如在服装的颜色配搭及各种配饰中渗入潮流成分。品牌标识如图 9-88 所示。

图 9-88　班尼路品牌标识

8. 卡玛

产品类别：T 恤、衬衫、牛仔裤、裙子、短裤、休闲裤、外套等。

产品价位：裤子 200~350 元，衬衫 200 元，外套 499 元。

产品定位：中档。

目标消费群：自信、乐观的年轻消费者。

年龄定位：18~35 岁。

品牌简介：卡玛服饰隶属于北京卡玛原创服装服饰有限公司，秉承时尚、坚持自我的产品理念，定位于休闲成熟风格服装。卡玛产品采用棉、麻等天然面料，以源于自然界万物的色彩搭配，结合简约的款式设计，体现自然、和谐的水磨工艺，表现出其自由、简约、粗犷、豪迈的自我风格。其设计中的分割剪裁、侧叉设计、下摆弧形设计、荷叶设计，以及铜扣、双气眼、织带、拉链等配饰的运用是其产品的一大特色。品牌标识如图 9-89 所示。

图 9-89　卡玛品牌标识

9. 吉普

产品类别：男装、绅士休闲、户外休闲、T 恤、衬衫、牛仔裤、短裤、休闲裤、外套等。

产品价位：夏季上装为 500 元，冬季上装 2000～4000 元，下装 1000 元。

产品定位：中档。

目标消费群：喜欢探险的刺激，热衷驾车的都市精英。

年龄定位：25～45 岁。

图 9-90　吉普品牌标识

品牌简介：吉普（Jeep）服饰是上海同瑞服饰有限公司经美国戴姆勒．克莱斯勒公司授权在中国从事服装设计、生产、营销及销售的公司。产品秉承吉普创新、时尚、功能、耐用及持久的特性，以简约、粗犷的风格，融入中国校园便装和运动装的随意，充分体现个性化、功能性及自然、舒适、实用的特点。色彩多为不同明度、灰度的无色彩系，而面料选择集中在纯天然纤维，如棉、麻等材质，强调休闲户外活动服装所应该具备的功能性和舒适性。品牌标识如图 9-90 所示。

二、牛仔装品牌

1. 李维斯

产品类别：牛仔裤、休闲裤、短裤、衬衫、T 恤、夹克、皮带、包等。

产品价位：裤子 700～1000 元。

产品定位：中高档次。

目标消费群：学生、上班族、户外运动、自由职业者。

年龄定位：18～40 岁。

图 9-91　李维斯品牌标识

品牌简介：李维斯（Levi's）是著名的牛仔裤品牌，是“独立、自由、冒险”的美国精神的代表。李维斯牛仔裤的主要设计元素有靛蓝牛仔斜纹布、腰后侧的皮章、裤后袋上的弧线、铆钉、独有的红旗标等，裤型包括直脚裤、阔角裤、喇叭裤、萝卜裤等。Levi's 的现代系列中有三大分支，分别以不同颜色商标小旗做区分。红旗为追寻本源，反对过分贴身的时尚而设计（501 系列亦在其中）；银旗提倡现代基本款式，讲究高品质和洗水过程及制作效果；橙旗倾向发展时髦款式，是一系列材质上乘、紧贴潮流的产品。品牌标识如图 9-91 所示。

2. 李

产品类别：牛仔裤、休闲裤、短裤、衬衫、T 恤、皮带等。

产品价位：500～1000 元。

产品定位：中高档次。

目标消费群：追求时尚的青年男女。

年龄定位：18～24 岁。

图 9-92　李（Lee）品牌标识

品牌简介：Lee 是美国著名牛仔品牌，追求实用与时尚，凭着其首创世界上第一条拉链牛仔裤及经典设计吊带工人裤，成为牛仔裤坛的经典与权威。Lee 的款型人群适用面较广，年龄跨度比较大。其产品分为三个系列：Lee BASIC 为五袋经典款式配合不同时髦趋势的裁剪的牛仔裤系列，还有便服裤和斜纹裤（CHINOS）等不同款式；ROUGH RIDER 为传统款式，以高品质和迎合潮流的裁剪深获消费者欢迎；Lee GIRLS 则是配合女性身材裁剪的女装系列，设计崭新而富时代感。品牌标识如图 9-92 所示。

3. 威格

产品类别：牛仔裤、休闲裤、短裤、衬衫、T 恤、夹克、皮带、牛仔裙等。

产品价位：200～1000元。

产品定位：中高档。

目标消费群：都市时尚一族。

年龄定位：15～30岁。

品牌简介：威格是一个源于美国西部的品牌，主营时尚牛仔服装，隶属于威富集团，秉持“专为牛仔而设计的牛仔裤”的品牌理念。根据真正美国西部牛仔需要而设计，实际而不浮夸，充分展示美国西部牛仔的粗犷、豪迈而内敛的感觉。其产品设计以“美国西部精神”为主要灵感，裤裆设计高而深，后袋“W”形明缉线成为其经典标志，红古铜色平滑的铆钉则是其独特的颜色标志。品牌标识如图9-93所示。

图9-93　威格品牌标识

4. 迪赛

产品类别：女装、男装、鞋靴、包袋、内衣、眼镜、腕表、珠宝、家居、配饰等。

产品价位：外套2500元，衬衫600～3000元。

产品定位：高档。

目标消费群：商务人士、都市白领及时尚族群。

年龄定位：28～56岁。

品牌简介：迪赛是意大利著名牛仔时装品牌，现隶属于意大利Only the Brave（OTB）集团。其风格年轻而富有创意，标志性产品为满是破洞、污渍、手工漂洗做旧的脏牛仔裤，新式洗整效果（Dirty New Washes）是在制造时先缝制再染整、石洗，以红、浅灰、橄榄褐、芥末绿等颜色洗整原色丹宁，刻意模仿劳动时沾染油渍、尘灰的古旧二手质感。迪赛服装的剪裁能够修饰腿部、臀围曲线，其三点合腰式裤型设计，穿着时能使小腹不经雕塑就能展现平坦无赘肉；臀线前低后高之设计呈现出流线的弧度；特殊研发出的棉质牛仔布料，可以适合各种腿围尺寸的人，避免修改而破坏原型。品牌标识如图9-94所示。

图9-94　迪赛品牌标识

5. 范斯

产品类别：女装、男装、夹克、T恤、滑板、鞋靴等。

产品价位：鞋395～795元，裤子343～590元，外套500～1190元。

产品定位：中高档。

目标消费群：商务人士、都市白领及时尚族群。

年龄定位：18～40岁。

图9-95　范斯品牌标识

品牌简介：范斯是美国南加州的原创极限运动潮牌，以极限运动起家，将生活方式、艺术、音乐和街头时尚文化等多样元素注入范斯美学，形成别具个性的青年文化标志。范斯代表性产品为鞋子，其鞋底出色的抓板性能和耐磨效果深受大众喜爱。黑白棋盘格图案、鞋底的9条直线纹和钻石图案的华夫底，鞋子两侧的侧边条纹是其标志性特征。范斯的经典鞋款有Era、Authentic、Old Skool、Sk8-Hi以及Classic Slip-On，并且为消费者提供自己搭配设计图案的鞋子定做服务。品牌标识如图9-95所示。

6. 盖尔斯

产品类别：男女时装、童装、泳装、鞋履、钟表、精品配饰、手袋、眼镜、行李箱等。

产品价位：牛仔350～2000元，男女时装300～2000元。

产品定位：中高档。

目标消费群：中等收入的年轻人。

年龄定位：18~35 岁。

品牌简介：盖尔斯是美国知名的服装品牌，风格定位为具有冒险精神、性感以及纯粹的美国风格。牛仔裤后口袋的倒三角形的布标、代表 GUESS 品牌象征的“?”常出现在其服装产品中。GUESS 以牛仔服装起家，其设计的基调蕴含西部风味，质感舒适、自然、粗犷，后受流行元素的影响，逐渐增加一些贴身性感、简约、都市感的设计。公司旗下目前有副线品牌 Marciano，倾向于精致的、偏女性的、性感的时装品牌。品牌标识如图 9-96 所示。

图 9-96　盖尔斯品牌标识

7. 萍果

产品类别：男装、女装、男鞋、女鞋、运动装、牛仔服装、皮具、家居。

产品价位：牛仔裤 199~899 元。

产品定位：中高档。

目标消费群：高收入、高等教育水平的人士。

年龄定位：25~35 岁。

品牌简介：萍果全称为 texwood apple，是美国德士活集团的旗舰品牌，也是第一家进入中国的牛仔品牌。萍果服饰坚守创新的品牌精髓，以独具匠心的设计为本源，加以先进的洗水技术、功能性（如弹力、透气等）布料、时尚与舒适兼备的个性剪裁技术赢得消费者支持。萍果开发的 STAR 星炫系列、ULTRA SLIM 超纤身系列、3Dlastic 全方位弹性系列、3D Warm 激暖系列、3Dlastic Cool Touch 牛裤系列等科技含量高的产品以独特手擦效果与精湛洗水技术风靡业界。品牌标识如图 9-97 所示。

图 9-97　萍果品牌标识

第八节　快时尚服装名牌

1. H&M

产品类别：女装、男装、青少年装、童装、化妆品、配饰、鞋履等。

产品价位：裤子 99~499 元，外套 149~399 元，大衣 599~799 元。

产品定位：中档。

目标消费群：追赶潮流的女性消费者。

年龄定位：15~30 岁。

品牌简介：H&M 属于瑞典海恩斯莫里斯公司，是欧洲最大的服饰零售商。H&M 秉承“以最好的价格，提供流行与品质”的品牌理念，产品多元，提供男女消费者以及儿童流行的基本服饰，同时贩卖化妆品。H&M 开创服装零售行业与顶级设计师跨界合作的先河，不断与一系列国际大师和时尚偶像合作，推出与顶级大设计师联名系列。H&M 遵循可持续发展的品牌策略，例如选用环保面料，致力于为顾客提供高品质产品和服务。2013 年，H&M 与专业衣物回收机构 I：Collect 合作，成为第一家启动全球性旧衣回收计划的时装公司。品牌标识如图 9-98 所示。

图 9-98　H&M 品牌标识

2. Zara

产品类别：女装、男装、童装、鞋、包、配饰、家居。

产品价位：衬衫 150~650 元，外套 700~1600 元，套装 1600~2200 元。

产品定位：中档。

目标消费群：流行敏感度高，消费能力强的人群。

年龄定位：25~35 岁。

品牌简介：ZARA 隶属于西班牙服装巨头 Inditex 集团，ZARA 作为快速时尚（Fast Fashion）模式的领导品牌，开创了快速时尚（Fast Fashion）模式。ZARA 将品牌定位为“中低价位却拥有中高级质量”的国际性流行服饰品牌，以中高消费者为主要客户族群，采用快速、敏捷、多品类、小规模、大终端的竞争战略，其商品从设计、试做、生产到店面销售，平均只花三周时间，最快的只用一周。品牌标识如图 9-99 所示。

图 9-99　ZARA 品牌标识

3. 芒果

产品类别：女装、男装、包袋、配饰（鞋子、腰带、包包、饰品等）。

产品价位：女装 69~1999 元，男装 119~1498 元。

产品定位：中档。

目标消费群：都市时尚人群。

年龄定位：18~35 岁。

品牌简介：MANGO 服饰独有的设计、做工精良及统一连贯的品牌形象深受大众喜爱。其产品秉承摩登都市感及硬朗、柔美的设计风格，更以适合大众、易于搭配为设计前提，分为 Dressy 上班系列、Casual 休闲系列、Sporty 运动系列、Evening 晚宴系列四大主题，款式多样且单品搭配组合性高，其基本款服饰设计多达 10 种颜色，为消费者提供了多元化的选择。品牌标识如图 9-100 所示。

图 9-100　芒果品牌标识

4. 优衣库

产品类别：风衣、夹克、毛衣、毛纺袄、羽绒衣、牛仔裤、衬衫、内衣、短裤等。

产品价位：T 恤 79~199 元，牛仔裤 200~300 元。

产品定位：中档。

目标消费群：都市时尚人群。

年龄定位：18~35 岁。

品牌简介：优衣库隶属于日本 Fast retailing 股份有限公司，公司秉承“LifeWear 服适人生”的品牌理念，倡导时尚百搭的穿衣哲学，为消费者提供“低价良品、品质保证”的产品，通过摒弃了不必要装潢装饰的仓库型店铺，采用超市型的自助购物方式，以合理可信的价格提供设计精致、质量上乘、兼具功能性的服饰。品牌标识如图 9-101 所示。

图 9-101　优衣库品牌标识

5. 无印良品

产品类别：服装、生活物品、家具、食品（从铅笔、笔记本、食品到厨房的基本用具都有）。

产品价位：外套 400 元以上，休闲裤 369 元左右，T 恤 140 元左右，衬衫 259 元左右。

产品定位：中等档次。

目标消费群：讲究生活品位的族群。

年龄定位：18~35 岁。

品牌简介：无印良品（Muji）隶属于西友株式会社，是日本专门经营服装、生活物品、家具、食品的一家公司。无印良品秉承“没有标签的优质商品”产品准则，以无标签、无修饰和注重价值的理念，以自然、简约的生活方式满足了都市生活的全方位生活需求。它通过简约实用的设计风格、低调融洽的色彩搭配、物有所值的性价比、体现完美生活方式的商品，为消费者提供购物的安心感、商品的流行感。品牌标识如图 9-102 所示。

图 9-102　无印良品品牌标识

6. 盖璞

产品类别：牛仔服装、女装（GAP Women）、男装（GAP Men）、鞋、包等各种配饰、童装（Gap Kids）、孕妇装（GapMaternity）、宝宝装（babyGap）等。

产品价位：女装 18~600 元，男装 48~600 元，女童装 18~248 元，男童装 28~300 元，女婴装 28~398 元，男婴装 20~200 元。

产品定位：中档。

目标消费群：中等收入族群。

年龄定位：0~35 岁。

图 9-103　盖璞品牌标识

品牌简介：盖璞是美国最大的服装公司之一，目前旗下有 GAP、Banana Republic、Old Navy 三个品牌。盖璞坚持美式休闲风格，倡导享受自然、舒适的生活，产品材质柔软、色彩缤纷、廓形修身。其特色产品 1969 经典牛仔系列以极其贴身、做工精良，注重面料细节以及运用印花图案、漂白工艺，硬朗的剪裁和有趣的细部处理深获消费者喜爱。品牌标识如图 9-103 所示。

7. TOPSHOP

产品类别：女装、男装、鞋履、包袋、配饰、化妆品。

产品价位：礼服 150~8950 元，夹克 250~5750 元，针织服装 100~1750 元，冬季上衣 250~7950 元，夏装 50~1250 元。

产品定位：中高档。

目标消费群：都市时尚族群。

年龄定位：20~40 岁。

图 9-104　Topshop 品牌标识

品牌简介：TOPSHOP 属于英国最大的服装零售商 Arcadia 集团，是快速时尚平价连锁品牌。TOPSHOP 以普通人能够接受的价格，销售设计、剪裁贴近国际一线品牌的时装深受消费者喜爱。与其他快时尚品牌相比，TOPSHOP 的设计感更强，其质地和工艺优良、紧跟市场潮流、迅速调整供货品种，甚至按照颜色去排列时装和配饰，是 TOPSHOP 吸引消费者的主要原因。品牌标识如图 9-104 所示。

8. C&A

产品类别：男装、女装、童装、内衣。

产品价位：帽衫 129~399 元，衬衫 168~269 元，外套 219~499 元。

产品定位：中低端。

目标消费群：新兴的都市中低收入消费者，富有时尚意识的年轻人士以及学生。

年龄定位：18~30 岁。

图 9-105　C&A 品牌标识

品牌简介：C&A 是世界时尚零售行业中的领先品牌，以提供时尚新颖、紧随时代潮流且物美价廉的时装及配饰而闻名。C&A 秉承“时尚你选择”的品牌理念，关注时尚度、性价比，以其风格多元化、设计理念上乘深受时尚大众喜爱。C&A 旗下五个风格各异、新颖独特的品牌（Clockhouse、Yessica、Angelo Litrico、Palomino、BabyClub）从最前卫的流行风格到都市里的优雅装扮，涵盖了时装领域的方方面面，专为不同的生活理念精心打造。所有的系列不断更新，以满足不同生活方式的目标消费群体的特殊需求。品牌标识如图 9-105 所示。

9. ASOS

产品类别：女装、男装、配饰、手袋、鞋履、腕表、童装、美妆及香氛、礼品及家具用品。

产品价位：春夏 T 恤 300 元左右、裤子 800 元左右、衬衣 700 元左右。

产品定位：中低档。

目标消费群：都市年轻、时尚女性。

年龄定位：16~34 岁。

品牌简介：ASOS 是全球性的时尚服饰及美妆产品线上零售商，其相继推出女装与男装，实现从零售商向品牌的转变，目前以多品牌在线的方式成为英国最大的在线时装零售商。ASOS 时尚网店领导时尚潮流，着力打造与明星同款服饰，以靓丽的色彩、华丽的面料、细心个性的款式设计、时尚别致细节设计为年轻人们提供时尚商品。品牌标识如图 9-106 所示。

图 9-106　ASOS 品牌标识

10. Next

产品类别：男装、女装、童装、鞋、饰品、香水、护肤品、儿童用品等。

产品价位：儿童服装 100~500 元、成人服装 75~1000 元。

产品定位：大众消费品。

目标消费群：富有时尚意识的妈妈，都市年轻人士及学生。

年龄定位：新生儿 0~18 个月；童装：3 个月~16 岁；17~30 岁。

图 9-107　NEXT 品牌标识

品牌简介：Next 是英国平价服装零售巨头，定位为大众消费品，通过店铺、网络和邮购销售产品。其所有服装均由著名设计师组成的团队设计，简洁的外形、流畅的线条、柔软的质地、精致优雅的裁剪深受大众喜爱。NEXT 紧身铅笔裙的设计透露着优雅、时尚的气息，恰到好处的长度修饰着腿型；黑白款裙装设计则将上衣与裙子分离，利用黑色遮掩显胖的部位，利用白色迎合黑色的线条以修饰侧腰和腹部，巧妙地修饰了腿型与腰部。品牌标识如图 9-107 所示。

11. Me & City

产品类别：男女 Casual Chic 精致休闲、Going Out 时尚外出、Formal 商务系列，并包括 Accessories 都市配件系列。

产品价位：夏装 200 元左右，冬装 1000 元左右。

产品定位：中档。

目标消费群：都市年轻消费群、善于演绎都市时髦生活方式的人群。

年龄定位：18~35 岁。

品牌简介：Me &City 隶属于上海美特斯邦威服饰股份有限公司，是其推出的高端城市品牌。Me &City 秉承“年轻，都市，优雅摩登”的品牌理念诠释都市时髦生活方式，产品简洁时尚，风格千变万化，并根据不同的穿着需求将其分为多个系列，强调细节设计，服装剪裁完美贴合亚洲人体形，修饰出最佳身形，价格则倾向亲民，富有品味但不失亲和力。品牌标识如图 9-108 所示。

图 9-108　Me &City 品牌标识

12. G2000

产品类别：成衣、鞋、帽、手袋、袜、围巾、领带等。

产品价位：衬衫 129~259 元，西服套装 769~1000 元。

产品定位：低端。

目标消费群：从低年龄段的中性化过渡至高年龄段的简约休闲，有中性收敛的鲜明特点；适合都市中爱打扮和懂得打扮的所有时尚男女。

年龄定位：20~35 岁。

品牌简介：G2000隶属于香港纵横二千集团，主营男女时尚行政服饰，包括正装及商务系列。G2000精选高品质面料，配以精湛的工艺，演绎最新欧洲时装潮流，以超值价格提供既大众化且时尚的货品，旨在为都市上班族提供完美的衣着配搭。男装方面，G2000以其剪裁讲究的西装，搭配不同色调的衬衫及领带，塑造出专业商务男士形象。品牌标识如图9-109所示。

图9-109 G2000品牌标识

13. 埃斯普利特

产品类别：女装成衣、男装成衣、鞋、帽、手袋、袜、围巾、领带等。

产品价位：连衣裙399~799元，T恤129~299元，裤子149~699元。

产品定位：中产阶级。

目标消费群：有一定经济基础、喜欢时尚惬意人士的休闲服装。

图9-110 埃斯普利特品牌标识

年龄定位：20~40岁。

品牌简介：埃斯普利特是国际知名服装品牌，秉承"在乎心态而非年龄"的设计理念使其成为一个充满干劲、推崇合作、追求理想，以及对生命积极乐观的时尚生活品牌，为大众提供时尚且设计独特的时装，从潮流舒适的休闲服饰，到商务会议的正装，从轻松自在的剪裁、精致细密的手工、耐用的质量、天然的材料到具有社会责任的生产过程，为大众打造了一个轻松、真实和写意地生活美学。品牌标识如图9-110所示。

第九节　运动户外品牌

一、运动装品牌

1. 耐克

产品类别：运动鞋类、运动服饰类（为男性、女性和儿童提供各种运动的服饰穿着，包括足球服饰、篮球服饰、网球服饰、美式橄榄球服饰、跑步服饰、竞技类服饰等）、户外运动类（高尔夫、滑板、棒球、自行车、水上运动等户外运动服饰）。

产品价位：上装259~500元，下装284~434元。

产品定位：中高档。

图9-111 耐克品牌标识

目标消费群：以学生、户外及运动者为主要代表。

年龄定位：3~60岁。

品牌简介：耐克（NIKE）是全球著名的体育用品品牌，一直将激励全世界的每一位运动员并为其献上最好的产品视为光荣的任务。耐克坚持只有运用先进的技术才能生产出最好产品的理念，致力于高科技产品的研发，其气垫技术、Shox新型防震技术等深得消费者喜爱，特别是其运用FIT技术制造的高性能纺织品能够有效地帮助运动员在任何气象条件下进行训练和比赛。品牌标识如图9-111所示。

2. 阿迪达斯

产品类别：球类和田径运动服饰、运动鞋、瑜伽服饰、运动配饰（腕表、眼镜等）、休闲鞋类、男士香水和护肤品等。

产品价位：裤子 199~469 元，外套 399~569 元。

产品定位：中高档。

目标消费群：高中、大学、年轻白领以及高档核心消费顾客群。

年龄定位：3~60 岁。

图 9-112　阿迪达斯品牌标识

品牌简介：阿迪达斯（adidas）是德国运动用品制造商，阿迪达斯 AG 的成员公司。阿迪达斯分为三个系列，运动表现系列专门致力于大众体育运动事业，其定位为大众化的运动风潮，采用阿迪三条纹标志。运动时尚系列采用球状内含三条纹标志，是阿迪达斯的经典系列，其定位是复古经典风潮，较之运动表现系列更为时尚、高端。运动传统系列采用阿迪三叶草标志，因该系列推出的多为限量产品所以价格较易为中高收入人群所接受。此外，阿迪达斯以 ForMotion 后跟（山地型）、ForMotion 后跟（公路型）、active ForMotion 鞋面、CLIMAPROOF、POWER-BOUNCE 等品牌技术深得消费者喜爱。品牌标识如图 9-112 所示。

3. 彪马

产品类别：足球、跑步、赛车、高尔夫和帆船等运动时装、运动鞋、运动服、球类、手套、运动背包和手提包等配件。

产品价位：卫衣 289~1899 元，运动裤 199~1612 元。

产品定位：中高档。

目标消费群：流行时尚的追逐者、年轻一族。

年龄定位：3~60 岁。

图 9-113　彪马品牌标识

品牌简介：PUMA（彪马）是德国一家以生产鞋与运动服为主的大型跨国公司，公司秉承高雅、轻快、实用的设计理念，集运动、休闲，时尚于一体。Puma 产品注重与优秀的、带领潮流的产品设计家合作，融合多位锐意创新的设计大师不同的设计风格，在嘻哈涂鸦文化中深受全球各地年轻人的极度欢迎。PUMA 研发的动态适足科技，是可随步态周期和脚部形状的变化而伸缩的产品。PUMA 集团拥有的品牌 PUMA、Cobra 高尔夫和 Tretorn 以及 PUMA Black Label 黑标系列。品牌标识如图 9-113 所示。

4. 背靠背

产品类别：足球、网球、航海、滑雪及生活系列的运动鞋、运动服、运动背包、手提包和手套等配件。

产品价位：卫衣 262~1792 元，运动裤 199~1272 元。

产品定位：中高档。

目标消费群：追求时尚个性的青年消费者。

年龄定位：18~35 岁。

图 9-114　背靠背品牌标识

品牌简介：背靠背隶属于 BasicNet 集团，是一家经营运动、休闲产品的公司，品牌定位为“运动、时尚、性感、品位”，产品主要为轻便运动及休闲而设计。背靠背（Kappa）以其先进科技面料、智能化剪裁、精湛的制作工艺深受年轻时尚人士喜爱，它在敏锐的时尚触觉、丰富的设计经验和对运动服饰文化深邃见解的基础之上，针对人体运动特性，将高科技、功能性面料巧妙使用在不同的部位，达到吸汗、速干、弹力拉伸等功能。品牌标识如图 9-114 所示。

5. 茵宝

产品类别：专业足球服、专业足球鞋、专业足球配件、运动服饰、配饰、运动鞋靴。

产品价位：运动裤 119~549 元，卫衣 128~980 元。

产品定位：中高档。

目标消费群：以商务人士、职业经理人、大学生为主要代表。

年龄定位：18~35 岁。

品牌简介：茵宝作为国际知名的体育运动品牌，是专业足球服装及装备供应商，现隶属于艾康尼斯集团。茵宝秉承“以人为本，追求卓越”的品牌经营理念，以技术精湛、质量精良、服务一流深受消费者喜爱。其鞋类产品透气性好、鞋面舒适贴脚，分为足球鞋、运动鞋和休闲鞋三大类。足球鞋主要包括英格兰主场系列、英格兰客场系列、五人足球系列等产品，运动鞋主要包括茵宝 SX 系列、茵宝钻石训练系列、茵宝跑步系列等产品，休闲鞋主要包括茵宝英格兰休闲、茵宝国际色彩、茵宝五人足球休闲系列、茵宝运动休闲系列产品。品牌标识如图 9-115 所示。

图 9-115　茵宝品牌标识

6. 匡威

产品类别：男装、女装、童装、男鞋、女鞋、童鞋、配饰。

产品价位：外套 300~400 元，羽绒服 600~900 元。

产品定位：中档。

目标消费群：以学生、白领为主要代表。

年龄定位：17 岁以上。

图 9-116　匡威品牌标识

品牌简介：匡威现隶属于耐克集团，其产品分为 ALL STAR 系列、ONE STAR 系列、STAR 70 系列、PRO STAR 系列、JACK PURELL（开口笑）系列和 SKID GRIP 系列，以迷人的外表、自然的材质和创新环保的理念集复古、流行于一身。匡威的帆布鞋采用码重密度最足、质地最佳的帆布，双边条，原生橡胶加细网布，经久耐用，是所有帆布休闲鞋的潮流领导，也是美国文化的精神象征。匡威（Converse）公司推出的 All Star 系列篮球鞋，带动了整个鞋业界的革命，促进篮球运动的进一步风行。品牌标识如图 9-116 所示。

7. 斐乐

产品类别：网球、滑雪、游泳、高尔夫、瑜伽、赛车、爬山、篮球及足球运动服装。

产品价位：服装 100~3000 元，羽绒服 1000~3000 元，针织服装 400~600 元。

产品定位：中高档。

目标消费群：有一定经济基础的年轻时尚人群。

图 9-117　斐乐品牌标识

年龄定位：20~35 岁。

品牌简介：斐乐作为意大利知名的高级运动休闲品牌，是世界知名的运动服装百年品牌，以经典、时尚、性感、高品质的意式形象呈现在大众面前。斐乐追求舒适、轻松，秉承明快大胆的设计风格，注重细节，以完美的设计和优雅的线条，精湛工艺和独特的面料，展示其运动的艺术思维，彰显了斐乐积极的生活态度和高雅的运动艺术。2014 年斐乐推出高端时尚休闲系列，糅合时尚与经典，复古与潮流元素。品牌标识如图 9-117 所示。

8. 美津浓

产品类别：运动鞋、运动服以及种类齐全的运动配件。

产品价位：T 恤 113~1417 元，长裤 116~798 元，卫衣 239~569 元。

产品定位：中高档。

目标消费群：都市白领、商务精英、有一定经济实力的时尚人群。

年龄定位：18~35 岁。

品牌简介：美津浓是世界领先的运动品牌之一，秉承“超越无限”的理念，产品种类齐全，覆盖几乎所有主要运动项目。美津浓产品在确保运动舒适、安全的前提下，坚持以广泛的科学研究为基础，将科技与人类感性融合于一体。其开发的面料冰爽体验增强了面料本身的导热性，将身上的热量转移到服装外；动态干爽则是一种干爽性面料，在遇水时，特殊组织结构的面料可以自动形成网眼状的间隙，之后等到面料快速干燥后，面料组织结构恢复原状；发热材质面料能够将吸收的水分转化为热量，起到保暖作用。品牌标识如图 9–118 所示。

图 9–118　美津浓品牌标识

9. 新百伦

产品类别：运动装、运动鞋、休闲装、童装、运动配件。

产品价位：春装 300~899 元，夏装 100~298 元，冬装 900~2599 元。

产品定位：中档。

目标消费群：爱好运动、有经济基础的人群。

年龄定位：20~40 岁。

品牌简介：新百伦作为高科技、高品质的世界运动及休闲用品的领导者，秉承制造卓越产品的精神，以追求极度舒适的穿着感受为目标，不断地在科技材质、产品外观与舒适感取得进步。其特色产品为慢跑鞋，独创的高吸震垫能有效吸收 99% 的地面反作用力。新百伦鞋子具有尺码的多样选择的特点，为消费者提供同一尺码有窄型、标准型和宽型三种不同宽度的选择，而在窄型和宽型中又细分不同程度，并结合流行设计元素，使其产品成为复古与创新的完美代表。品牌标识如图 9–119 所示。

图 9–119　新百伦品牌标识

10. 锐步

产品类别：运动鞋、健身鞋、休闲鞋、运动服和配件。

产品价位：T 恤 159~759 元，卫衣 156~990 元，长裤 179~1014 元。

产品定位：中高档。

目标消费群：爱好运动、有经济基础的人群。

年龄定位：15~45 岁。

品牌简介：锐步现隶属于阿迪达斯公司，是全球最专业的体育服饰品牌之一。锐步产品的特点在于新颖时髦，服务于大众的健身运动，为各类运动和健身活动提供突破性的概念与科技，目标消费群为女性、年轻人和一般消费者。锐步所独有的充气篮球球鞋运用 Manual 技术将复合的流动气腔设置于鞋中，而 Play Dry 科技则是对面料纤维做排水处理，令水分更快在衣服“底面上下”走动，加强排汗速度。品牌标识如图 9–120 所示。

图 9–120　锐步品牌标识

11. 乐图

产品类别：运动鞋、网球鞋、篮球鞋、排球鞋、足球装备和其他运动装备及运动服饰。

产品价位：T 恤 119~458 元，卫衣 156~598 元，长裤 119~558 元，足球鞋 128~1448 元。

产品定位：中低档。

目标消费群：年轻学生及热爱运动的年轻人。

年龄定位：18~30 岁。

图 9–121　乐图品牌标识

品牌简介：乐图是意大利的一家主营体育用品生产和销售的公司，公司不断以高质量且创新、活力的意式风格来展现品牌性格，针对专业运动，不断研发精进，延伸具有运动风格和品味的多系列商品线。其最具代表性的产品为 Zhero Gravity，采用革命性无鞋带设计，加强穿鞋者舒适度。乐图注重开发具有机能性、高科技的专业运动鞋款，其中专为高动能需求研发的 REACTIVEARCH 大底科技、SYN-PUISE 避震科技，可谓业界独家顶级动能科技。品牌标识如图 9-121 所示。

12. 李宁

产品类别：运动服装（T 恤、Polo 衫、卫衣、编织衫、棉服/羽绒服、马甲/背心、长裤/短裤/七分裤、裙装、比赛服等）、运动鞋（跑步鞋、篮球鞋、足球鞋、网球鞋、休闲鞋、训练鞋、户外鞋、乒乓球鞋、羽毛球鞋以及凉鞋/拖鞋等）、运动配件（包、帽子、袜子、球类、乒羽等运动器材）。

产品价位：T 恤 79~1065 元，运动衣 168~1308 元，运动鞋 139~1634 元。

图 9-122　李宁品牌标识

产品定位：中低档。

目标消费群：爱好运动、年轻时尚人群和大众消费者。

年龄定位：16~45 岁左右。

品牌简介：李宁公司是中国最大体育用品零售商，是代表中国的国际领先运动品牌公司，品牌定位为“时尚年轻、具有个性的城市品牌”。公司通过系列化、专业化、国际化的高品质产品，传递积极、健康的生活理念，拥有乐途品牌（LOTTO）、艾高品牌（AIGLE）、心动品牌（Z-DO）的代理权。李宁新推出的集运动功能和街头时尚于一体 Remax 系列产品，以自由、复古、随性的街头风格在继续专业运动精神的前提下，主动寻求边界突破。品牌标识如图 9-122 所示。

13. 安踏

产品类别：男装、女装、童装、童鞋、男鞋、女鞋、配件（体育品牌运动服、运动鞋及配件）。

产品价位：T 恤 69~588 元，运动衣 159~998 元，运动鞋 259~1085 元。

产品定位：中低档。

图 9-123　安踏品牌标识

目标消费群：爱好运动、年轻人群和大众消费者。

年龄定位：18~45 岁。

品牌简介：安踏体育用品有限公司，简称安踏体育、安踏，是中国最大的集生产制造与营销导向于一体的综合性体育用品企业，主要设计、开发、制造及销售运动服饰，包括“安踏”品牌的运动鞋类及服装。安踏以超越自我的体育精神融入每个人的生活为理念，致力于把运动的理念、运动的精神传递给每个消费者。安踏产品多元化，致力于运动力学的研究。品牌标识如图 9-123 所示。

14. 特步

产品类别：运动鞋、服、包、帽、球、袜等。

产品价位：T 恤 49~668 元，运动衣 129~842 元，运动鞋 139~1275 元。

产品定位：中低档。

目标消费群：爱好运动和大众消费者。

年龄定位：18~45 岁。

图 9-124　特步品牌标识

品牌简介：特步作为中国著名时尚运动品牌之一，是集综合开发、生产和销售于一体的大型体育用品企业。特步以时尚、前卫、自由与叛逆作为品牌文化，以高品位、高追求和强大的创新能力及生命力作为品牌核心价值，通过“外观时尚，内在舒适”的多元化产品成为中国体育用品中的时尚流派的代表。品牌标识如图 9-124 所示。

15. 鸿星尔克

产品类别：运动鞋、运动服以及种类齐全的运动配件。

产品价位：T 恤 69~660 元，运动衣 89~788 元，运动鞋 129~1279 元。

产品定位：中档。

目标消费群：大众消费者及运动爱好者。

年龄定位：18~45 岁。

品牌简介：鸿星尔克以专业研究、设计、生产及销售本集团品牌“鸿星尔克”的体育用品为主要业务，是一个以科技为主导的运动品牌，其开发的气爽、冰爽、优爽等多项科技产品使其具备为国际赛事和球员打造专业装备的能力。鸿星尔克秉承“年轻、时尚、阳光”的品牌文化，将现代美学与国际流行元素相结合，为消费者提供时尚、高端产品。其特色产品微领 T 产品简约，3D 修身微剪裁使服装整体更贴合人体的线条，精细无缝隙织法、环保染色工艺等使其科技含量加深。品牌标识如图 9-125 所示。

图 9-125　鸿星尔克品牌标识

16. 361°

产品类别：运动鞋、运动服以及种类齐全的运动配件。

产品价位：T 恤 28~545 元，运动衣 127~797 元，运动鞋 65~559 元。

产品定位：中低档。

目标消费群：年轻人士、收入相对较低的人群。

年龄定位：18~50 岁。

品牌简介：361°集团是一家集品牌、研发、设计、生产、经销为一体的综合性体育用品公司，其产品包括运动鞋、服及相关配件、童装、时尚休闲等。公司秉承“多一度热爱”的品牌信念，注重产品的功能，以及采用特殊材料及设计，在功能、舒适及设计等方面改善或提升产品，从而保持在产品创新及研发方面的优势。旗下拥有 361°运动、361°童装、尚（innofashion）品牌等子品牌，其中尚品牌是专属于中国年轻人的运动潮流服饰品牌。品牌标识如图 9-126 所示。

图 9-126　361°品牌标识

二、户外装品牌

1. 探路者

产品类别：服装、鞋袜、背包、帐篷、睡袋、登山器材等。

产品价位：冲锋衣 379~799 元，登山鞋 269~499 元，冲锋裤 98~399 元。

产品定位：中低档。

目标消费群：户外山友、摄影爱好者、垂钓爱好者。

年龄定位：28~35 岁有相对稳定收入的消费者。

品牌简介：探路者隶属于北京探路者户外用品股份有限公司，是我国销售额最大的户外用品品牌零售商。公司积极倡导户外运动生活方式，专注户外用品市场，始终追求科技创新，为消费者提供安全舒适、性能可靠、外观时尚的户外运动装备。产品自主设计与开发，将其研发的减震、抗菌、透气、防水、防静电、保暖、抗紫外、耐磨、速干、防滑、防风以及极地仿生科技广泛应用于其户外服装、户外功能鞋和户外装备，为大众提供更好的户外产品。品牌标识如图 9-127 所示。

图 9-127　探路者品牌标识

2. 乐斯菲斯

产品类别：服装、鞋袜、背包、帐篷和睡袋以及其他登山、滑雪及徒步等户外运动所使用的装备。

产品价位：冲锋衣 318~5500 元，抓绒衣 488~1775 元，徒步鞋 399~1803 元，T 恤 172~990 元。

产品定位：中高档。

目标消费群：户外运动爱好者且有相对稳定收入的消费者。

年龄定位：28~65 岁。

品牌简介：乐斯菲斯是一家美国经营户外运动用品的公司，隶属于威富公司。它与自然环境恶劣苛刻的户外探险活动紧密联合在一起，通过不断的科技创新，设计生产出舒适度和安全性能越来越高的户外装备，满足各种层次的需求。其特色产品 Triumph 夹克及 Tekware 系列服装利用防风防水的技术及 Hyvent 面料，结构设计极为巧妙，采用贴身接缝压条，防水透气性能极佳，为各类户外探险爱好者提供舒适体验和安全保护。品牌标识如图 9-128 所示。

图 9-128 乐斯菲斯品牌标识

3. 哥伦比亚

产品类别：雨具、雨衣、户外夹克、多功能裤、T 恤、恤衫、背包及户外运动鞋等户外服饰。

产品价位：冲锋衣 299~3999 元，鞋类 299~1599 元，羽绒服 999~4999 元。

图 9-129 哥伦比亚品牌标识

产品定位：中高档。

目标消费群：成熟及具有影响力的中高收入人士，热爱旅游及崇尚户外生活的人士。

年龄定位：25~40 岁。

品牌简介：哥伦比亚品牌以生产雨衣、雨帽起家，现主营各类户外运动服装及研究高科技布料，是全球最大的户外服装品牌。其独家研发至尊经典专利面料 Omni-Tech（防风防水透气布料）、Omni-Dry（速干布料），先后通过严格的品质技术测试，加之出色的立体裁剪设计，为消费者提供最佳的方便、灵活性。哥伦比亚率先提出 Interchange System 三合一新概念，开发了外套的内里可以拆卸的新颖设计，这一理念沿用至今。品牌标识如图 9-129 所示。

4. 始祖鸟

产品类别：冲锋衣、保暖衣等户外服装、背包和攀登护具。

产品价位：冲锋衣 879~16012 元，鞋类 729~4599 元，羽绒服 599~11398 元。

产品定位：高端。

目标消费群：爱好户外运动的高端商务人士。

年龄定位：25~50 岁。

品牌简介：始祖鸟作为全球领导型的户外品牌，是 Amer 旗下 Salomon 集团的子公司，主要生产、销售户外服装、运动装备。始祖鸟强调产品设计、剪裁和做工，热衷于研发新技术和新工艺。其攀登装备使用热压合技术设计和生产的 Vapor 安全带（Harness），服装系列最畅销的产品包括 ThetaSV 及 GammaMX 夹克，功能完善，细节出色，给户外使用者充分的体验和完善的保护。品牌标识如图 9-130 所示。

图 9-130 始祖鸟品牌标识

5. OSPREY

产品类别：背包 Crescent（男用）、Luna（女用）、轻量背包 Aether（男用）、Ariel（女用）、轻量背包 Ceres。

产品类型：户外背包品牌。

产品价位：背包 628~10842 元。

产品定位：中高档。

目标消费群：热爱户外运动的人群。

年龄定位：25~45 岁。

品牌简介：OSPREY 是一个背包品牌，其背包设计独树一帜、创新的理念十足，背包的细节设计，科技含量高的新材料运用、质量、耐用度以及实用性是其成为美式背包的代表作之一。OSPREY 率先将透气网状背负引入了背包设计，并发明可热塑的腰带，根据个人形体来对腰带进行定制，并提出专门为女性定制背包，其 Luna 系列与 Ariel 系列的腰带角度和肩带形状有所不同，更贴合背负者的腰型，固定、受力效果更佳，腰带是可拆式的，由魔鬼毡和背包本体连接。品牌标识如图 9-131 所示。

图 9-131　OSPREY 品牌标识

6. 凯乐石

产品类别：冲锋衣、抓绒衣、羽绒服、裤子、内衣、户外文化衬衫、旅行衫、快干衣、功能 T 恤、登山鞋、户外背包。

产品价位：冲锋衣 299~7592 元，鞋类 288~2500 元，羽绒服 586~4100 元。

产品定位：中低档。

目标消费群：户外山友、摄影爱好者、垂钓爱好者。

年龄定位：25~50 岁。

品牌简介：凯乐石作为户外知名品牌，将“轻量”概念融入到户外用品设计中，产品注重专业性、功能性与时尚性的融合，把更多的时尚元素融入其中，质量上力求优质，做工上力求完美，形成了集新材料、新技术、新工艺于一体的功能性强、款式新颖、品质可靠的户外用品，旨在让更多的普通户外爱好者都能切身体验尖端技术带来的全新户外感受，感受时尚感和舒适感。品牌标识如图 9-132 所示。

图 9-132　凯乐石品牌标识

7. 迪卡侬

产品类别：帐篷，睡袋，背包，垫子，炉具、燃料，冲锋衣，抓绒衣裤，速干衣裤，功能内衣，羽绒、棉服，户外休闲服，夏季户外服装，帽子、围巾，马甲，户外手套，服装辅配件，高山靴，登山鞋、徒步鞋，户外休闲鞋，溯溪鞋、凉鞋、拖鞋，户外袜等。

产品价位：冲锋衣 299~1998 元，鞋类 288~2500 元，羽绒服 349~2598 元。

产品定位：中低档。

目标消费群：热爱户外运动的大众消费群体。

年龄定位：年龄段不限。

品牌简介：迪卡侬是欧洲最大的运动用品零售商，开创了运动用品超市的新概念，将所有的运动产品汇聚一地。其涵盖了 20 个激情运动品牌，65 项运动及 35 000 多种产品供消费者选择，集团既是运动用品的设计师和生产商，又是极具规模的全系列运动品连锁商店，旗下自有的“激情品牌”，如 Quechua 户外山地运动品牌、b'Twin 自行车运动品牌、Kipsta 团队运动品牌、Nabaiji 游泳运动品牌等为大众提供从入门级到最专业的运动产品。品牌标识如图 9-133 所示。

图 9-133　迪卡侬品牌标识

8. 奥索卡

产品类别：冲锋衣、速干衣、T 恤、登山鞋、背包等户外用品。

产品价位：冲锋衣 198~3398 元，鞋类 199~933 元，羽绒服 299~2698 元。

产品定位：中低档。

目标消费群：热爱户外运动的大众消费群体。

年龄定位：25~40岁。

品牌简介：奥索卡为户外运动品牌，秉承“改变你的生活方式”的品牌理念，将攀登探险领域的丰富经验运用到户外产品中，以保证产品的高品质为基础，不断开发更先进、更舒适、更加专业化的登山及户外装备。其产品以亚洲人身体结构为设计模板，融入当年国际最新的流行元素，设计研发了四大系列300余种适合中国人穿着的专业户外产品。其独家卷帽片的设计，减轻了风衣重量，深受消费者喜爱。品牌标识如图9-134所示。

图9-134　奥索卡品牌标识

9. 日高

产品类别：便服系列，防风防水透气的功能性（GORE-TEX、WINDSTOPER）风衣、透气保暖的抓毛外套、羽绒外套、排汗保暖运动内衣、运动套装、T恤、卫衣、猎装等；露营产品系列，睡袋、帐幕、登山杆、地席、指南针等；主导产品——背囊，露营背囊、旅游背囊、运动袋、背包、单车背囊、公文包、腰包、手机袋等。

图9-135　日高品牌标识

产品价位：冲锋衣995~898元，鞋类289~2177元，羽绒服382~2102元。

产品定位：中档。

目标消费群：热爱运动的新兴年轻消费群体。

年龄定位：20~35岁。

品牌简介：日高是户外、运动及旅游用品品牌，以背囊、户外休闲便服、服饰品及装备为主要业务，为消费者提供超强的功能加时尚设计，采用欧美日韩等地的进口优质物料，剪裁、加工出兼具专业功能与时尚感的户外产品。背囊是NIKKO的重点产品，款式由腰包及小配件、城市袋、日用背囊，至露营专用的中型及大型背囊等。户外服装款式中的专业野外旅游系列及全天候系列，以专业的设计及用料，适合不同环境时穿着。品牌标识如图9-135所示。

10. 布来雅克

产品类别：登山、野营、攀岩等户外服装，鞋帽、帐篷、睡袋、背包、手套、袜子等。

产品价位：冲锋衣269~5299元，鞋类469~1089元，羽绒服360~3598元。

产品定位：中高档。

目标消费群：爱好户外运动的商务人士。

年龄定位：25~50岁。

品牌简介：布来雅克隶属于韩国东进株式会社，专门研究、生产野营、登山、攀岩等户外休闲服装及装备，公司秉承“只为顾客提供经过极限条件检验的产品”的品质理念，不管是专业装备还是户外休闲服装都以应付极限环境为标准，符合人体工学原理，以最佳的舒适性和行动的便利性服务于消费者，在材料的选择上使之采用世界尖端材料，如GORE-TEX XCR、WIND STOPPER、COOLMAX等。品牌标识如图9-136所示。

图9-136　布来雅克品牌标识

11. 添柏岚

产品类别：服装、鞋类、雨具、手表等户外休闲产品。

产品价位：冲锋衣464~2348元，鞋类240~1399元，羽绒服432~3980元。

产品定位：中高档。

目标消费群：有稳定收入的中产阶级。

年龄定位：20~40 岁。

品牌简介：添柏岚是体现年轻、活泼、粗犷的纯美式风格户外品牌，其产品以舒适、耐穿、耐用为先决条件，全面体现了革新设计、坚固耐用、功能性强等特点，通过提供高质量、讲究细节的工艺制品，来满足消费者不同户外环境下的需求。添柏岚制作的鞋无论是在设计、质量、坚固耐用还是功能性方面堪称世界一流。公司旗下有 Timberland、Timberland PRO、SmartWool、Timberland Boot Company 及 Howies 等品牌。品牌标识如图 9-137 所示。

图 9-137　添柏岚品牌标识

12. 狼爪

产品类别：滑雪系列、徒步系列（长途徒步、城市休闲）、登山系列等户外服装及配饰。

产品价位：冲锋衣 358~4299 元，鞋类 238~2919 元，羽绒服 238~5499 元。

产品定位：中高档。

目标消费群：有稳定收入、热爱户外运动的人群。

年龄定位：25~45 岁。

图 9-138　狼爪品牌标识

品牌简介：狼爪是德国第一大户外运动用品品牌，致力于研发抗风雨特性、透气性、舒适性强等特性高科技面料，创造灵活多用、以人为本的产品。整个产品线包括为户外运动、旅游和休闲专门设计的功能性服装、用具以及鞋品，分为“户外登山”“旅行远足”“都市户外”“休闲野趣”等系列。其旅行系列具备防紫外线、防脏的功效，防蚊虫的设计也深受欢迎。狼爪推出的 MISTY 登山外套，通过两个带纵向和横向防风雨拉链的三角形胸部通风口，展示了全新开发的 VARIO VENT 透气通风系统。设计独特的透气拉链和皮瓣使外套内部的温度和湿度可根据个人喜好和天气变化进行灵活调节。品牌标识如图 9-138 所示。

13. 山浩（Mountain Hardwear）

产品类别：服装、登山及露营装备（登山鞋、背包、睡袋、帐篷等）、配件（帽子、腰包、腰带）。

产品价位：冲锋衣 398~7700 元，速干衣 199~1100 元，羽绒服 595~8588 元。

产品定位：中高档。

目标消费群：有较高收入、热爱户外运动的时尚人士。

年龄定位：25~45 岁。

图 9-139　山浩品牌标识

品牌简介：山浩，简称 MHW，又称螺母或哈德威尔，是国际顶尖户外品牌之一，在专业登山和露营上产品有独到之处，帐篷和睡袋更是著名，其户外服装方面如软壳、快干衣裤、抓绒也得到广泛认可。其产品以顶级材质、创新设计、科技含量、做工精湛和一流的裁剪著称，尤其是硬壳服装，被视为户外品牌中的引领者。山浩独家开发使用的服装材质 Conduit 防水透气薄膜，以及内层用的 Microfleece，达到高度防水以及防风的功能。其服装产品 Mountain Performance，采用快干衣料和贴身的剪裁，适合进行各种不同的活动。Alchemy 防风保暖外套则在柔软度、伸展度、防风度及透气度上都为传统硬身外套带来新标准。品牌标识如图 9-139 所示。

14. 骆驼

产品类别：中高档男式休闲、户外系列品牌产品，包括皮鞋、皮具、服装等。

产品价位：冲锋衣 108~5697 元，速干衣 139~688 元，羽绒服 110~2523 元。

产品定位：中低档。

目标消费群：爱好户外运动的青年时尚男女。

年龄定位：20~45岁。

品牌简介：骆驼隶属于广东骆驼服饰有限公司，公司秉承“舒适本能”的产品理念，定位于中低端“户外越野专家”。在产品设计上，以自由随心主义的风格为主，坚持“高科技，高专业”设计理念，以舒适、休闲为特色，以耐磨、防滑、抗震为特点，甄选最新科技面料，运用专业科技成果，研发耐用且时尚的户外产品，为热爱户外运动人士打造舒适的装备。品牌标识如图9-140所示。

图9-140　骆驼品牌标识

第十节　单品品牌

一、羊绒品牌

1. 鄂尔多斯

产品类别：男装、女装、内衣、皮装皮具、羽绒服、家纺以及鄂尔多斯奥群羊毛衫。

产品价位：羊绒大衣5000~9000元，羊绒毛衣800~3000元。

产品定位：中高档。

目标消费群：有一定消费能力的高收入人群。

年龄定位：25~55岁。

图9-141　鄂尔多斯品牌标识

品牌简介：鄂尔多斯是中国著名羊绒品牌，秉承“温暖全世界”的品牌理念，致力于对羊绒材质本质的挖掘。鄂尔多斯以其经典的设计，精湛的工艺，柔软轻盈、舒适细腻的材质赋予羊绒服饰现代风采，纯色及直线条的运用则彰显出其精致而简约的风范。品牌注重新技术的运用，如永久抗静电、数码印花、纳米三防、彩虹纱等新功能新技术。目前集团旗下有高端羊绒品牌“1436”“奥群”羊毛衫和“鄂尔多斯”三个品牌，其中1436作为中华国宾礼品备受礼遇。品牌标识如图9-141所示。

2. 鹿王

产品类别：羊绒衫、围巾、羊绒服装、披肩、大衣、内衣、面料、羊绒毯等羊绒制品。

产品价位：羊绒毛衣600~1000元，羊绒围巾200~2000元。

产品定位：中档。

目标消费群：大众消费群体。

年龄定位：30~60岁。

图9-142　鹿王品牌标识

品牌简介：鹿王是一个驰名于世的羊绒纺织服装品牌，隶属于内蒙古鹿王羊绒有限公司，是世界羊绒织品重要的生产加工企业，以羊绒及羊绒深加工为主导产业，产品涉及针织、机织、服装三大类。鹿王公司拥有集羊绒分梳、染色、纺纱、针织、机织、后整、成衣等一体化的加工生产能力，通过独具匠心的设计，精湛技术和精雕细琢工艺，使其系列产品手感柔软细腻、穿着舒适高雅、体现自然魅力，从而备受消费者喜爱。品牌标识如图9-142所示。

3. 珍贝

产品类别：纯羊绒系列、丝绒系列、真丝系列、内衣系列、童装系列、羊绒配饰等。

产品价位：羊绒大衣1328~8980元，羊绒衣459~3680元。

产品定位：中高档。

目标消费群：追求时尚端庄，高贵经典的中高层收入群体。

年龄定位：30~60岁。

品牌简介：珍贝是中国高级时尚羊绒行业领军品牌，隶属于湖州珍贝羊绒制品有限公司，秉承“时尚、端庄、高贵、经典”的品牌理念，是一家集洗绒、分梳、染色、纺纱、针织、销售为一体的全能毛纺联合企业。珍贝羊绒以健康、环保著称，绒面匀称饱满，手感柔软滑糯，产品原绒纤维长、纱线捻度高，不易起球；质地紧密、骨质丰盈、弹性好，不易变形；采用的进口环保染料保证了其色彩柔和纯正、不易褪色。品牌标识如图9-143所示。

图9-143　珍贝品牌标识

4. 恒源祥

产品类别：绒线、针织、服饰、家纺等。

产品价位：男皮衣1500~2500元，羊毛衫200~350元，羊毛裤200~300元，毛呢外套1300元左右，保暖内衣100~200元，羊毛围巾150元左右。

产品定位：中低档。

目标消费群：中端收入、传统的消费群体。

年龄定位：35~55岁。

品牌简介：恒源祥是中国著名羊毛制品品牌，隶属于上海恒源祥集团。恒源祥牌羊毛衫以澳大利亚优质羊毛为主要原料，用料高档、质地柔软、弹性好，款式和花型丰富，紧跟时尚和潮流，穿着舒适，是理想的保暖服装。产品分为羊毛男衫系列、羊毛女衫系列和金牌恒源祥系列等三大系列。公司注重新技术的研发，先后开发了天丝羊毛衫、大豆蛋白羊毛衫、纳米三防羊毛衫、真丝羊毛衫和牛奶丝羊毛衫等新产品，其代表性产品生物拜柔羊毛衫应用绿色环保的特殊蛋白酶，对羊毛纤维进行特殊柔化处理，使产品具有可机洗、抗起球、超级柔软、手感和悬垂性好等优点，获得国家发明专利。品牌标识如图9-144所示。

图9-144　恒源祥品牌标识

5. 雪莲

产品类别：羊毛衫、羊毛裤、羊绒制品、时装、节日礼品、羊绒大衣。

产品价位：羊绒衫500~1200元，羊毛大衣1500元左右，羊绒围巾300~600元。

产品定位：中档。

目标消费群：面向大众，主要是都市成熟女性。

年龄定位：28~60岁。

品牌简介：北京雪莲羊绒股份有限公司现隶属于中粮集团，是中国第一家全能生产羊绒制品的纺织企业。雪莲羊绒秉承“绒·入我心”的品牌理念，以名贵的山羊绒为原料精制而成，分为经典系列、时尚系列、温暖系列。产品选料严格，工艺考究，款式新颖，色泽纯正，绒面丰满，手感柔滑，富有弹性，穿着舒适。公司旗下有“雪莲”“莲裳”“天鹅”三个不同产品系列。其中天鹅系列定位为高端、优雅的欧式风格；莲裳系列采用以羊绒为主，丝、棉、麻等配合的舒适的天然材料，更易搭配。品牌标识如图9-145所示。

图9-145　雪莲品牌标识

6. 米皇

产品类别：羊绒时装、羊绒衫、围巾、羊绒裙装、披肩、大衣等。

产品价位：羊绒衫1000~5000元，羊毛大衣100~2000元，羊绒大衣5000元以上，羊毛围巾500~1000元，羊绒披肩5000元以上。

产品定位：高端。

目标消费群：成熟、自信的都市精英女性。

年龄定位：26~40 岁。

品牌简介：米皇羊绒是浙江米皇羊绒股份有限公司旗下的高端羊绒品牌，秉承着“多彩羊绒”的产品理念与“含蓄的奢华”的品牌理念，以时装化设计理念，运用革新的羊绒设计，配以华丽的蕾丝、丝绸、水晶、珠绣、皮草等，使得产品精致时尚、简约合体、针法精细、色泽光鲜、质感柔滑，展现出全新的羊绒精品。公司推行多彩战略，成立“羊绒色彩研发基地”，倡导时尚羊绒、多彩羊绒。品牌标识如图 9-146 所示。

图 9-146　米皇品牌标识

7. 天山

产品类别：中老年羊绒衫、羊绒裤、羊绒衫、打底衫、羊绒裙、羊绒线、护膝、护腰等保暖小件。

产品价位：羊毛衫 300 元左右，羊绒衫 500~700 元，真丝小衫 200 元左右。

产品定位：中端。

目标消费群：大众消费群体。

年龄定位：10~60 岁。

品牌简介：天山羊绒是新疆天山毛纺织股份有限公司拥有的自主品牌，产品以新疆优质山羊绒和细羊毛为原料，秉承简约时尚、含蓄经典的设计风格，运用当代最先进的毛纺、针织硬件设备表现针织工艺所特有的质感和特点，产品工艺技术含量高、实用性强。目前旗下有“天山”“GTS”“SS”三个系列产品，“天山”羊毛衫属于大众羊毛衫品牌，定位于经典流行与民族风情两种风格；“GTS”天山羊绒属于羊绒衫品牌，定位于高端羊绒服饰，选用优质 100%纯正山羊绒精心而制；而“SS”天山羊绒定位于时尚羊绒。品牌标识如图 9-147 所示。

图 9-147　天山品牌标识

8. 春竹

产品类别：羊毛衫、羊绒衫、围巾、羊绒裙装、大衣等。

产品价位：成人羊毛衫 200~500 元，成人羊绒衫 500~1000 元，儿童羊绒衫 500 元左右，羊绒围巾 300~500 元。

产品定位：中高档。

目标消费群：消费能力较强的都市白领女性。

年龄定位：26~40 岁。

品牌简介：春竹是上海春竹集团旗下的羊绒品牌，是集设计、生产、营销一体化的专业服装集团。春竹产品的原料以毛纤维长、整齐且柔软的超细美丽诺羊毛、澳大利亚纯新羊毛、中国山羊绒、丝绒、绢丝、天丝、纯棉及其他混纺产品为主，工艺讲究，手感柔滑且有悬垂性，穿着不易起球，有着可机洗、防毡缩、可烘干、易于护理的特点。目前集团旗下有春竹羊毛衫、春竹羊绒衫、梦特娇羊绒衫、梦特娇女装针织衫、GOOD LUCK 羊绒衫、GOOD LUCK 男装和 GOOD LUCK 女装七个系列产品。品牌标识如图 9-148 所示。

图 9-148　春竹品牌标识

二、羽绒品牌

1. 波司登

产品类别：男装、女装、针织衫、棉质裤装、衬衫、成衣、羽绒服、羽绒内衣等。

产品价位：羽绒服产品 200~600 元，内衣 100 元左右，针织衫 200~300 元，家纺类产品 600 元左右。

产品定位：中高档。

目标消费群：年轻时尚活力，亲和有包容性的都市群体。

年龄定位：20~50 岁。

品牌简介：波司登是中国最大、生产设备最为先进的品牌羽绒服生产商，主要从事自有羽绒服品牌的开发和管理，包括产品的研究、设计、开发和原材料采购、外包生产及市场营销和销售。波司登率先提出运动化、休闲化和时装化的防寒服新概念，采用进口高技术面料，以轻薄美的要求和趋于自然的色彩风格，适应时尚、休闲的需要。目前，集团旗下拥有羽绒品牌“波司登”“雪中飞”“康博”“冰洁”“冰飞”“上羽”和非羽绒品牌“波司登男装”“杰西女装”“瑞琦女装”“摩高休闲装”等。品牌标识如图 9-149 所示。

图 9-149　波司登品牌标识

2. 雪中飞

产品类别：休闲西装、休闲茄克、羊绒大衣、风衣、防寒服、羊毛衫、T 恤、西裤、休闲裤、羽绒外套、羽绒内衣等。

产品价位：羽绒服类产品 100~600 元，帽衫 200~400 元，保暖内衣 50~600 元。

产品定位：中档。

目标消费群：动感活力，个性风采，展现轻松、自由、活泼的气质的消费群体。

年龄定位：25~60 岁。

图 9-150　雪中飞品牌标识

品牌简介：雪中飞羽绒服是波司登国际控股有限公司旗下的品牌。雪中飞以羽绒服为基础，致力于打造动感新潮休闲服装，产品分为休闲服饰类、针织服饰类、裤子类三类。品牌定位于运动、休闲，以动感、活力、缤纷的色彩，激情四射的个性和时尚前卫的设计备受消费者喜爱。雪中飞羽绒引入国际先进的纳米和生态抗菌技术，革命性地推出纳米、抗菌羽绒服，引领功能性服装的生态时尚潮流。品牌标识如图 9-150 所示。

3. 雅鹿

产品类别：羽绒服、羽绒马夹、羽绒大衣、羽绒内衣、棉袄、夹克、风衣等。

产品价位：羽绒服装 300~600 元，内衣 100~200 元，系列家纺产品 300~1000 元。

产品定位：中档。

目标消费群：时尚休闲的都市工薪阶层。

图 9-151　雅鹿品牌标识

年龄定位：25~60 岁。

品牌简介：雅鹿羽绒服是雅鹿集团旗下品牌，集团拥有羽绒服、休闲服、西服等六大专业生产基地，集研发、生产、销售和自营进出口贸易于一体。雅鹿羽绒服引进高科技设备和面料，采用最先进的 3D 全方位剪裁技术，所设计的修身显型、符合人体工程学的板型，使羽绒服更加贴身、修身。注重将高科技、绿色环保引入羽绒服设计，采用美国杜邦公司生产的高科技面料和内衬，推出“绿色天鹅计划”，生产出“会呼吸的环保羽绒服”；其特色产品“金朵绒”系列羽绒服，将蓬松度最高的“朵绒”作为羽绒服主要填充物，产品的蓬松度和保暖性得到增强。品牌标识如图 9-151 所示。

4. 鸭鸭

产品类别：羽绒制品、皮革服装、腈纶棉服装、针织服装、衬衫、羊貂绒保暖内衣、羽绒被等。

产品价位：羽绒马甲 100~200 元，羽绒服 200~1500 元。

产品定位：中低端。

目标消费群：追求时尚同时注重产品实用性的大众消费群。

年龄定位：18~48 岁。

品牌简介：鸭鸭羽绒是江西共青鸭鸭（集团）有限公司旗下品牌，集团形成以羽绒制品为主导产品，兼营其他配套产品的多品种生产格局，以轻柔保暖的特性、过硬的产品质量优势深受消费者喜爱。鸭鸭羽绒致力于发掘羽绒产品的纯净特质，采用先进的生产技术和完美的工艺理念，以其高雅的设计、新颖的款式、上乘的质量，成为高品质的象征。品牌标识如图 9-152 所示。

图 9-152　鸭鸭品牌标识

第十一节　常见国际服装品牌

一、法国服装名牌

1. 香奈尔

产品类别：高级定制服、高级女装、高级成衣、香水、彩妆、护肤品、鞋履、手袋、眼镜、腕表、珠宝配饰、皮包等。

产品价位：连衣裙 14000~60000 元；裤装 5400~18000 元；礼服 26000 元以上；鞋 4000~15000 元。

产品定位：高档奢侈品。

目标消费群：贵族、明星等上流社会人士。

年龄定位：25~55 岁。

图 9-153　香奈儿品牌标识

品牌简介：香奈儿为法国著名女装品牌，定位高端路线，产品种类繁多。公司秉承“流行稍纵即逝，风格永存”的品牌理念，产品设计定位高雅、简约、精美、细致、奢华。现在设计总监卡尔·拉格斐尔德在保持香奈儿简朴优雅风格的前提下增添活泼趣味，将原来的黑色、米色等无彩色系转变为艳丽色调，并缩短裙长以露出膝盖，使之变得更加年轻、现代和成熟。其经典元素为千鸟格，款式为针织水手裙、黑色迷你裙、樽领套装等。品牌标识如图 9-153 所示。

2. 迪奥

产品类别：女装、男装、配饰、香氛、美妆、珠宝、腕表等。

产品价位：连衣裙 6000~25000 元，外套 18000~40000 元，裤子 3000~18000 元，礼服 16000 元以上，包 10000 元以上。

产品定位：奢侈品。

目标消费群：明星、名媛等时尚人士。

图 9-154　迪奥品牌标识

年龄定位：25~50 岁。

品牌简介：克里斯汀·迪奥（简称 CD）是世界著名时装品牌，象征着法国时装文化的最高精神。迪奥以法国式的高雅和品位为准则，以美丽、优雅为设计理念，选用高档、华丽、上乘的面料，采取精致、简单的剪裁，精细的做工，迎合上流社会成熟女性的审美品味。其代表性的新风貌装系列强调女性丰胸隆臀、腰肢纤细、肩形柔美的曲线，而其代表性包袋为典雅方形外观的 Lady Dior，印有独特的“Cannage”绗缝菱形棱格图案。品牌标识如图 9-154 所示。

3. 蔻依

产品类别：时装、皮具、首饰、皮鞋、太阳眼镜、珠宝及香水等。

产品价位：包：10000 元以上；大衣 6000~20000 元。

产品定位：奢侈品。

目标消费群：具有时尚品味的高收入职业女性等人群。

年龄定位：25~45 岁。

品牌简介：蔻依是法国率先以精细的布料缝制出柔软而尽显女性线条美的女装高档成衣品牌，目前隶属于瑞士历峰集团。该品牌风格灵活多变，从波西米亚风到嬉皮士元素再到怀旧风，但一直保持着法兰西风格的色彩特征和优雅情调。女装的标志特色为轻纱上的花卉图案以及轻柔飘逸的衣衫线条。其副线品牌 See by Chloé，更年轻活泼，充满时尚感。品牌标识如图 9-155 所示。

图 9-155　蔻依品牌标识

4. 巴黎世家

产品类别：女装、男装、配饰、香水。

产品价位：连衣裙 14000~60000 元；礼服 26000 以上；鞋 4000~15000 元。

产品定位：高档奢侈品。

目标消费群：贵族、明星等上流社会人士。

年龄定位：25~55 岁。

图 9-156　巴黎世家品牌标识

品牌简介：巴黎世家是时尚界最有影响力的品牌之一，隶属于著名的法国奢侈品集团开云集团。巴黎世家一直以时尚、典雅和细密剪裁及缝制的高级服装闻名于时装界，其产品风格崇尚简洁、清纯，造型考究，精于缝制。斜裁是其特长，以此起彼伏的流动线条强调人体的特定性感部位，结构上总是保持在服装宽度与合体之间，穿着舒适。其代表产品机车包以独特的皮革须须、车线、金属扣环、拉链以及手工鞣制过的皮革痕迹深受时尚人士喜爱。品牌标识如图 9-156 所示。

5. 路易威登

产品类别：旅行箱、旅行袋、皮手袋、小巧皮制品、珠宝、手表、笔及男女时装及皮鞋系列。

产品价位：连衣裙 14000~60000 元，裤装 5400~18000 元，礼服 26000 元以上，鞋 4000~15000 元。

产品定位：高档奢侈品。

目标消费群：明星名媛及社会高收入人群。

年龄定位：20~50 岁。

图 9-157　路易威登品牌标识

品牌简介：路易威登隶属于法国 LVMH 集团，品牌以制作平顶皮衣箱起家，崇尚精致、品质、舒适的“旅行哲学”，以四瓣花跟路易威登缩写组合的具有品牌标识功能的帆布设计，被称为“字母组合帆布”，成为旅行用品最精致的象征。1998 年提出“从零开始”的极简哲学，推出其服装系列产品，简约而精致的设计，从款式到下料、裁剪、放样遵循严格的工艺要求，以其外在格调和内涵深受现代时尚人士喜爱。品牌标识如图 9-157 所示。

6. 马丁·马吉拉

产品类别：女装、男装、配饰、香水等。

产品价位：连衣裙 3500~27000 元，外套 12000 元以上，鞋 3600~7000 元，包包 6000~24000 元。

产品定位：奢侈品。

目标消费群：具有前卫意识的时尚达人、明星。

年龄定位：20~40 岁。

图 9-158　马丁·马吉拉品牌标识

品牌简介：马丁·马吉拉是比利时安特卫普六君子之一，以解构及重组衣服的技术而闻名。以其名字命名的品牌服饰以“奇怪”的剪裁著称，与其他品牌不同的是其缝在衣服的卷标都只用白色布片，或圈上 0~23 其中一个数字的布片来示意衣服所属的设计系列，如 0 号系列意指 Artisanal 系列，1 号为特定的形式女装系列，2 号为女装成衣系列，6 号为女装基本衣饰，10 号为男装系列，22 号为鞋子，11 号为饰品。随着系列的更新，亦会有更多不同号码的出现。品牌标识如图 9–158 所示。

7. 圣罗兰

产品类别：香水，化妆品，配件，手表，眼镜等。

产品定位 高档奢侈品。

目标消费群：性感与奢侈的高收入人群。

年龄定位：25~35。

品牌简介：五十三年前成立于巴黎。创始人伊夫圣洛朗最开始为迪奥公司设计时装，后成立自己的品牌，前卫而古典，至今品牌的旗舰产品仍然是昂贵的高级时装，品牌产品中包括时装，香水、饰品、鞋帽、护肤化妆品及香烟等。

图 9–159 圣罗兰品牌标识

YSL1936 年出生在北非的阿尔及利亚，17 岁就在巴黎的服装界脱颖而出，并被 CD 所赏识而网罗在他的门下做设计人员。

1962 年他自立门户，在塞纳河畔成立“RIVEGAUCHE”的服装店，因其亮丽的色彩及大胆的设计，令当地名媛趋之若鹜，故 YSL 有“色彩的创造者”的美称。

伊夫圣罗兰 1964 年推出了圣罗兰第一支香水，以其名字第一个字母“Y”命名，之后也推出不少作品，最著名的鸦片香水，是圣罗兰第一瓶世界级的香水，也是第一瓶突破传统命名的香水，不仅名字诱惑，而且香水瓶造型参考中国鼻烟壶造型，暗红色设计，充满危险与神秘的诱惑力，香味是东方辛辣调，完全的异国风味，是东方调的经典之作。

8. 纪梵希

产品类别：女装、男装、配饰、护肤品、香水、彩妆、家居。

产品价位：连衣裙 3500~27000 元，外套 12000 元，鞋 3600~7000 元，包包 6000~24000 元。

产品定位：高档奢侈品。

目标消费群：以商务精英、名流等为代表。

年龄定位：25~50 岁。

品牌简介：纪梵希是法国著名奢侈品品牌，现隶属于路易威登（LVMH）集团，其 4G 标志分别代表古典（Genteel）、优雅（Grace）、愉悦（Gaiety）以及纪梵希 Givenchy。纪梵希服装以华贵、典雅、精致、时髦的产品风格著称，其代表性设计有分割设计、皮包状裙子、漏斗状的彩色外套、信封状的裙子、一字领、曳地碎花长裙等。女装多采用别致的面料和精致的制作工艺，运用立裁形成褶皱与荡领，色彩由暗色到明亮、浓烈，表现出现代而自信的气质。男装近年来多以动物图案为主。品牌标识如图 9–160 所示。

图 9–160 纪梵希品牌标识

9. 朗万

产品类别：女装、男装、童装、婚纱、包袋、鞋履、珠宝、香水、配饰。

产品价位：连衣裙 6000~25000 元，外套 18000~40000 元，裤子 3000~18000 元，礼服 16000 元以上，鞋 3000~6000 元。

产品定位：高档奢侈品。

目标消费群：明星、名媛等时尚人士。

年龄定位：30~55 岁。

图 9–161 朗万品牌标识

品牌简介：朗万是法国历史最悠久的高级时装品牌，以优雅精致的风格将实用与优雅，舒适与完美巧妙结合，瓷蓝色是其标志性色彩。朗万偏爱素色和刺绣技术，其充满女性娇柔及罗曼蒂克的简单线条剪裁及颜色搭配的深厚功力深受消费者喜爱。朗万男装系列设计掺和古典绅士味道与现代休闲男士风度，运用大面积几何色块、条纹与多种新鲜色彩，混搭出具有时代特色的男性风格。西服的肩袖连接部裁剪成独特的卵形，肩线自然柔和，适合于各种体形穿着。品牌标识如图 9-161 所示。

10. 瑟琳

产品类别：高级成衣、手袋、香水、皮具、太阳眼镜、鞋靴、箱包、配饰。

产品价位：裙装 7000～23000 元，手袋 3000～35000 元，上衣 4000～17000 元，外套 18000～36000 元，裤子 6000～21000 元。

图 9-162　瑟琳品牌标识

产品定位：高档奢侈品。

目标消费群：高收入职业女性、时尚人士。

年龄定位：25～45 岁。

品牌简介：瑟琳是最能展现职业女性风采的法国奢侈品牌，风格浓烈、洒脱独立，为女性诠释优雅、创造时尚，独特的衬衫、百褶裙、针织衫和风衣成为其成衣系列的主要标识。瑟琳的服装华丽且实用，采用舒适材料精工细作，技艺精湛高质，无论是从配件到设计、生产还是选材，都相当丰富精致，强调各个产品之间的和谐搭配性，优雅但绝不会感到束缚。代表性配饰为笑脸包、秋千包，手袋上有其标志性的图案，如双轮马车，OMEGA，花朵及半月标记等。品牌标识如图 9-162 所示。

11. 高田贤三

产品类别：女装、男装、眼镜、配饰、包袋、鞋履。

产品价位：T 恤 450～2700 元，裤子 1100～5400 元，裙装 2100～5700 元，包包 1500～4500 元

图 9-163　高田贤三品牌标识

产品定位：高档奢侈品。

目标消费群：具有时尚品味的高收入人群。

年龄定位：20～45 岁。

品牌简介：高田贤三现隶属于 LVMH 集团，设计中融入了多种民族文化观念与风格，将东方文化的沉稳意境、拉丁民族的热情活泼与色彩缤纷的纹样融为一体，形成活泼明亮、优雅独特的作品。高田贤三充分利用东方民族服装平面构成和直线裁剪的组合，不采用塑造立体曲线的省道，形成宽松、舒适、无束缚感的崭新风格。品牌旗下目前有 KENZO PARIS、KENZO JUNGLE 和 KENZO JEANS 三个系列。品牌标识如图 9-163 所示。

12. 爱马仕

产品类别：皮革制品、丝巾、首饰、领带、男女服装系列、香水、手表、精品文具、鞋、手套、家居系列、餐具及瓷器等。

产品价位：衬衫 4500～6000 元，围巾 3700～11000 元，包包 110000 元以上。

产品定位：高档奢侈品。

目标消费群：贵族、影星、商务精英、时尚人士等人群。

年龄定位：30～55 岁。

品牌简介：爱马仕（Hermès）是世界著名的奢侈品品牌，其标志性符号为橙色礼盒、丝带及马车标志，秉承奢侈、保守、尊贵的理念忠于传统手工艺，以精细的手工和贵族式的设计风格造就其思想深邃、品位高尚、内涵丰富、工艺精湛的产品。爱马仕色彩明快的皮革制品、手感舒适的开丝米披巾、耀眼的珠宝首饰和丝质芭蕾式拖鞋等选用最上乘的高级材料，注重工艺装饰，细节精巧，以其优良的质量赢得了良好的信誉。在男士用品方面，爱马仕推出了有精致内衬的皮夹克、斜纹呢便装、充满活力的运动外套、图案花俏的真丝领带等。品牌标识如图 9-164 所示。

图 9-164　爱马仕品牌标识

13. 依尼

产品类别：女装、男装、童装、皮鞋、手表、眼镜及装饰陈列品。

产品价位：服装 300~1500 元，包包 300~2500 元。

产品定位：中高档。

目标消费群：朝气、优雅的年轻职业女性。

年龄定位：18~30 岁。

图 9-165　依尼品牌标识

品牌简介：依尼（ELLE）是法国知名时装品牌，秉持现代、朝气、优雅、活力的品牌形象，以时尚为导向，设计风格以法式时尚和优雅为主，产品以经典的款式设计配合考究的裁剪缝制工艺，加上富有动感、变化精致的巧妙细节，以红、白、蓝为主色调，多采用棉质面料。目前，产品分为 Elle Paris 时尚优雅系列和 Elle Sport 时尚休闲系列。Elle Paris 整体风格经典大方，注重面料与剪裁，比较欧化；Elle Sport 风格时尚而丰富，注重流行性与混搭，比较韩化。品牌标识如图 9-165 所示。

14. 鳄鱼

产品类别：服饰、配饰、鞋类、箱包、香水、皮具、眼镜、手表、家纺、皮带以及珠宝等。

产品价位：衬衫 500~1200 元，鞋 300~1000 元。

产品定位：中高档。

目标消费群：追求优雅舒适生活的人群。

年龄定位：20~40 岁。

图 9-166　鳄鱼品牌标识

品牌简介：鳄鱼是一个体现法式优雅生活方式的著名服饰品牌，秉承“生命之旅，因动而美”的品牌理念，推崇时尚而舒适的生活，产品涵盖男装、女装和童装。其标志性产品为 L. 12. 12Polo 衫，短袖、罗纹领，采用著名的轻薄又透气的“小凸纹网眼”针织棉面料两线绞股线缝纫而成，并用珍珠贝母作为纽扣材料。公司推出时尚系列 Club，以独特的设计和高品质的产品深受大众喜爱。品牌标识如图 9-166 所示。

二、意大利服装名牌

1. 厄米尼格多·杰尼亚

产品类别：男装（西装、毛衣、休闲服和内衣等）、眼镜、手袋、配饰。

产品价位：西装 15000 元以上，针织衫 3000~6000 元，夹克 10000~30000 元，下装 2500~5000 元。

产品定位：中高档。

图 9-167　杰尼亚品牌标识

目标消费群：商界政要、白领等中高收入消费人群。

年龄定位：25~40 岁。

品牌简介：杰尼亚是意大利顶级奢侈品男装品牌，剪裁一流的西装是其标志性产品，以完美无瑕、剪裁适宜、优雅、古朴的个性化风格著称，是个性与艺术性的完美组合。杰尼亚至今仍提供专门的量体裁衣服务，上乘的面料通过高级制作师的精心雕琢，细致剪裁，穿着舒服。Ermenegildo Zegna 是核心品牌，高级正装和私人定制为主，意式风格，品质考究；Z Zegna 相对时尚，介于正装和休闲装之间；Zegna Sport 为休闲运动系列；Agnona 则为其旗下的独立女装品牌。品牌标识如图 9-167 所示。

2. 菲格拉慕

产品类别：女装、男装、鞋履、珠宝、香水、配饰（手袋、丝巾、领带等）、腕表。

产品价位：鞋靴 5000 元~10000 元，皮具 2000~5000 元，香水 200~1000 元。

产品定位：中高档。

目标消费群：具有一定经济实力与品位的人群。

年龄定位：25～40 岁。

品牌简介：菲拉格慕是意大利经典时装品牌，秉承创造力、激情和韧性的品牌理念，以华贵、典雅的风格诠释其实用、健康与时尚并行的设计理念。配合现代人多样化的需求，公司产品呈多元化趋势。鞋子是菲拉格慕的明星产品，注重质量和意大利传统细节，以传统手工设计和款式新颖誉满全球。奢华且柔软如奶油的皮革产品是其特色，成衣则擅长罗绫缎带装饰。品牌标识如图 9－168 所示。

图 9－168　菲拉格慕品牌标识

3. 马克斯・玛拉

产品类别：高级女装、鞋靴、手袋、眼镜。

产品价位：外套 5000～30000 元，羊毛衫 2000～10000 元，下装 1000～5000 元，连衣裙 2000～20000 元。

产品定位：中高档。

目标消费群：追逐潮流、讲究品位的成熟女性。

年龄定位：25～40 岁。

品牌简介：马克斯・玛拉是意大利著名女装奢侈品牌，以高品质大衣著称，其设计简洁、线条清晰，以精良的意大利面料和剪裁充分诠释时尚精神。MaxMara 标志性产品 101801 大衣外形漂亮、线条清晰，以法国风格为蓝本，融合典型的意大利格调设计和制作而成，堪称“百搭”经典。通常，制造一件大衣需要 170 个工序，极端严谨细致。MaxMara 服装分为 MM（优雅装）、SPORTMAX（时尚装）、STUDIO（职业装）、WEEKEND（休闲装）、CODE（年轻派）、MM ELEGANT（礼服装）、SMaxMara（奢侈装）七个系列。品牌标识如图 9－169 所示。

图 9－169　马克斯・玛拉品牌标识

4. 米索尼

产品类别：针织女装、针织男装、童装、包袋、鞋靴、配饰。

产品价位：男装 5000 元以上，连衣裙 5000～20000 元，围巾 600～2000 元，针织外套 5000～60000 元。

产品定位：高档奢侈品。

目标消费群：个性独立，讲究品位的中高收入人群。

年龄定位：30～55 岁。

品牌简介：米索尼是意大利著名针织服装品牌，以休闲、多种颜色混合搭配的设计，倡导着一种精确的着装和生活方式。“色彩+条纹+针织”是米索尼的基本元素，它那极富艺术感染力的设计、鲜亮且充满想象的色彩搭配、良好的针织工艺、流动效果的几何抽象图案及多彩线条奠定了其经典风格。不同色系色度、材质和图案的多种变换组合促成了米索尼的鲜明特征，其著名的图案包括“Z”字形和条纹图案，波浪形设计和火焰效果，独特的几何图纹以及花朵样貌的编织花纹拼凑物，和精巧的富于表现力的抽象图形。品牌标识如图 9－170 所示。

图 9－170　米索尼品牌标识

5. 乔治・阿玛尼

产品类别：男装、女装、鞋履、香水、配饰（领带、眼镜、丝巾、皮革用品）、家居用品。

产品价位：外套 8000～10000 元，针织衫 3000～5000 元，牛仔裤 2000～5000 元，裙装 4000～7000 元，夹克 8000～12000 元。

图 9－171　阿玛尼品牌标识

产品定位：高档奢侈品。

目标消费群：政治人物、高级职业女性、商界名流为主要代表。

年龄定位：30~55 岁。

品牌简介：乔治·阿玛尼是意大利著名时装品牌，其设计以中性风格著称，服装以细腻的质感、简洁的线条、流畅且富有雕塑性感曲线的剪裁以及奢华面料表现人体的美感与力度，将华丽、性感、恬逸与创造性的品牌定位演绎到极致。目前旗下副线品牌有 Emporio Armani 高级成衣、Armani Exchange 休闲系列、Armani Jeans 牛仔系列、Giorgio Armani Junior 童装系列。品牌标识如图 9-171 所示。

6. 范思哲

产品类别：女装系列、男装系列、男士手表、女士手表、香水、眼镜、丝巾、领带、内衣、包袋、皮件、床单、台布、瓷器、玻璃器皿、羽绒制品、手机、家具产品、酒店等。

产品价位：男装 6000~30000 元，裤装 2500~6000 元，包包 5000~15000 元，上衣 4000~7000 元。

产品定位：高档奢侈品。

目标消费群：性感与奢华的高收入人群。

年龄定位：35~50 岁。

图 9-172　范思哲品牌标识

品牌简介：范思哲是意大利著名的奢侈品牌，它的设计风格鲜明，具有独特的美感和极强的先锋艺术象征。范思哲女装强调快乐与性感，领口常开到腰部以下，吸取古典贵族风格的豪华、奢丽，同时充分考虑穿着舒适及恰当的显露体型，通常采用高贵华丽的面料，借助斜裁方式，在生硬的几何线条与柔和的身体曲线间巧妙过渡，它的套装、裙子、大衣等都以鲜艳的色彩、图案和女性化线条诠释女性的性感美。范思哲男装则以大胆的廓形、宽松的尺寸、微妙的细部处理和不对称设计为主要特点。品牌标识如图 9-172 所示。

7. 葆蝶家

产品类别：女士（手袋、成衣、小皮具、配饰、鞋履、首饰）、男士（手袋、成衣、小皮具、配饰、鞋履、首饰）、旅行用品、家居艺术、香水。

产品价位：钱包 3000~6000 元，手提包 8000~25000 元，鞋靴 5000~20000 元，皮带 4000~6000 元。

产品定位：高档奢侈品。

目标消费群：简约、低调的高收入人群。

年龄定位：35~50 岁。

图 9-173　葆蝶家品牌标识

品牌简介：葆蝶家是意大利著名奢侈品牌，隶属于古奇集团，秉承“低调的奢华”理念，以精湛手工和优雅款式驰名。葆蝶家的时装美学为含蓄细致，其服饰造型妥帖精准，以细致的剪裁、深沉而丰盈的色调、含蓄小巧的图案为其简朴的格调增添深度与活力。品牌特色皮革制品采用最优质的皮革配合其家族独有的皮革梭织法，以臻至完美的手工技术为其赢得赞誉，没有品牌 logo 却备受追捧。品牌标识如图 9-173 所示。

8. 华伦天奴

产品类别：Valentino 是全球高级定制和高级成衣奢侈品品牌，产品包括，高级订制服、成衣以及一系列配饰，包括手袋、皮鞋、小型皮具、腰带、眼镜、腕表及香水。

产品价位：鞋靴 2500~6000 元，女装 3000~50000，包 20000~100000。

产品定位：高档奢侈品。

目标消费群：性感与奢侈的高收入人群。

年龄定位：30~55。

图 9-174　VALENTINO 品牌标识

品牌简介：Valentino 创作表达现代人本主义，着重穿戴者的个性。理念、产品、零售店都可找到相同的特质：从独一无二的高级定制作品到男女成衣系列及配饰，从眼镜到香熏和专门店，尽显 Valentino 气质优雅、清新脱俗、工艺卓越、与众不同的典范。

9. 普拉达

产品类别：女装、男装、包袋、化妆品、珠宝、香水、手表、眼镜。

产品价位：套装 15000~40000 元，连衣裙 15000~30000 元，外套 20000~70000 元，眼镜 1500~3000 元，包包 4000~12000 元。

产品定位：高档奢侈品。

目标消费群：以皇室及上流社会人士、商界精英、娱乐界知名人物为代表。

年龄定位：30~55 岁。

图 9-175　普拉达品牌标识

品牌简介：普拉达是意大利著名奢侈品集团旗下的同名品牌，以制造皮革制品起家，擅长冷静、简洁的设计风格。普拉达产品强调制作的精湛技艺，用料别致，如斑点图案的丝质雨衣、双面开司米外套、貂皮饰边的尼龙风雪衣等。对比元素用得恰到好处，精细与粗糙，天然与人造，不同质材、肌理的面料统一于自然的色彩中。目前旗下有 Miu Miu、Church's 和 Car Shoe 等副线品牌，Miu Miu 是一个风格张扬、炫酷、成熟、自由而前卫的年轻副线品牌。品牌标识如图 9-175 所示。

10. 古奇

产品类别：时装、皮具、皮鞋、手表、领带、丝巾、香水、家居用品及宠物用品。

产品价位：外套 10000~50000 元，下装 5000~20000 元，腰带 2000~3500 元，皮包 1000~8000 元。

产品定位：高档奢侈品。

目标消费群：商界名流、政治人物、演员、皇室成员等高收入人群。

图 9-176　古奇品牌标识

年龄定位：35~55 岁。

品牌简介：古奇是意大利最大时装集团，隶属于法国奢侈品巨头 PPR 集团。古奇时装以高档、豪华、性感著称，男装则相对儒雅、精致。其产品设计独特，采用优质的高科技面料，使其成为典雅和奢华的象征。源自马肚带的红绿红条纹是古奇产品的标志性元素，此外，有着柔美线条和精致做工的竹柄皮包、镶金属袢的软鞋、印花丝巾等一系列的经典设计备受推崇。品牌标识如图 9-176 所示。

11. 芬迪

产品类别：皮草与时装、皮革与皮件、成衣、针织休闲服装、沙滩装、泳装、珠宝、手表、香水。

产品价位：皮包 10000~30000 元，上衣 5000~15000 元，外套 18000~50000 元。

产品定位：高档奢侈品。

目标消费群：商界名流、政治人物、演员、皇室成员等高收入人群。

图 9-177　芬迪品牌标识

年龄定位：30~60 岁。

品牌简介：芬迪是意大利以皮草起家的奢侈品品牌，风格多变，性感，高贵精致，以高品质的毛皮见长，主要表现在毛皮的革新处理方面，如将真正的动物毛皮处理成有着仿制毛皮的外观效果；在毛皮面料上打上大量细小的洞眼以减轻大衣的重量便于穿着；毛皮的多彩染色处理等，凭借各种崭新技巧，包括镶嵌、光化及编织等深受喜爱。芬迪产品中常见厚实的粗条，或者窄细的直条，加上富韵律感的棋格纹样以及杏色、淡黄绿色及荧光粉红皮草等高明度色彩。品牌标识如图 9-177 所示。

12. 保罗·鲨鱼

产品类别：针织服装、滑雪、高尔夫球，以及非运动用的休闲服装。

产品价位：衬衫 1000~3000 元，外衣 2000~5000 元，羽绒服 3000~7000 元。

产品定位：高档。

目标消费群：热爱运动的中高收入人群。

年龄定位：25~45 岁。

图 9-178 保罗·鲨鱼品牌标识

品牌简介：保罗·鲨鱼是意大利著名高雅休闲服饰以及品位生活品牌，其标志性元素为鲨鱼标志、高科技纺织面料、无微不至的细节设计和典型罐包装。其产品多采用触感极为舒适、轻巧、实用的高科技面料，追求舒适和优良的性能，具有多功能性，如高强度织物，经过树脂处理和防水处理的棉；带有挡风和透气衬里的薄型或厚重型夹克衫中缝入“阶段变化材料”，使其保温性能增强；运用少量陶瓷材料使织物吸收紫外线；运用防水纱线织成的针织套衫具有防风防水性能。品牌标识如图9-178所示。

三、英国服装名牌

1. 博柏利

产品类别：女装、男装、配饰、手袋、鞋履、腕表、童装、美妆、香氛、礼品及家具用品。

产品价位：大衣 15000~50000 元，鞋靴 3000~10000 元，围巾 3000~5000 元，衬衫 2000~4000 元，T 恤 1000~3000 元。

产品定位：高档奢侈品。

目标消费群：商界名流、政治人物、演员、皇室成员等高收入人群。

图 9-179 博柏利品牌标识

年龄定位：25~40 岁。

品牌简介：博柏利是具有浓厚英伦风情的英国皇室御用品牌，秉持奢华、品质、创新、永恒经典的品牌理念，以经典的格子图案、独特的面料、大方优雅的设计征服消费者。博柏利代表性产品为风衣，而经典标志性图案则为浅驼色、黑色、红色、白色组成的三粗一细的交叉图纹，被广泛运用在其服装及配饰中。目前旗下有 Burberry Prorsum（高端系列）、Burberry London（经典系列）、Thomas Burberry（年轻系列）以及 Blue Label/Black Label（日本专属）。品牌标识如图 9-179 所示。

2. 雅格狮丹

产品类别：女装、男装、童装、配饰。

产品价位：衬衫 1000~3000 元，风衣 4000~20000 元，裤装 1500~3000 元。

产品定位：高档。

目标消费群：皇室、政治领袖、时尚名人、商界精英等高收入人群。

年龄定位：35~55 岁。

图 9-180 雅格狮丹品牌标识

品牌简介：雅格狮丹是英国最具历史与文化底蕴的奢侈品牌之一。品牌秉承“质量与优雅集于一身”的理念，强调经典、优雅不凡的英伦风格。雅格狮丹采用经典的英伦式剪裁和出色的传统工艺，注重细节表现和精湛的工艺，其经典单品为保留了传统的双排扣风格的风衣，配以其专有的花纹格子图案。此外，面料新颖是雅格狮丹的优势，防风防雨的面料以及细微和超细纤维面料的运用使其誉满全球。品牌标识如图 9-180 所示。

3. 薇薇安・维斯特伍德

产品类别：女装、女式配饰、男装、男式配饰、香水、礼品。

产品价位：T 恤 2000～4000 元，连衣裙 20000～60000 元，鞋靴 2000～6000 元，皮包 2500～10000 元，围巾1500～3000 元，配饰 1200～3000 元。

产品定位：高档。

目标消费群：以摇滚明星、时尚人士为代表的热爱朋克风的高收入人群。

图 9-181　薇薇安・维斯特伍德品牌标识

年龄定位：18～35 岁。

品牌简介：薇薇安・维斯特伍德是英国著名以朋克风格著称的与设计师同名的服装品牌，薇薇安被称之为“朋克之母”，其设计在服装领域里是最荒诞、稀奇古怪，也是最有独创性的。作为前卫派的代表，其服装用不同方式将各种不可想象的材料和方式进行组合，将叛逆的元素融入其中，如撕口子或挖洞的 T 恤印满精神标语、拉链、金属挂链等。目前旗下有 Anglomania、Red Label、Gold Label、Red Man 四个系列。品牌标识如图 9-181 示。

4. 亚历山大・麦昆

产品类别：男装、女装、运动装、体育用品、牛仔装、皮饰品、配件、香水、家饰品等。

产品价位：卫衣 2000～5000 元，饰品 2000～4000 元，下装 3000～6000 元，鞋靴 5000～9000 元，连衣裙 15000～30000 元。

图 9-182　亚历山大・麦昆品牌标识

产品定位：高档。

目标消费群：追求个性、时尚的商界精英、明星、皇室成员、政治人物等高收入人群。

年龄定位：30～50 岁。

品牌简介：亚历山大・麦昆（Alexander McQueen）是英国著名设计师同名服装品牌，现隶属于法国 PPR 集团。麦昆的设计风格特立独行，擅长运用对比元素和细致的英式定制剪裁，作品充满创意，用波浪的下摆、夸张的轮廓、犀利的鞋型、动物造型的配饰等元素演绎时尚。其标志性产品包括骷髅丝巾、骷髅衫、茧型礼服、连衣裙外套、超低腰牛仔裤、紧身腿裤、沙漏轮廓服装和多彩印花服饰等。品牌标识如图 9-182 所示。

5. 登喜路

产品类别：男装、皮具、配饰、书写笔、打火机、腕表、袖扣、礼品、旅行系列。

产品价位：手提包 40000～70000 元，衬衫 20000～40000 元，大衣 30000～60000 元，皮带 2500～5000 元。

产品定位：高档奢侈品。

目标消费群：以政要、商界精英为代表的成功男士。

年龄定位：35～55 岁。

图 9-183　登喜路品牌标识

品牌简介：登喜路是英国著名的以男性服饰为主导的国际品牌，隶属于瑞士历峰集团。登喜路时装以考究的现代剪裁为核心，轮廓修长，强调窄肩和贴身流线造型，将现代与传统相融合，休闲中略带绅士典雅风范。登喜路的定制服装代表着量体裁衣的极致优雅，有多达 250 种精选的英国和意大利顶级面料供客户选择。其标志性的服装产品包括流线型窄肩三粒扣夹克、皮衣（纳帕小羊皮、鹿皮和山羊皮）、运动形夹克和 caban 夹克等。品牌标识如图 9-183 所示。

6. 保罗·史密斯

产品类别：除男、女及童装外，还有牛仔裤、手提袋、香水、手表、眼镜及家品系列。

产品价位：衬衫 2000~5000 元，鞋 4000~8000 元，香水 400~1000 元，T 恤 1500~4000 元。

产品定位：高档。

目标消费群：都市白领的中高收入消费者。

年龄定位：25~50 岁。

品牌简介：保罗·史密斯是英国知名时尚品牌，以朴实、简单、自然、真挚而充满激情的创意理念表现英式趣味的细节。保罗·史密斯将多元化的观念重组，在保持英伦传统高贵风格的基础上融合夸张、鲜艳、变化的流行元素。其服装设计风格富有现代感，注重着装实用性，色彩简洁明快，以红蓝为底色，辅以玲珑优雅的款式造型，剪裁精致，讲究英式传统的细腻缝制技巧，质地优良，细节中隐藏许多值得玩味的元素。品牌标识如图 9-184 所示。

图 9-184 保罗·史密斯品牌标识

四、美国服装名牌

1、汤米·希尔费格

产品类别：男士、女士及儿童服装、鞋子、泳衣、配件、香水、家居及床上用品以及箱包。

产品价位：衬衫 1000~3000 元，手表 2000~6000 元，裤装 1000~3000 元，外套 2000~5000 元。

产品定位：中高档。

目标消费群：追求休闲、舒适的年轻一族。

年龄定位：25~35 岁。

品牌简介：汤米·希尔费格是美国著名休闲品牌，品牌崇尚自然、简洁的理念，秉承“美式经典而又酷味十足”的设计风格，以其独特的款式设计与生活品味演绎美式休闲的青春动感与活力。其红白蓝的品牌标志，强调崇尚自由的时尚精神，成为服饰设计的主要色调。标志性服装以休闲服和运动服作灵感，包括剪裁合体、做工精良的系扣衬衫、斜纹棉布裤等。目前旗下有 Tommy Hilfiger 、Tommy Sport、Tommy Jeans、Red Label、Hilfiger Denim 等不同系列。品牌标识如图 9-185 所示。

图 9-185 汤米·希尔费格品牌标识

2. BCBG Max Azria

产品类别：女装、晚宴服、牛仔系列、鞋、手袋、眼镜、泳装、配饰、男装。

产品价位：连衣裙 2000~5000 元，上衣 1500~4000 元，裤装 1000~4000 元。

产品定位：高档。

目标消费群：追求时尚与优雅的现代女性。

年龄定位：25~40 岁。

品牌简介：BCBG Max Azria（简称 BCBG）是美国知名女装品牌，秉承“时尚风格、优雅风情”的品牌理念融合欧洲的精致、典雅与美国的自由时尚于一体，以简单优雅的款式，多变的面料，流畅的剪裁线条，大气且具整体感的鲜艳图案深受消费者喜爱。BCBG 十分强调服装的搭配性，多元化的产品线以相互搭配的实用款式居多，以色块拼接的飘逸雪纺裙是其标志性产品。BCBG 少女（BCBGirls）是 BCBG 的年轻副线品牌，舒适轻便，简约且不失时尚。

图 9-186 BCBG 品牌标识

品牌标识如图 9-186 所示。

3. 安娜·苏

产品类别：女装、化妆品、香水。

产品价位：连衣裙 2000~5000 元，衬衫 2000~4000 元。

产品定位：高档。

目标消费群：独立、坚强的时代女性。

年龄定位：25~35 岁。

品牌简介：安娜·苏（Anna Sui）是美国著名女装品牌，其设计中洋溢着浓厚的复古气息和绚丽奢华的独特气质，凭借绝佳的流行感和色彩触角形成其极具个性的民族风格。其服装产品大量运用紫、红、黑色，并用刺绣、花边、烫钻、绣珠、毛皮等装饰手法丰富其设计，材质从毛料、多重纱质、丝质到毛皮被赋予花花草草、珠串锦织乃至类民俗风的各式元素，累叠出层次丰富的美感，华丽却不失实用性。品牌标识如图 9-187 所示。

图 9-187 安娜·苏品牌标识

4. 卡尔文·克莱恩

产品类别：高级女装、高级男装、牛仔、休闲装、袜子、内衣、内裤、睡衣、泳衣、香水、彩妆、眼镜、CK 手表、家饰用品。

产品价位：T 恤 500~1000 元，外套 2000~4000 元，衬衫 900~1500 元，内衣 300~2000 元，牛仔裤 1000~2000 元，钱包 800~2000 元。

产品定位：高档。

目标消费群：时尚白领、商务精英为主要消费族。

年龄定位：20~45 岁。

图 9-188 卡尔文·克莱恩品牌标识

品牌简介：卡尔文·克莱恩是美国知名品牌，秉承现代、舒适、华丽、休闲又不失优雅的设计哲学，将风格定位为极简、性感。作品线条干净、造型内敛、细致剪裁，在典雅、中性色调的布料中，展现一种简洁利落的时尚风貌，服装多运用丝、缎、麻、棉与毛料等天然材质。男装以密集的新纹理和绗缝工艺的运动衫，以及线条纹理的长马甲和大衣为主。目前旗下有“Calvin Klein Collection”（高级时装）、“CK Calvin Klein”（高级成衣）、“Calvin Klein Jeans”（牛仔）三大品牌。品牌标识如图 9-188 所示。

5. 唐纳·卡伦

产品类别：女装、男装、配饰、香水、手袋、鞋履、家居。

产品价位：上装 700~2000 元，下装 600~1500 元，裙子 900~2500 元，外套 2000~7000 元，晚礼服 5000~30000 元。

图 9-189 唐娜·卡伦品牌标识

产品定位：高档奢侈品。

目标消费群：以时尚白领、商界精英为主要代表。

年龄定位：24~45 岁。

品牌简介：唐娜·卡伦为美国著名品牌，现隶属于路易威登 LVMH 集团。品牌植根于纽约特有的生活模式，秉承“为现代人设计现代化服装”的品牌理念，将男性与女性的豪华、性感、舒适与创造性演绎到极致，使创意的艺术性与灵敏的市场反应完美结合。唐娜·卡伦服装风格简练，充满感性，具有强烈的自我个性和全新创意，集舒适、方便及功能性为一体，可搭配替换性较强。服装以黑色为基调，多采用一些触感性延伸面料、开士米织物等，并将皮革与金属做工的质感融合在一起。品牌标识如图 9-189 所示。

6. DKNY

产品类别：女装、男装、鞋履、包袋、腕表、配饰、牛仔系列。

产品价位：裙子 1800～3600 元，上装 1200～2000 元，下装 600～2000 元，外套 2400～12000 元，包 1200～3000 元。

图 9-190　DKNY 品牌标识

产品定位：中高档。

目标消费群：时尚白领、商务精英为主要消费族。

年龄定位：20～30 岁。

品牌简介：DKNY 是 Donna Kara 的年轻副线品牌，以更前卫、更时尚、更休闲的姿态演绎纽约精神与活力。DKNY 融合国际性、折中性、趣味性、快节奏与现实性于一体，是一个包容各种年龄段、生活方式与行为的品牌。品牌对服饰的色彩、款式结构比例等处理独特，配搭不拘传统，混搭元素丰富，目前旗下分为 Jeans，Juniors，Active，City，Kids 与 Baby 几个不同系列。品牌标识如图 9-190 所示。

7. 马克 · 雅可布

产品类别：女装、男装、童装、眼镜、香水、美妆。

产品价位：裙子 2000～20000 元，上装 2000～6000 元，下装 1200～2500 元，鞋子 2000～6000 元，包 1200～2400 元，外套 3000～24000 元，童装 300～1000 元，香水 200～1000 元。

图 9-191　马克 · 雅可布品牌标识

产品定位：中高档。

目标消费群：追求时尚、都市白领、商务精英等人群。

年龄定位：20～40 岁。

品牌简介：马克 · 雅可布是 LV 设计师马克 · 雅可布的同名服装品牌，现隶属于 LVMH 集团，品牌秉承贵族休闲风格，简洁、大方，融入雅痞和波西米亚元素。服装强调所有产品可以任由消费者自行混搭，多喜用格纹与印花图案，层叠的手法，并用大量配饰，如玻璃珠链、大大的半宝石戒指、硬胶项链、粗针织围巾，为设计增添复古甜蜜气息。旗下目前有副线品牌 Marc by Marc Jacobs。品牌标识如图 9-191 所示。

8. 汤丽柏琦

产品类别：女装、鞋靴、包袋、配饰、美妆。

产品价位：连衣裙 200～6000 元，上衣 600～2400 元，裤装 1200～3000 元，3000～12000 元，配饰 600～5000 元，包 600～2000 元。

产品定位：中高档。

目标消费群：都市白领、商务精英等中高收入人群。

年龄定位：20～45 岁。

图 9-192　汤丽柏琦品牌标识

品牌简介：汤丽柏琦是美国著名时尚女装品牌之一，秉承经典的美国运动时装风格，提倡时尚生活方式，图案印花、大胆的色彩和独特细节是品牌的标志性元素。其服装以简洁有力的廓形，轻松的结构，柔和的线条，编织、绗缝与褶裥工艺的纹理混合以及大胆前卫的装饰元素深受消费者喜爱。配件方面，其标志性产品为双 T LOGO 的平底芭蕾舞鞋。品牌标识如图 9-192 所示。

10. 蔻驰

产品类别：女士包袋、男士包袋、旅行箱、商务包、钱包、服装、眼镜、手套、围巾、香水、珠宝、手表、鞋、办公家具。

产品价位：提包 3000～7000 元，钱包 1500～3000 元，鞋子 2000～4000 元，服装 7000～20000 元。

产品定位：高档。

目标消费群：追求时尚人士、都市白领、商务精英等中高收入人群。

年龄定位：25~40 岁。

品牌简介：蔻驰以皮具起家，是美国市场深受欢迎和最成功的时尚品牌之一，其设计哲学融合了创新理念与美式时尚，以简洁、耐用的风格、品质上乘的材质、独特的手工工艺以及高品质的制作深受消费者追捧。蔻驰注重产品的细节处理，根据质感、韧度、特性和纹理挑选的最优质皮革，精心设计产品的大小、形状、口袋乃至系带，所有缝线均采用双缝技巧。品牌标识如图 9-193 所示。

图 9-193 蔻驰品牌标识

11. 拉尔夫·劳伦

产品类别：男装、女装与童装（Apparel）、家居用品、配饰、香水。

产品价位：衬衫 800~2500 元，外套 5000~20000 元，下装 3000~10000 元，裙子 2500~10000 元。

产品定位：中高档。

目标消费群：追求休闲舒适的中高收入族群和社会名流。

年龄定位：25~45 岁。

品牌简介：拉尔夫·劳伦（Ralph Lauren）是有着浓厚美国气息的高品位时装品牌，融合了西部拓荒、印地安文化、昔日好莱坞情怀的“美国风格”，款式简洁、极致，高度风格化，注重细节的刻画与材质的表现。POLO 衫是其标志性产品，前短后长的衣摆，正是为打马球时往前冲锋的动作而设计的。目前，公司旗下有 Polo by Ralph Lauren（成衣系列、牛仔系列、年轻休闲系列等）、Ralph Laurn 和 Ralph Ralph Golf 几个副线品牌，2012 年又推出了 Vintage 复古系列服装。品牌标识如图 9-194 所示。

图 9-194 拉尔夫·劳伦品牌标识

12. 阿贝克隆比 & 费奇

产品类别：男女休闲装、运动装、内衣。

产品价位：外套 1000~2000 元，上装 100~500 元，牛仔裤 600~900 元，香水 500~1500 元，配饰 300~700 元。

产品定位：中高档。

目标消费群：热爱运动，追求时尚的年轻族群。

年龄定位：18~25 岁。

品牌简介：阿贝克隆比 & 费奇（简称 A&F）是美国以休闲服装为主的百年老店品牌，以标志性十足的美式形象备受赞誉。A&F 推崇学院风格，秉承舒适、自然、野性的品牌理念。其产品质感优良、设计出众，简约的款式融入音乐、运动等元素且容易与任何服装搭配。A&F 裁剪设计比较窄小，突出胸、腰、臀，完全贴身，性感不凡。其代表性产品 T 恤的领口设计都比较低，腰身较贴身，休闲舒适又突出胸部和腰部线条的性感不凡。服装采用上等的全棉面料，舒适透气，手感柔软，吸汗性也更胜一筹。品牌标识如图 9-195 所示。

图 9-195 阿贝克隆比 &费奇品牌标识

五、其他国家

1. 罗意威

产品类别：皮具、服装、高级定制、香水、丝巾、眼镜等。

产品价位：手袋 5000~12000 元，小皮件 2500~8000 元，配饰 1500~5000 元，成衣 2000~50000

元，丝巾 2000~6000 元，鞋子 3000~8000 元。

产品定位：高档。

目标消费群：社会名流、商界及政治人物、演员、皇室成员等中高收入人群。

年龄定位：30~50 岁。

品牌简介：罗意威是西班牙一家以各种皮具和高级时装为主的奢侈品品牌，现隶属于法国 LVMH 集团，罗意威秉持西班牙贵族的浪漫雅致，融合浓厚的地中海文化色彩。其产品秉承传统，采用优质的皮革材料，变化丰富的色彩，细致精巧的手工创制出时尚精品，并且推出个人定制服务，顾客根据自己的喜好，量身定做皮衣和手袋。罗意威标志性服装单品包括传统飞行员夹克、百褶连身裙、经典西装外套、连帽夹克、棒球夹克、经典菱格外套和大衣，这些款式均可以选择多种材质进行定制。品牌标识如图 9-196 所示。

图 9-196　罗意威品牌标识

2. 雨果博斯

产品类别：男女服装、香水、手表及其他配件。

产品价位：西装 9000~12000 元，皮衣 6000~8000 元，外套 5000~15000 元，衬衫 1500~3000 元，裤装 1500~3000 元。

产品定位：高档奢侈品。

目标消费群：商界、政界精英代表。

年龄定位：30~45 岁。

品牌简介：雨果博斯是德国闻名世界的奢侈品牌，其消费群定位为城市白领，风格为建立在欧洲传统形象上的浓厚德国情调。设计内敛典雅，注重细节，没有多余的配饰，采用高品质材料和干脆利落的剪裁。雨果博斯分为 BOSS、Hugo、Baldessarini 三个品牌，主线 BOSS 品牌又细分为以正装为主的黑牌系列（Black Label）、以休闲装为主的橙牌系列（Orange Label）和以户外运动服装为主的绿牌系列（Green Label）。Hugo 则为年轻、时尚的服装系列，设计比较前卫时尚。品牌标识如图 9-197 所示。

图 9-197　雨果博斯品牌标识

3. 吉尔·桑德

产品类别：女装、男装、配饰、香水、眼镜。

产品价位：外套 10000~30000 元，毛衣 4000~6000 元，裤装 3000~6000 元，裙装 4000~8000 元。

产品定位：高档。

目标消费群：偏爱简约风格的中高收入族群。

年龄定位：30~40 岁。

品牌简介：吉尔·桑德是著名女装品牌，现属于日本 Onward 公司，设计风格秉承极简美学，以简洁的线条提倡生活实用性。其服装摒弃一切多余细节，在肩部形成完美的线条，用带褶皱的面料包裹身体，在适当的地方别一个卡子，采用斜向裁剪来突出线条。颜色方面多采用中性色，面料时尚但不夸张。卷边长裤，轻如羽毛的上衣、敞怀收身外套以及轻便夹克是其代表性产品。品牌标识如图 9-198所示。

图 9-198　吉尔·桑德品牌标识

4. 海尔姆特·朗

产品类别：女装高级成衣、男装高级成衣。

产品价位：裙装 2000~4000 元，裤装 1500~3000 元，外套 5000~30000 元。

产品定位：高档。

目标消费群：追求简约与复古风格的中高收入族群。

年龄定位：25~40 岁。

品牌简介：海尔姆特·朗是美国著名时装品牌，现隶属于日本迅销集团。海尔姆特·朗秉承“简约主义与复古情绪结合”的理念，从外型、细节、质料及颜色等设计的根本元素出发，将简约概念与时尚巧妙融合，色调以黑、白、灰及咖啡色为主，其标志性服装单品包括以楞条花布（Cord）作图案的针织背心及裤子配饰、暗条或格纹西装款外套、花卉图案的白色裤子以及镶有铁纽扣的直筒裤等。品牌标识如图 9-199 所示。

HELMUT LANG

图 9-199　海尔姆特·朗品牌标识

5. 三宅一生

产品类别：女装、男装、香水、手表、包袋、配饰。

产品价位：上衣 3000~8000 元，连衣裙 6000~15000 元，手提包 4000~6000 元，腕表 2000~6000 元。

产品定位：高档。

目标消费群：偏爱东方风格的中高收入族群。

年龄定位：25~50 岁。

ISSEY MIYAKE

图 9-200　三宅一生品牌标识

品牌简介：三宅一生是日本著名服装设计师同名品牌，其时装以无结构的形式进行设计，以深向的反思维进行创意。三宅一生在面料开发上将自古代流传至今的传统织物，结合现代科技，创造出独特的面料和服装，如用日本宣纸、白棉布、针织棉布、亚麻等，创造出各种肌理效果。被称为“面料魔术师”。其标志性褶皱面料被誉为“一生褶”，可以随意一卷，捆绑成一团，不用干洗熨烫，要穿的时候打开，依然是平整如故。造型方面，三宅一生擅长立体主义设计，借鉴东方制衣技术以及包裹缠绕的立体裁剪技术，开创服装设计上的解构主义设计风格。品牌标识如图 9-200 所示。

6. 上海滩

产品类别：中式传统男装、女装、童装、配饰、家居装饰、礼品。

产品价位：手提包 1000~4000 元，礼品 1000~3000 元。

产品定位：中高档。

目标消费群：偏爱中国元素的中、高收入人士。

年龄定位：30~35 岁。

SHANGHAI TANG
灘海上

图 9-201　上海滩品牌标识

品牌简介：上海滩是香港著名女装品牌，现隶属于瑞士历峰集团。上海滩以生动而雅致的当代手法演绎中华文化与手工技艺，大胆地将时尚元素融入传统中式风格，使经典的中式美学焕然一新。服装以高品质、舒适的中国面料，如中国丝绸、蒙古的开司米，辅以中国玉做配件，通过精雕细琢的工艺和完美的细节表现服务于消费者，并且提供定制性的精裁服务。其标志性服装单品为改良式现代旗袍、唐装、马褂以及由黑色丝绒面配以鲜艳真丝衬里的 TANG JACKET。品牌标识如图 9-201 所示。

7. 柯罗芭

产品类别：女装、包、鞋。

产品价位：羊毛衫 1000~3000 元，外套 2000~4000 元，裤装 2000~3000 元。

产品定位：中高档。

目标消费群：都市白领、商务精英、社会名流等中高收入人群。

年龄定位：35~55 岁。

Klova

图 9-202　柯罗芭品牌标识

品牌简介：柯罗芭是韩国知名服装品牌，以高档化、系列化、多种组合为主，运用高贵、浪漫、典雅的风格和简约时尚的感觉将东西文化巧妙地融为一体。其款式简单、大方，面料极具特色，加工工艺精湛，注重服装的细节把握，线条简洁、流畅，身材的缺点被板型设计修饰得恰到好处，并配以配饰，旨在倡导高品质生活与着装观念。色彩方面，以庄重的黑色、高贵咖啡色、优雅的驼色及清新爽洁的白色为主色调。针织服装系列采用纯羊绒及毛加桑蚕丝的纯天然材质，通过独特的织造工艺和高品质的染色技术，以柔和温暖的面料色泽及轻柔细腻的触感突出简洁大方的时尚品味。品牌标识如图 9-202 所示。

8. 衣恋

产品类别：男装、女装、童装、鞋。

产品价位：外套 500～2000 元，裤装 200～500 元，上衣 300～600 元，包包 400～100 元。

产品定位：中高档。

目标消费群：追求时尚、经典的年轻一族。

年龄定位：3～35 岁。

图 9-203　衣恋品牌标识

品牌简介：衣恋隶属于韩国最大的时装流通公司依恋集团，公司旗下拥有 E. LAND、TEENIE WEENIE、SCOTLAND、ROEM、EBLIN、PLORY、SPAO 等众多品牌。“E. LAND” 作为一个植根于美国新英格兰传统文化的品牌，强调经典和传统，定位为美国大学校园风格，使用彩条和格子的混合来表现大学校园内外的穿着，追求美国大学校园的休闲运动着装形式，充分展现出当代青年活泼、运动、健康的精神面貌。衣恋服饰的单色格子衬衫是其一年四季不衰的经典服饰。品牌标识如图 9-203 所示。

第十二节　网络品牌

1. 凡客诚品

产品类别：男装、女装、童装、鞋、家居、配饰、化妆品等。

产品价位：衬衫 50～400 元，外套 200～1000 元，裤装 100～500 元，T 恤 50～200 元，裙装 100～800 元。

图 9-204　凡客诚品品牌标识

产品定位：中低档。

目标消费群：热爱时尚的网络消费年轻一族。

年龄定位：20～40 岁。

品牌简介：凡客诚品（VANCL）是互联网快时尚品牌，提倡简单得体的生活方式。凡客诚品整体设计风格以简单、优雅为主，辅以休闲和年轻化的系列产品。产品参考亚洲男士体型特点，通过去除不必要装饰，强调舒适性和表现不繁复的优雅，精选的高支面料与精湛的加工工艺展现一流品质和流行性，凭借极具性价比的产品优势和完善的客户体验，深受消费者喜爱。品牌标识如图 9-204 所示。

2. 梦芭莎

产品类别：男装、女装、童装、内衣、化妆品、箱包、家纺、饰品、婚纱。

产品价位：上衣 100～800 元，裤装 200～600 元，外套 200～2000 元，连衣裙 100～1000 元，鞋 100～1500 元。

产品定位：中高档。

目标消费群：追求时尚的中等收入网络消费族群。

图 9-205　梦芭莎品牌标识

年龄定位：20～35 岁。

品牌简介：梦芭莎作为中国领先的内衣品牌直销服务公司，致力于为女性提供自然、舒适、时尚的高性价比内衣产品和服务。梦芭莎品牌旗下包括“梦芭莎维纳斯”和“梦芭莎维多利亚”两个各具特色的内衣商品系列，其中梦芭莎维纳斯是专业塑形内衣品牌，推出一系列符合东方女性体型特点的360°美体内衣产品线，适合不同消费群体的自然舒适、健康美体产品。目前，公司坚持多元化发展理念，旗下拥有童装品牌宝耶、女装品牌若缇诗、男装品牌蒙蒂埃莫等产品。品牌标识如图 9-205 所示。

3. 茵曼

产品类别：上装、下装、衬衫、素黑系列、女鞋、连衣裙等。

产品价位：外套 200~700 元，连衣裙 150~300 元，T 恤 70~150 元，衬衫 150~300 元，针织衫 100~300 元。

产品定位：中档。

目标消费群：城市白领、教师、时尚女性等网络消费族群。

年龄定位：20~38 岁。

图 9-206 茵曼品牌标识

品牌简介：茵曼隶属于广州汇美有限公司，公司秉承回归现代都市自然“慢生活”的理念，致力于打造立足国际市场的中国棉麻生活品牌。产品坚持“素雅而简洁、个性而不张扬”的服装设计风格，以优质、健康、自然、舒适的棉和麻作为面料，灵感多以江南水乡、国画、水墨、印花等中国传统文化精髓为元素，提倡原生态主题下亲近自然、回归自然的健康舒适生活方式。品牌标识如图 9-206 所示。

4. 玛萨·玛索

产品类别：外套、衬衫、T 恤、裤子、皮鞋、内衣、皮带、皮包、配饰、打底衫、编织鞋。

产品价位：衬衫 200~400 元，裤装 250~350 元，皮衣 2500~4000 元，羊毛衫 250~400 元。

产品定位：中低档。

目标消费群：都市白领、商务精英、教师、时尚女性等网络消费族群。

年龄定位：25~35 岁。

图 9-207 玛萨·玛索品牌标识

品牌简介：玛萨·玛索（Masa Maso）作为高性价比的高端男装网购品牌，隶属于北京九合尚品科技有限公司。其产品参考亚洲男士的体型特征，采用欧洲经典服装风格，摄取国际流行元素，集结顶级时尚男装品牌经典款式，采用高档面料精心打造出色彩多样、经典与时尚相平衡的产品，形成自己专属的东方时尚奢华风格。玛萨·玛索专项研发的 MASA 形象定位工具，可以帮助消费者在较短时间内定位形象。品牌标识如图 9-207 所示。

5. 七格格

产品类别：欧美风格女装、日系风格女装、皮衣、外套、羽绒服、小西装、衬衫、休闲裤、牛仔裤、打底裤等。

产品价位：针织衫 150~250 元，外套 200~600 元，裤装 100~200 元，T 恤 50~150 元，连衣裙 100~300 元。

产品定位：中低档。

目标消费群：追求潮流的网络消费年青族群。

年龄定位：18~25 岁。

图 9-208 七格格品牌标识

品牌简介：“七格格”电商女装品牌，起源于淘宝，2009 年注册成为杭州黯涉电子商务有限公司，是一个以“时尚、独立、女性”为主题的个性、潮流时装品牌，汇集潮流大品牌的概念，专注于小众市场。目前旗下有六个风格独特，定位鲜明的小众品牌，通过多个小众品牌叠加成为一个快时尚品牌。旗下品牌 othermix 和 IAIZO 着重于服装本身，并且有不同的品牌定位，othermix 强调束身、性感、朋克风、摇滚以及独立元素的混合；IAIZO 则打造的是平价大牌的感觉。品牌标识如图 9-208 所示。

6. 韩都衣舍

产品类别：男装、女装、鞋包、配饰。

产品价位：毛衫 120~250 元，羽绒服 300~700 元，T 恤 70~200 元，连衣裙 150~300 元，牛仔裤 130~200 元。

产品定位：中低档。

目标消费群：都市白领、商务精英、教师、时尚女性等网络消费族群。

年龄定位：20~35 岁。

品牌简介：韩都衣舍（HSTYLE）是中国互联网快时尚品牌，隶属于山东韩都衣舍电子商务有限公司。韩都衣舍定位于互联网多品牌时尚运营集团，旗下拥有韩风系品牌群、欧美系品牌群、东方系品牌群。其东方复古风格品牌“素缕”专注棉麻天然材质，设计风格自然质朴、文艺复古；“自古”定位于东方禅意原创设计师品牌，用现代语言阐释古时服饰，将禅的哲学理念融入极简主义的表达；“果芽”定位于东方简约设计师童装品牌。品牌标识如图 9-209 所示。

HSTYLE
韩都衣舍

图 9-209　韩都衣舍品牌标识

案例：“2009. 1. 5”金水庙李杀人案

一、案件展示

2009 年 1 月 5 日上午 10 时 17 分郑州市公安局金水分局接到报案，在其辖区庙李村庙李南街 225 号 302 室发现一具女尸。死者刘秋丽（女，21 岁，山东郓城县人，2008 年 10 月底前在阳光生态园从事洗脚服务），夜生活丰富，经常上网，衣着时尚，给人感觉有经济来源。

二、案件分析

从案件中可看出死者衣着时尚，给人感觉有经济来源，印证罪犯以性侵害为目的的抢劫杀人行为。根据死者所穿服饰的领后中和裤后中能看到其所穿服饰品牌，结合常见服装品牌，就能推断出死者所穿衣服的价位、目标消费群、年龄定位以及个体穿衣喜好。

案例：“2006. 8. 24”杀人案

一、案件展示

2006 年 8 月 24 日，郑州市上街区新 310 国道上街段 648km 处路南玉米地内发现一具高度腐败的未知名女尸，被害人衣着正常，从衣物的磨损情况看，应是近期购买。

二、案件分析

1. 由被害人着装品牌价位分析

（1）短袖衬衣为“钰贝”牌，同款于 2005 年在邻近上街区的荥阳市有销售，售价 120 元。

（2）裤子是“冰逸雪涵”牌，同款裤子在荥阳市有售，售价 150 元。

（3）黑色乳罩和黑色内裤无品牌，一套市场售价 80 元左右。

（4）鞋子为“达芙妮”牌休闲鞋，售价 137 元。

2. 被害人消费水平定位

被害人全身服饰合计约 500 元，可推断出消费者有一定的消费水平，从品牌中可推断出被害人消费档次不高。

3. 被害人年龄定位

从被害人着装品牌的年龄定位和该年龄阶段的消费特点，可推断出被害人年龄在 20 岁左右。

参考文献

[1] 罗桂兰. 从宏观谈人体与服装的关系 [J]. 论坛集萃, 2012, (12): 285.
[2] 吴俊. 女装结构设计与应用 [M]. 北京: 中国纺织出版社, 2000.
[3] 吕学海. 服装结构原理与制图技术 [M]. 北京: 中国纺织出版社, 2008.
[4] 陈明艳. 我国女性体型特征及其内衣消费特点的分析 [J]. 针织工业, 2006, (7): 32-34.
[5] 刘瑞璞. 服装纸样设计原理与技术·女装篇 [M]. 北京: 中国纺织出版社, 2005.
[6] 刘瑞璞. 服装纸样设计原理与技术·男装篇 [M]. 北京: 中国纺织出版社, 2005.
[7] 王海宁, 王厉冰. 从人体工学的角度分析领部在结构设计中的处理方法 [J]. 北京纺织, 2005, (26): 55-58.
[8] 吴永红. 肩宽与背宽在平面纸样上的匹配关系 [J]. 纺织导报, 2004, (4): 103-104.
[9] 刘胜利. 服装松量的成因分析 [J]. 徐州工程学院学报, 2006, (21): 84-87.
[10] 周丽华. 关于裤装结构与舒适性的相关关系的研究 [J]. 北京纺织, 2005, (26): 50-54.
[11] 石秀萍. 女性内衣板型设计与工艺方法探究 [J]. 中国科技信息, 2013, (16): 124-126.
[12] 徐美玲. 面料对女式比基尼（三角裤）纸样设计的影响 [J]. 广西轻工业, 2011, (2): 105-106.
[13] 程朋朋, 王晓云. 男性内裤的结构设计原理研究 [J]. 山东纺织经济, 2012, (6): 85-87.
[14] 吴佳莲. 基于人体工学的男女衬衫领结构设计方法探讨 [J]. 纺织科技进展, 2012, (5): 92-94.
[15] 陈丽明. 男衬衫领子结构研究 [J]. 浙江纺织服装职业技术学院学报, 2012, (6): 14-21.
[16] 吴秋英. 论人体形态与服装结构的关系 [J]. 天津纺织科技, 2005, (4): 41-44.
[17] 原秀琴, 王祖江. 服装结构与人体结构关系的研究 [J]. 青岛大学学报, 1997, (2): 90-94.
[18] 苏燕璇. 人体三视图在服装结构设计计算中的应用 [J]. 苏州大学学报, 2010, (30): 59-62.
[19] 马广超. 人体结构与服装结构设计的关系 [J]. 漯河职业技术学院学报, 2011, (10): 74-76.
[20] 王丽霞. 裤装松量设计的应用及局限性 [J]. 辽宁丝绸, 2009, (4): 24-26.
[21] 夏文会. 浅析服装结构设计技法 [J]. 辽宁丝绸, 2014, (3): 34-35.